河南警察学院中原警务文库

空白罪状明确性的解释论

——以刑行交叉为话语场域

麻爱琴 著

中国人民公安大学出版社
全国百佳图书出版单位

图书在版编目（CIP）数据

空白罪状明确性的解释论：以刑行交叉为话语场域／麻爱琴著. -- 北京：中国人民公安大学出版社，2024.11. -- （河南警察学院中原警务文库） -- ISBN 978-7-5653-4812-9

Ⅰ. D914.3

中国国家版本馆 CIP 数据核字第 2024PG3748 号

空白罪状明确性的解释论
——以刑行交叉为话语场域

麻爱琴　著

策划编辑：李娜
责任编辑：陈幼吾
装帧设计：张彦
责任印制：周振东

出版发行：	中国人民公安大学出版社
地　　址：	北京市西城区木樨地南里
邮政编码：	100038
经　　销：	新华书店
印　　刷：	北京市泰锐印刷有限责任公司
版　　次：	2024 年 11 月第 1 版
印　　次：	2024 年 11 月第 1 次
印　　张：	14.5
开　　本：	787 毫米×1092 毫米　1/16
字　　数：	260 千字
书　　号：	ISBN 978-7-5653-4812-9
定　　价：	58.00 元

网　　址：www.cppsup.com.cn　　www.porclub.com.cn
电子邮箱：zbs@cppsup.com　　zbs@cppsu.edu.cn

营销中心电话：010-83903991
读者服务部电话（门市）：010-83903257
警官读者俱乐部电话（网购、邮购）：010-83901775
公安业务分社电话：010-83906108

本社图书出现印装质量问题，由本社负责退换
版权所有　侵权必究

总　序

2022年4月25日，习近平总书记在中国人民大学考察时指出，加快构建中国特色哲学社会科学，归根结底是建构中国自主的知识体系。要以中国为观照、以时代为观照，立足实际，解决问题，不断推动中华优秀传统文化创造性转化、创新性发展，不断推进知识创新、理论创新、方法创新，使中国特色哲学社会科学真正屹立于世界学术之林。党的二十大报告提出，要实施科教兴国战略，要把教育、科技、人才工作一体部署推进。

新征程赋予高等院校和广大教科研工作者新的历史使命。公安院校作为教育系统和公安机关的重要组成部分，承担着为党育人、为国育才的时代重任。河南警察学院全面落实党的教育方针，始终坚持政治建警，认真落实立德树人的根本任务，深入推动教育教学改革，"教学练战研"一体化发展，校局合作开展得有声有色，实战化教学水平不断提升。学院围绕服务公安工作设立了河南公安智库，涌现出一批具有前瞻性和实用性的科研创新成果，高质量的科研创新与高水平的教育教学相辅相成、相互促进。

2023年是全面贯彻落实党的二十大精神的开局之年，中华儿女在以习近平同志为核心的党中央引领下，意气风发踏上全面建设社会主义现代化国家新征程。在向第二个百年奋斗目标进军，全面建成社会主义现代化强国过程中，迫切需要一支对党忠诚、服务人民、执法公正、纪律严明的公安队伍，人民公安面临的任务更加艰巨、责任更加重大、使命更加光荣。学院作为公安人才培养的主渠道、在职民警培训的主阵地、警务战略研究的主平台，围绕构建自主知识体系，聚焦适应新时期公安机关警务工作需要，汇聚专门力量，精心编纂了"河南警察学院中原警务文库"系列丛书，旨在为学院教师创造良好的学术空间，为学院教师潜心治学搭建支持平台，奋力打造公安理论研究的学术品牌，不断推动学院科研工作全面深入发展。

丛书以学院高学历、高职称优秀骨干教师为创作主体，以学院各科研团队及省部级以上课题研究成果为基础，集中展现了学院紧贴前沿的科研成果。丛书收录了学院教师在公安学基础理论、警察法治、警务战略、公安思想政治工作、治安学、侦查学、网络安全执法与技术、刑事科学技术、交通工程与安全管理、警务指挥与战术、安全风险管理、河南警务改革理论与实践、县域社会治理创新理论与实践等方面的最新学术研究成果，结构合理、图文并茂、自成体系，体现了理论与实践相结合的特点，积极为公安实践提供智力支持，有较强的理论性、针对性和实用性，对于保障公安机关侦查工作顺利开展、促进公安机关人民警察规范文明执法、提升公安机关人民警察素质能力、推进公安队伍"四化"建设，具有重要意义。

独木不成林，一花难成春。本丛书是学院教师在不断积累警务实战经验，深入钻研公安理论，潜心思考、厚积薄发的基础上，推出的具有前瞻性、实用性的科研成果，真诚希望从事公安理论研究的专家学者、公安实务工作者以及社会各界不吝赐教，共同关心支持这套丛书的出版，共同推动公安理论研究向纵深发展。

是为序。

河南警察学院院长、党委副书记　徐晓慧
2023 年 1 月

序[*]

作为刑法条款中广泛存在的空白罪状,在司法适用中引发了广泛讨论,较为集中、典型地呈现了刑行交叉视域下的诸多问题,凸显空白罪状明确性的理论供给不足。刑行交叉问题的规范背景与社会基础注定了空白罪状明确性问题的复杂性。

随着法学理论、司法适用的专业化、精细化以及社会关系的日益复杂化,法律解释工作显露出迫切性。因此,从解释论的角度对空白罪状明确性进行深入探讨很有必要。从当前法定犯时代背景出发,在刑法立法模式讨论中通常会涉及行政犯的处置方案,因此,本书探讨的问题与当前刑法学界热议但尚未达成共识的刑事立法模式等问题在空白罪状所承载的行政犯处产生了交汇。此外,本书引入与融贯了法秩序统一原则、法益理论等学界探讨的热点、难点,也涉及立法权的行使与人权保障等具有深远意义话题。就此而言,说本书对于刑事立法及刑事司法的精细化发展具有切实的理论价值与实践意义是中肯的。

在本书中,作者首先明确了空白罪状明确性的解释论立场,进而一一解构该实践路径上的障碍。难能可贵的是,作者并未停留在对具体应用问题的讨论,而是从教义学立场上对空白罪状明确性进行了阐述;并在此基础上从方法论的角度,提出了空白罪状明确性的解释论标准与解释限度。可以说,空白罪状是本书的解析对象,司法明确性是解释论展开的核心目标与衡量标准,解释论是探讨的主线与路径。与此同时,无论是具体规则的构建还是方法论视域下

---

[*] 李晓明,苏州大学国家监察研究院院长、刑事法研究中心主任,王健法学院教授、法学博士、博士生导师,中国政法大学研究生院兼职教授。北京大成律师事务所高级顾问、走私犯罪研究中心执行主任,大成苏州刑事部主任、刑事合规研究与监督评估中心主任。

的思考，本书不乏创新性思考与见解，如空白罪状语境下关于刑事违法性判断的限制规则，行刑衔接与区分的阶层式解释机制，空白罪状明确性的解释论判断标准等。

  作为本书作者读博期间的导师，我很欣喜地看到自己的学生在工作中著书立作，在学术道路上不断成长进步。在学习期间，麻爱琴博士非常刻苦努力，她克服种种困难，在专业水平上不断精进，取得了优异成绩。当然，尽管麻爱琴博士对空白罪状的司法明确性，尤其是对行刑界分只是开启了尝试性的研究，本书也未能解决空白罪状明确性的全部问题，如法秩序的统一性、行政犯的保护法益、规范保护目的之间的关系如何等；但瑕不掩瑜，作为学术后辈，毕竟在空白罪状明确性的探讨上又向前大跨进了一步，甚至提出了许多卓有成效的独到见解，我本人也为她取得的突出学术成就深感自豪和欣慰。因此，我非常乐意将本书推荐给学界同人，供大家阅读、指正。也希望麻爱琴博士在今后的工作与专业研究中取得新的进步和佳绩。

于苏州大学相门寓所
2023 年 6 月 5 日

前　言

　　我国刑法修正案的实践表明，作为行政犯构成要件常用表述方式的空白罪状在刑法分则中的占比呈急剧上升趋势，这悄然改变着我国以自然犯为主的传统刑法体例。关联空白罪状的各类刑法解释也紧随其后，在数量上不断同步增长。与此同时，空白罪状所承载的行政犯认定在我国司法实践中进一步暴露出补充规范的甄别标准不清、行政违法与刑事犯罪的边界模糊等诸多问题，司法机关存在将犯罪行为与一般违法行为相混同的积弊与迷思。申言之，一方面，有空白罪状的规范性"连累"补充规范的相对不明确性；另一方面有立法文本背后隐藏的刑行区分问题。探究下来，空白罪状的司法困境并非源于单纯的立法明确性问题，也有许多问题因空白罪状明确性尚未在解释论视域得到妥当处置而引起。如何从实践中有关空白罪状的典型案件，尤其是非典型的复杂案件中分析出可证立的解释规则；如何在既能维持社会秩序的和谐稳定，又能充分保障个人自由与个性的现代法治国家建设基本目标之下，于不同法域间警惕与克制刑法不当介入的冲动；如何从解释论角度衡量与界定空白罪状的明确性，并划定相应的解释边界，这些问题一一呈现。综合来看，通过解释论方法克服空白罪状明确性的不足是一条重要途径。

　　明确性是罪刑法定原则的重要子原则，传统理论要求刑事立法关于罪状与处罚的规定必须具有足够的明确性。空白罪状的明确性至少存在立法明确性与司法明确性两个层面。基于空白罪状特殊的立法设计，其立法明确性对于司法的贡献虽然功不可没，但无法独自化解司法适用中所遭遇的各种困境。在实现空白罪状明确性的理性分工中，需要充分激发、释放解释论的功能。从根本上而言，因空白罪状一直没有摆脱对违反民主法治、法律专属性等原则的理论纠问，沿袭这些视角研究空白罪状的理论价值仍不过时，但因空白罪状明确性的实践困顿突出，围绕其明确性的研究更为迫切而直接。除此之外，仅仅根据"立法语言明确"的立法论标准判断空白罪状是否符合明确性存在欠缺，需要通过解释论判断标准予以界定，以便规范确认空白罪状的明确性，充分发挥刑法解释检视并促进刑事立法及时完善的功效。也就是说，空白罪状明确性属于刑法解释学的研究范畴。在这个意义上，空白罪状明确性的解释论是与空白罪状明确性的立法论相对应的一种研究视角。就此，围绕其明确性的解释研究便有了特殊性与限定性。

法律解释是司法适用的准备工作，刑法解释为面向司法的刑法学提供了方法论工具，空白罪状明确性的解释论是刑法解释之下的具体延伸。一直以来，域内外学者都为如何进行刑法解释做出过并继续做着各种努力。无论是文义解释、体系解释、历史解释、目的解释等具体解释方法，还是形式解释论、实质解释论抑或主观解释论、客观解释论等解释立场，都为空白罪状明确性的解释研究提供了坚实基础与有益视角。在价值多元化的时代背景下，对空白罪状明确性的解释研究仍需深入刑法解释更为深层的本质，保持与其他法域的横向衔接与对话，以及结合本国国情进行探索。

空白罪状明确性的解释任务既包括在微观及中观视野下如何普遍地对解释结论加以提炼，沉淀出具体刑法教义；也亟待摆脱传统解释论窠臼，从方法论的新视域形成解释机制并勾勒相关宏观问题的轮廓。详言之，空白罪状明确性迫切需要处理的解释问题有两个：一是具体解释规则的确立，二是方法论视域下判断标准与限度的建立。具体解释规则的确立，主要是针对补充规范与刑行界分问题。关于补充规范的明确性，一是对我国空白罪状中补充规范的遴选，应确立法律位阶视野下的取舍规则；基于有利于行为人的考虑，习惯（法）也应成为补充规范的消极渊源；未来对补充规范的遴选应借助违宪审查制度进行。二是在空白罪状与补充规范的衔接适用中，提倡刑事违法性判断的交互限制规则。三是在空白罪状中补充规范的变更，在我国应产生"从旧兼从轻"的法律适用效果。关于空白罪状中行政违法与刑事犯罪的区分，应遵循阶层式的解释机制，即以法秩序的统一为解释目标，以法益的解释指导功能为核心，以规范保护目的为解释结论的限缩解释。通过不同理论的主要功能的层层审视，达到对行政违法与刑事犯罪明确化的定性。而从方法论视域来看，空白罪状明确性应树立解释论判断标准及解释约束。通过对司法审查实践的观察，相比较空白罪状明确性的立法论判断标准，空白罪状明确性的解释论判断标准应包括可预见性标准与可司法性标准。对空白罪状明确性的解释，必须遵守不得侵犯立法权与司法权的解释规则，贯彻消极入罪的解释理念。

在空白罪状明确性的解释思维中，有两处重要的具体解释基点贯穿始终：一是补充规范的违反与犯罪构成要件的符合不具有同质性，即违反补充规范只是符合犯罪构成要件的必要非充分前提，并不等同于刑事违法性判断的成立，刑法自身的价值和目的始终不应被遮蔽或抹杀。二是在当下倡导刑法谦抑性的刑法话语体系里，尽管慎重入罪思想已成学界共识，但这并不能直接推演出对空白罪状所承载的行政犯的成立一味做限缩解释而非妥当解释的结论，否则会与罪刑法定相悖。至此，理论探讨的全部意义以及总结出的具体教义或解释机制，抑或方法论上的指引，都致力于增强空白罪状明确性解释的融贯性和规范性，增加司法裁决的可接受性。

目 录

第一章 导论 …………………………………………………………（1）
  一、问题的提出 ……………………………………………………（2）
  二、研究现状 ………………………………………………………（4）
  三、研究框架 ………………………………………………………（11）
  四、研究方法 ………………………………………………………（13）

第二章 空白罪状明确性的解释论路径缘起 …………………………（15）
  一、空白罪状基本问题的重拾 ……………………………………（15）
  二、空白罪状明确性的司法危机 …………………………………（37）
  三、空白罪状明确性的必要解释论路径 …………………………（46）

第三章 空白罪状明确性的解释肯綮梳理 ……………………………（65）
  一、空白罪状中的补充规范 ………………………………………（65）
  二、空白罪状中行政不法与刑事不法的界分 ……………………（71）
  三、空白罪状明确性解释的其他问题 ……………………………（76）

第四章 空白罪状明确性的解释对象之一：补充规范 ………………（83）
  一、补充规范的类型及其适用规则 ………………………………（83）
  二、空白罪状与补充规范的衔接及解释规则 ……………………（99）
  三、补充规范的变更及司法中展现的效果 ………………………（116）

第五章 空白罪状明确性的解释对象之二：刑行界分 ………………（124）
  一、空白罪状语境下刑行界分的阶层式解释机制之提倡 ………（124）
  二、法秩序统一对空白罪状解释结论的第一层检视 ……………（134）
  三、法益保护对空白罪状解释结论的第二层过滤 ………………（149）

— 1 —

四、规范保护目的对空白罪状解释结论的第三层克制 …………（161）

第六章　空白罪状明确性的解释论标准及限度 …………（173）
　　一、空白罪状明确性的解释论标准 …………………………（173）
　　二、空白罪状明确性的解释约束 ……………………………（179）

结　语 ……………………………………………………………（198）
　　一、研究特点及创新之处 ……………………………………（198）
　　二、研究存在的不足 …………………………………………（200）
　　三、研究展望 …………………………………………………（201）

参考文献 …………………………………………………………（203）

致　谢 ……………………………………………………………（218）

第一章 导 论

何谓空白罪状明确性的解释论？自然的追问就是：是明确性本身需要解释吗？还是解释需要明确性？抑或空白罪状需要明确性？这类问题使得本书的研究视角、研究对象、研究目的等在此必须得到交代与重申。

首先，对空白罪状的解释研究存在角度的多元性。空白罪状自产生以来，并未彻底挣脱基本法理问题的追问。比如，来自法律民主性原则、法律专属性原则以及法律明确性原则角度的追问等。[①] 也就是说，对空白罪状可以展开与民主法治原则的解释研究，也可以展开与法律专属性原则的解释研究，还可以从其他角度展开解释研究，沿袭这些视角进行解释研究的理论价值依然深远，并不过时。诚如有学者曾言，"我国《刑法》第3条虽然确认了罪刑法定原则，但罪刑法定原则所要求的刑法明确性问题在我国尚未获得圆满解决。在这种情况下，通过法教义学的解释克服刑法明确性的不足是一个重要途径"。[②] 本书正是鉴于空白罪状的司法现状，认为实践中空白罪状不明确性问题较为突出，且较之其他角度的问题研究更具有迫切的现实需要，故选择从空白罪状的明确性角度展开解释研究。从这个意义上说，它属于空白罪状的解释研究命题组成部分，但以明确性为切入点的选择使本书内容具有了特别性与限定性。

其次，空白罪状的明确性至少具有立法论与解释论两个层面的解构维度，空白罪状的明确性包括立法明确性与司法明确性。空白罪状除了在补充规范的取舍、补充规范的变更司法效果等具体问题上亟须明确外，在方法论视域下其明确性判断标准及解释限度也不容忽视。在立法论者看来，立法表述的明确性至关重要，因此，立法语言表述明确是刑法明确性判断的重要立法论标准。[③] 无疑，该立法论标准在完善立法上价值突出，但对刑法教义分析的价值有限。空白罪状是否具有明确性有必要从解释论角度予以界定。比如，应

[①] 刘树德：《空白罪状——界定·追问·解读》，人民法院出版社2002年版，第128页。

[②] 陈兴良：《刑法的明确性问题：以〈刑法〉第225条第4项为例的分析》，载《中国法学》2011年第4期，第124页。

[③] 姜涛：《基于明确性原则的刑法解释研究》，载《政法论坛》2019年第3期，第91页。

充分考虑影响受规范者理解与预测可能性的违法性认识、故意或过失等其他要素；应积极引入司法实践的视角，从刑法教义学角度界定何为最低限度的明确性。即在解释论视域下判断空白罪状是否具有明确性至少可以确立可预见性标准与经由司法审查加以确认的可司法性标准。与通过释明具体教义与树立解释通则来实现空白罪状在具体问题上的明确性不同，这种解释论判断标准的实践功效在于：一方面，对空白罪状是否具有明确性的确认更加合理、规范；另一方面，经司法审查的努力，对于容忍范围内相对不明确的空白罪状，可以通过刑法解释予以明确，树立相应解释规则或形成教义，以便相对统一其内涵；通过规范的解释方法无法予以明确的空白罪状，不能随意作类推解释，从而有利于更好地发挥刑法解释促进刑事立法及时做修、立、废等完善工作的作用。如此一来，空白罪状的明确性自然也属于刑法解释学的研究范畴。就此而言，"空白罪状明确性的解释论"在某种程度上是与"空白罪状明确性的立法论"相对应的一种研究视角。

最后，本书在研究对象上呈现多样性。一是微观视野下的具体问题。即从解决具体问题的角度论证司法实践中反复出现的空白罪状明确性问题。比如，空白罪状中补充规范的遴选规则，空白罪状与补充规范的衔接适用规则等。二是中观视野下的具体问题。针对空白罪状中行政违法与刑事犯罪判定界限不明确的积弊，努力寻找可以遵循的解释机制等。三是方法论视域下的专门问题。针对空白罪状明确性，寻找及证立解释论判断标准及解释约束等。换言之，本书的直接研究目的既包括确立具体的解释通则，也包括建立方法论视域下的解释论判断标准与限度；最终研究目的在于通过解释论方法克服空白罪状明确性的不足，增强空白罪状明确性解释的融贯性和规范性，增加司法裁决的可接受性。

需要说明的是，对于补充规范与刑行界分这两类解释对象的关系，笔者认为，二者之间是一种递进或引起与被引起的关系。也就是说，立法文本带来的补充规范的不明确，可视为空白罪状形式上的不明确，由此引发空白罪状在刑行界分上的不明确，此为空白罪状更深层次的不明确性。

综上，空白罪状是分析对象，司法明确性是解释论展开的目标与衡量标准，解释论是本书的主线与路径。除此之外，本书也并未沿袭一般解释论研究的解释主体、解释原则、解释对象等写作"套路"，而主要针对实践中突出的空白罪状明确性的解释对象、解释论标准及其限度展开写作。正是围绕这种研究语境、问题意识与构思初衷，本书确定了写作重心，并首先梳理了下述各问题。

一、问题的提出

自1997年《刑法》全面修订至2024年30余年间，我国共通过了12个刑法修正案，涉及的条文以及相关附属刑法的修订也难以计数。随着当前《刑法修正案（十二）》的实施，可以再次感受到，我国刑事立法活性化的时代已经来临。① 立法的活性化并非中国独有的刑事立法现象，刑法学研究相对发达的德国、日本等也概莫能外。② 需要重申的是，刑法解释的独立价值从来不为刑事立法活动所替代，刑法解释是刑法适用的准备工作，是确定法律文义的过程，构建刑法规范的意涵与射程。尽管法学大师耶林（Rudolf von Jhering）早就告诉我们立法用语务必注重明确性，以使受规范者明白易懂，③ 可司法实践的反馈却是，在案件事实与刑法规范、立法的类型化与司法的个罪定刑间往返对照的过程中，法律文本永远存在解释的空间与需要，专业的法律解释不可避免。

罪刑法定原则出于限制刑罚权和保障人权的目的，十分重视犯罪构成的明确性。而刑法解释恰恰在立法完成后，具体实现罪刑法定原则的明确性上功不可没。空白罪状因其特有的罪状描述方式，使得其所承载的犯罪构成增加了进一步向外填补、解释的工作，如规范性构成要件要素、兜底条款等有再明确的必要。尤其在行政犯大量采用空白罪状的背景下，违法行为和刑事犯罪常因于对空白罪状之构成要件的不同理解而趋向模糊不清。相应地，在实务中，难免存在"以罚代刑"或"以刑代罚"的种种乱象。对行政犯之空白罪状的明确认定，无疑是区分刑事责任与行政责任、健全行政执法和刑事司法衔接机制的规范依据。因此，如何对空白罪状的明确性做进一步解释研究具有特别重要的理论与实践意义。

从空白罪状司法化的实践来看，近年来，我国出现了诸多因空白罪状的补充规范不明确、④ 行政违法与刑事犯罪认定分歧引起学界关注或者实践中上诉或再审的案件。譬如，影响力较为广泛的内蒙古王某某非法经营案、天津赵某某非法持有枪支案，等等。面对层出不穷的争议案件，不禁让人怀疑，刑法在制裁行政犯罪的立法结构及司法适用上是否有缺陷？对诸多案件中的

---

① "活性化"一词是日本学者首先使用的概念，在对刑事立法评价时形成了刑事立法活性化这一概念。引自张明楷：《日本刑法的发展及其启示》，载《当代法学》2006年第1期，第4页。

② 周光权：《论通过增设轻罪实现妥当的处罚——积极刑法立法观的再阐释》，载《比较法研究》2020年第6期；王钢：《德国近五十年刑事立法评述》，载《政治与法律》2020年第3期；张明楷：《日本刑法的发展及其启示》，载《当代法学》2006年第1期。

③ 耶林言：立法者必须如哲学家般地思考，却须如农民般地讲话。引自许宗力：《论法律明确性之审查：从"司法院"大法官相关解释谈起》，载《台大法学论丛》2012年第4期，第1704页。

④ 例如，在王某民、张某忠受贿、非法转让、倒卖土地使用权一案中，二审法院认为，《刑法》第228条是空白罪状条款，一审判决没有给出上诉人违反土地管理法规的具体规定和条款，违反法无明文规定不为罪的原则，故裁定撤销一审判决，发回重审。参见河北省邢台市中级人民法院（2017）冀05刑终105号刑事裁定书。

争议点，比如，对"非法""违反……法规"等指示规定和参照规定等补充规范的查找和确定、行政违法与刑事犯罪的区分等问题进行理论还原时，在笔者看来，本质上都是空白罪状明确性范畴的问题。首先，空白罪状本身的文本结构不利于法律明确性的实现，在空白罪状补充性规范的确定上绕不开明确性问题；其次，空白罪状所承载的行政犯[①]的认定容易引发行政不法、刑事不法判断不清问题。因此，在罪与非罪、此罪与彼罪的判断中，在确定刑法处罚范围的适正性目标中，对空白罪状的明确性有了探讨必要。

空白罪状自提出以来，从未真正摆脱过有违民主法治原则、法律明确性原则以及法律专属性原则等的质疑与追问，但本书关注的司法困扰将研究的焦点引向了空白罪状明确性的解释研究。在立法与解释的二元进路中，除却立法模式的革新，笔者认为解释论进路针对空白罪状的进一步明确化不仅不能跨越，且兼具彻底性。通过对空白罪状司法化现实的观察，本书尝试立足于空白罪状的立法构造、围绕犯罪的本质，发挥刑法教义学对立法刑法学的应有功效，为克服空白罪状明确性的不足展开具体问题与方法论上的解释研究，以便解决空白罪状司法化困境，促进空白罪状明确性在刑事立法与刑法解释之间的良性互动。

二、研究现状

从现有研究来看，以笔者有限的阅读范围，直接以空白罪状明确性的解释研究为题的中外研究成果尚未得见，将"空白罪状""明确性"这两个关键词直接结合的现有研究非常之少。[②] 与此同时，我国学者对空白罪状、明确性原则、空白罪状的补充规范、行政违法与刑事犯罪区分以及刑法解释的分别等的研究，已产出不少学术成果，其中不乏极富洞察力的真知灼见。但总的来说，这些现有成果犹如颗颗独自熠熠发光的珍珠，虽各美其美，但不免散乱于地，尚未在合力解决空白罪状明确性上呈现美美与共的情形。因此，如何从解释论的角度出发，系统性、整体性地推进空白罪状的进一步明确留有很大研究空间。

---

① 需要说明的是，我国《刑法》中的绝大多数行政犯采取了依照本书界定的空白罪状的立法描述；但有少部分行政犯未采用本书界定的空白罪状的立法描述，比如，我国《刑法》第205条规定的虚开增值税专用发票、用于骗取出口退税、抵扣税款发票罪，虚开发票罪等。

② 目前，笔者仅收集到将二者相结合的研究。张建军：《论空白罪状的明确性》，载《法学》2012年第5期。

(一) 对空白罪状、明确性原则、补充规范、刑行界分以及刑法解释等的研究逐步深化，但均遗留不同程度的未完待续问题

空白罪状在成文法系国家较为普遍，19 世纪 70 年代德国学者首先提出"空白罪状"一词。在日本，空白罪状也称为白地刑法，日本学者比较早地展开了对空白罪状的研究。学者们早期的研究集中在空白罪状与罪刑法定原则的关系上；随后，空白罪状存在的合法性已成为绝大多数学者的共识。如今，德日等国家对空白罪状的研究转向了司法适用，且多是在法律明确性视域下涉及（见后段详述）。拉丁美洲很多国家的司法实践对空白刑法保持了接纳态度，但要尊重罪刑法定原则或接受法无明文规定不为罪原则的限制，且严格程度要有区别。比如，智利、阿根廷等国家选择严格适用空白刑法，列举了若干适用限制条件。

我国对空白罪状的研究起步较晚，在 21 世纪初才开始出现关于空白罪状的专著，[①] 较为系统地对空白罪状的内涵界定、属性界定、类属界定、功能界定、空白罪状的追问、文本解读等问题开创性地做了梳理与论述。此后，国内学者对空白刑法的研究日渐增多。[②] 尽管不少学者相继证成过空白罪状存在的合理性，[③] 并成为主流观点，但少数学者对此仍保留质疑。[④] 从近年的研究成果来看，学者的关注点明显已从空白罪状存在合理性的法理论证研究转向了本土实践上的适用研究，有关空白罪状司法适用的研究成果增多，[⑤] 但对空

[①] 21 世纪初，我国开始出现关于空白罪状的专著，即刘树德撰写的《空白罪状——界定·追问·解读》（人民法院出版社 2002 年版）。

[②] 何泽宏、庄劲：《论空白刑法补充规范的变更及其溯及力》，载《河北法学》2001 年第 6 期；莫晓宇：《空白刑法规范的机理、功能及立法安排分析》，载《社会科学家》2004 年第 2 期；刘艳红：《空白刑法规范的罪刑法定机能——以现代法治国家为背景的分析》，载《中国法学》2004 年第 4 期；乔梁：《论空白罪状》，西南政法大学 2004 年硕士学位论文；李欣：《空白罪状问题研究》，郑州大学 2006 年硕士学位论文；闵凯：《空白刑法规范的协调和衔接》，上海社会科学院 2007 年硕士学位论文；张良：《我国刑法空白罪状现状反思与完善》，山东大学 2008 年硕士学位论文；肖中华、王海桥：《空白刑法的规范诠释——在规范弹性与构成要件明确性之间》，载《法学杂志》2009 年第 8 期；肖中华：《空白刑法规范的特性及其解释》，载《法学家》2010 年第 3 期。

[③] 刘艳红、周佑勇教授在其著作《行政刑法的一般理论》第一版及第二版中均坚持论证了空白罪状存在的合理合法性。

[④] 刘树德：《罪刑法定原则中空白罪状的追问》，载《法学研究》2001 年第 2 期；袁旺旺：《空白罪状研究》，南昌大学 2009 年硕士学位论文；和亚娟、周维栋：《我国空白刑法规范的类型化研究》，载《河南警察学院学报》2019 年第 6 期。

[⑤] 闵凯：《空白刑法规范的协调和衔接》，上海社会科学院 2007 年硕士学位论文；肖中华、王海桥：《空白刑法的规范诠释——在规范弹性与构成要件明确性之间》，载《法学杂志》2009 年第 8 期；黄明儒、谭丹丹：《论空白刑法规范与补充规范的冲突与协调》，载《湘潭大学学报（哲学社会科学版）》2015 年第 4 期；耿岩：《空白罪状及其解释困境与出路》，华东政法大学 2017 年硕士学位论文；张明楷：《正确适用空白刑法的补充规范》，载《人民法院报》2019 年 8 月 8 日第 5 版。

白罪状某些基本问题的见解并未尘埃落定。我国台湾地区有关空白刑法的研究突出集中在补充规范变更性质的研究上，即补充规范的变更是事实变更抑或法律变更？该地区刑法理论与司法实务对此意见大相径庭，至今仍未形成通说。比如，柯耀程教授比较早的撰文注意到此问题，① 指出法律变更与事实变更的区分对于法律的正确适用意义重大。

刑法明确性原则在德国、日本具有宪法性地位，是刑法的首要原则。在英美判例法国家，明确性原则同样非常重要。作为明确性原则起源国家的美国，通过联邦最高法院将其确立为一项宪法原则。② 通过采取宪法限定解释、主观要件的介入、制定法核心部分的明示等手段，避免做出不明确性的解释。域外对空白罪状补充规范的讨论，通常是在这些国家关于刑法明确性的违宪审查司法实践中被附带性地涉及。③ 也就是说，德国、日本、美国等国家对空白罪状补充规范的研究基本上从属于明确性原则及违宪审查的总体研究。这使得我国空白罪状补充规范的问题更带有本土化特色。

在德日刑法理论中，刑法明确性原则的功能基本被归结为两点：确保权力分立及法治国原则之实现；提升受规范者的刑罚可预见性。④ 至于明确性原则的判断标准，学界对此早有涉及并形成如下三种基本见解：一是主张一般人标准，即从一般人立场出发设定明确性判断标准；⑤ 二是主张法官标准，即从法官的角度出发设定明确性判断标准；⑥ 三是主张回归法律条文自身标准，即从法律文本本身是否边界清晰来判断明确性的符合性。⑦ 关于需要何种类型和程度的明确性在美国同样引起辩论，对明确性原则的目标存在隐性分歧。美国最高法院对明确性原则的判断标准基本上采纳了一般人标准；美国学者提出了一些对明确性原则本身的思考，包括该原则过于多元化、具有可塑性。⑧ 这些观点争鸣也反映了司法实践中对刑法明确性审查及

---

① 柯耀程：《刑法法律变更与事实变更概念的基本思考》，载《法学讲座》2002 年第 11 期。
② 张明楷：《刑法学》，法律出版社 2021 年版，第 63 页。
③ 例如，对前置法（行政命令等）授权在目的、内容与范围上的明确性审查。
④ 薛智仁：《刑法明确性原则之新定位：评介德国联邦宪法法院之背信罪合宪性裁定》，载《台大法学论丛》2015 年第 2 期。
⑤ [日] 大谷实：《刑法总论》，黎宏译，法律出版社 2003 年版，第 46 页。
⑥ 黎宏：《罪刑法定原则的现代展开》，载赵秉志：《刑法评论》（第 2 卷），法律出版社 2003 年版，第 69 页。
⑦ [德] 克劳斯·罗克辛：《德国刑法学总论》（第 1 卷），王世洲译，法律出版社 2005 年版，第 102-103 页。
⑧ MLA 8th ed. Francus, Michael A, The Law of Clarity and the Clarity of Law, University of Chicago Law Review Online, 2020, pp. 1-7; Richard M Re, Clarity Doctrines, University of Chicago Law Review, Vol. 86, No. 6, 2019, pp. 1497-1562.

判断标准的需求。

我国刑法理论对刑法明确性原则的研究始于20多年前，总体尚处于起步阶段。较早以论文形式涉及刑法明确性研究的是张明楷教授以及陈泽宪、刘仁文研究员。① 之后的研究大部分停留在研究罪刑法定原则的相关内容上，刑法明确性原则作为其内容附带涉及，对明确性原则之判断标准的讨论还比较少。在笔者有限的阅读范围内，关于刑法明确性的研究专著目前只有杨剑波博士的《刑法明确性原则研究》一书，对刑法明确性原则的基础理论、相对意义、主要内容和实现途径进行了系统研究，并对明确性原则的判断标准论证了自己的观点。② 其他研究成果多以论文的方式呈现，对刑法明确性的涉及多数停留在该原则的含义和历史发展上。另有一些论文关于明确性的讨论穿插、散见于对具体个罪的讨论中。近年来，学者的探讨逐渐聚焦于明确性原则的程度与标准问题，③ 关于明确性标准存在的不同看法，未见有占据绝对通说性质的主流观点形成。比较而言，我国台湾地区有关法律明确性原则的制度功能、立法审查的反思相对更深入一些，且在刑法明确性原则的讨论中，通常以大法官释字为例，涉及对空白罪状的讨论。

空白罪状的明确性除受补充规范的影响外，另一个重要影响因素关联并从属于行政不法、刑事不法的界分问题，即空白罪状所承载的行政犯在司法裁决中容易引起行政违法与刑事犯罪认定不清的问题。关于行政违法与刑事犯罪的界分，德国学者主要形成了质的差异说、量的差异说、质量的差异说等学说；而日本学者主要形成了严格的违法一元论、缓和的违法一元论、违法相对论等学说。④ 日本刑法学界持缓和的违法一元论有宫本英修、佐伯千仞等学者。⑤ 与国内学者王昭武教授将违法相对论与违法多元论相区分的观点不同，日本绝大多数刑法学者是将二者视为同一理论进而展开探讨，⑥ 如前田雅

---

① 张明楷：《妥善处理粗疏与细密的关系　力求制定明确与协调的刑法》，载《法商研究》1997年第1期；陈泽宪、刘仁文：《刑法的明确性及其实现途径》，载《法学杂志》1997年第1期。
② 杨剑波：《刑法明确性原则研究》，中国人民公安大学出版社2010年版，第51-68页。
③ 李梁：《刑法中的明确性原则：一个比较法的研究》，载《法学评论》，2017年第5期；吴永辉：《不明确的刑法明确性原则》，载赵秉志主编：《刑法论丛》（第3卷），法律出版社2009年版，第281-309页。
④ [德]克劳斯·罗克辛：《德国刑法学总论》（第1卷），王世洲译，法律出版社2005年版，第397页；[日]曾根威彦：《刑法学基础》，黎宏译，法律出版社2005年版，第214-215页。过去，严格的违法一元论说也曾占据一席之地。该说认为，基于法律体系内部违法性的一致性，刑法确立的违法行为，在民法、行政法等部门法领域也应被认为违法，同理，刑法以外的其他部门法认为违法的行为，刑法在违法性认定上也要做与其相一致的解释。如今，该说因明显不合理而不再有拥趸。
⑤ 王昭武：《法秩序统一性视野下违法判断的相对性》，载《中外法学》2015年第1期。
⑥ 简爱：《从"分野"到"融合"：刑事违法判断的相对独立性》，载《中外法学》2019年第2期。

英、山口厚等即持这种观点。

近年来，我国学者开始密切关注行政不法、刑事不法的界分问题，但目前仍处于对域外学说的简单移植、"拿来主义"阶段，针对其中的关键问题——如何协调违法判断相对性与法秩序统一性这一矛盾尚未有实质性突破。总的来讲，我国学者对行政犯违法性判断的根据基本与缓和的违法一元论、违法相对论比较接近。与此对应，我国学者中有的持缓和的违法一元论，如于改之、于冲以及我国台湾地区学者王容溥等；① 有的持违法相对论，如张明楷、王昭武、付立庆、王骏、简爱等；② 也有学者从德国学说的传统出发，对行政不法、刑事不法的区分主张质量差异论。③ 王锡锌教授提出用"交织"代替"交叉"，"行政违法与刑事违法存在交织关系，这种交织关系，一方面可以从量上来说，一方面可以从质上来说"。④ 同时，陈兴良教授、车浩教授等学者从法定犯的性质与界限角度，陈瑞华教授从行政证据在刑事诉讼中证据效力的诉讼法角度对此问题进行的研究值得关注。更早的有我国台湾地区学者指出，行政违法与刑事犯罪的区分应从立法源头进行。⑤ 总之，目前对行政不法、刑事不法的界分并无统一认识，及至在空白罪状语境下的刑行界分也更无共识。

自我国刑事立法以降，刑法解释理论研究工作也稳步推进，取得了丰硕成果。尤其近年来，立法论已不再是刑法学界的主流研究范式，转而为解释论所替代。以陈兴良教授与张明楷教授为代表的一众刑法学学者高举刑法解释学或刑法教义学的大旗，拉开了刑法解释论走向繁荣的序幕。刑法解释学与理论刑法学互相促进，刑法解释学也逐渐提升到了方法论高度。当代刑法解释的研究内容包括对刑法解释的主体、对象、原则、方法、立场等，尤其

---

① 于改之：《法域冲突的排除：立场、规则与适用》，载《中国法学》2018年第4期；于冲：《行政违法、刑事违法的二元划分与一元认定——基于空白罪状要素构成要件化的思考》，载《政法论坛》2019年第5期；王容溥：《法秩序统一与可罚的违法性》，载《东吴法律学报》2008年第2期。
② 张明楷：《避免将行政违法认定为刑事犯罪：理念、方法与路径》，载《中国法学》2017年第4期；王昭武：《法秩序统一性视野下违法判断的相对性》，载《中外法学》2015年第1期；付立庆：《积极主义刑法观及其展开》，中国人民大学出版社2020年版，第24页；王骏：《违法性判断必须一元吗?》，载《法学家》2013年第5期；简爱：《从"分野"到"融合"：刑事违法判断的相对独立性》，载《中外法学》2019年第2期。
③ 孙国祥：《行政犯违法性判断的从属性和独立性研究》，载《法学家》2017年第1期。
④ 王锡锌：《行政与刑事交叉案件的处理：规则表达与实践展开》，北京大学法学院"刑事辩护云课程"，2020年5月23日。
⑤ 陈信安：《再论刑事不法与行政不法之区别——以德国联邦宪法法院裁判见解及立法形成自由为中心（下）》，载《兴大法学》2014年第16期。

在刑法解释的方法上已经有了一定的学术积淀，发表了若干法学方法论专著。① 围绕各种解释方法的位阶、主观解释与客观解释、形式解释与实质解释的解释目标、立场等问题，学界展开了广泛讨论，引发了大批刑法学者参与，在刑法解释立场的站位上可谓旗鼓相当、难分伯仲。② 但一系列疑难案件的发生与不同的解读，导致学者们反思：现有的刑法解释立场或方法论无法缓解刑法文本与解释者价值判断之间的紧张关系，不能满足刑法解释结论的合法性与合理性需求，刑法解释势必需要另辟蹊径。对于刑法解释的其他路径，学界提出以下不同方案：其一，关于类型思维的解释路径之提倡，即强调"合类性解释"在刑法解释中应得到重视，在刑法适用中完成从概念思维向类型思维的转向；③ 其二，关于法律论证的解释路径之提倡，④ 即强调程序主义的进路，以刑法解释的"主体间性"为本体，采取对话型论辩方式，形成一个大体上能够被各方接受的解释结论。但至今，以上方案仍基本停留在学术探讨尝试阶段。

（二）对空白罪状明确性的解释研究刚刚兴起，多数为碎片化或附带性研究成果

通过以上梳理不难看出，对空白罪状、明确性原则、补充规范、行政违法与刑事犯罪的区分、刑法解释等的研究基本处于各自独立发展的隔离状态，并未建立应有的联系，这与刑法理论的融贯与客观的司法需求极不相称，也与其丰富的解释理论内涵不成比例。例如，关于明确性原则，我国大部分学者把刑法的明确性定位为罪刑法定原则的子原则，意指刑事立法的明确性，

---

① 杨仁寿：《法学方法论》，中国政法大学出版社1999年版；陈兴良主编：《刑法方法论研究》，清华大学出版社2006年版；梁根林主编：《刑法方法论》，北京大学出版社2006年版；黄茂荣：《法学方法与现代民法》，法律出版社2007年版；吴从周：《民事法学与法学方法》，中国法制出版社2011版。

② 其经典式论战可参见张明楷：《实质解释论的再提倡》，载《中国法学》2010年第4期；陈兴良：《形式解释论的再宣示》，载《中国法学》2010年第4期。

③ 吴学斌：《刑法思维之变革：从概念思维到类型思维》，载《法商研究》2007年第6期；齐文远、苏彩霞：《刑法中的类型思维之提倡》，载《法律科学（西北政法大学学报）》2010年第1期；杜宇：《刑法解释的另一种路径：以"合类型性"为中心》，载《中国法学》2010年第5期；陈坤：《刑法解释中的类型思维与立法意图》，载《环球法律评论》2012年第5期；马荣春：《刑法类型化思维：一种"基本的"刑法方法论》，载《法治研究》2013年第12期；周天泓：《类型思维与刑法解释基本立场的再塑造》，载赵秉志主编：《刑法论丛》（第3卷），法律出版社2015年版，第82-101页；杜宇：《类型思维与刑法方法》，北京大学出版社2021年版，第191-258页。

④ 姜涛：《刑法解释的基本原理》，法律出版社2019年版，第10-16页；刘远：《刑事司法过程的刑法学建构问题研究——刑法学司法逻辑化的方法论》，人民出版社2018年版，第187-194页。

出现了大批空白罪状如何在立法上与罪刑法定原则相协调的研究。① 但越来越多的学者开始反思，认为其应包括司法的明确性，或通过司法路径实现刑法的明确性。② 在此背景下，间接涉及了对空白罪状明确性的研究。此外，在行政违法与刑事犯罪界限的研究中，也会涉及空白罪状。但总体而言，多数研究通常从当下行政不法与刑事不法区分时的疑难案件说起，在表明自己观点时镶嵌了部分有关空白罪状适用的说理，但很少有针对空白罪状的解释，特别是很少对空白罪状明确性的解释论作出专门讨论。

近年来，学者逐渐涉及对空白罪状的解释研究，发表了一批主要以论文形式呈现的、在空白罪状的补充规范及解释路径探索上的研究成果。例如，有学者指出，空白罪状构成要件的明确性是法律问题，要通过法律解释方法和准则来解决，就此提出空白罪状在立法和司法层面上双向对应的解释路径。③ 有学者认为，为化解空白罪状与罪刑法定原则的冲突，空白罪状的解释应选择形式解释论的立场，坚持刑法解释的独立判断，同时考量法益侵害性。④ 但另有学者提倡，对空白罪状的解释应以正当理念为指引，对构成要件进行实质解释，作出刑法的独立判断；⑤ 还有学者在空白罪状解释适用坚持刑法独立判断的前提下，进一步主张行政不法、刑事不法界分时，对不同类型的犯罪走分类判断路径。⑥

随着以上理论研究的不断开展，我国关于空白罪状的研究迈入了新阶段。从早期对国外理论的"临摹"和吸收转向了本土化的内生发展；从单一的立法论视角逐渐切换到解释论视角与之并重；从宏大叙事转向了深耕细作。空白罪状教义学获得了巨大的推动，法学方法论视域的提炼跃入视野，空白罪状的解释理论不断深化。同时，经文献梳理也不难看出，目前现状为：一是多数是关于空白罪状的解释研究，未专门集中于其明确性；且多为在个罪的理解适用中的附带性研究。二是多数是从立法角度认为空白罪状的明确性取决于所参照规范或制度的明确性，并未进一步指出空白

---

① 比如，个别将空白罪状与明确性相结合的专门研究，也是侧重从空白罪状在立法方面的明确性要求展开的论证。张建军：《论空白罪状的明确性》，载《法学》2012年第5期。
② 杨剑波：《刑法明确性原则研究》，中国人民公安大学出版社2010年版，第237-268页；张明楷：《明确性原则在刑事司法中的贯彻》，载《吉林大学社会科学学报》2015年第4期；姜涛：《基于明确性原则的刑法解释研究》，载《政法论坛》2019年第3期。
③ 肖中华：《空白刑法规范的特性及其解释》，载《法学家》2010年第3期。
④ 耿岩：《空白罪状及其解释困境与出路》，华东政法大学2017硕士学位论文。
⑤ 张明楷：《避免将行政违法认定为刑事犯罪：理念、方法与路径》，载《中国法学》2017年第4期；张明楷：《正确适用空白刑法的补充规范》，载《人民法院报》2019年8月8日第5版。
⑥ 于冲：《违法、刑事违法的二元划分与一元认定——基于空白罪状要素构成要件化的思考》，载《政法论坛》2019年第5期。

罪状的明确性关联着行政不法、民事不法、刑事不法的界分。三是空白罪状明确性的解释理论应对研究基本止步于实质解释论立场，或基于法益的解释功能。事实上，在处理有关空白罪状的行政犯罪疑难案件时，显露出系统性研究不足的现状，也缺乏对空白罪状明确性解释机制及解释限度的进一步思考，其实操性亟待同步加强，这也正是笔者进一步研究的意义所在。

此外，自我国引入"空白罪状"概念以来，在很长时间内这一概念仅仅出现在理论作品中。从笔者对中国裁判文书网相关司法文书的梳理来看，2016年以后，"空白罪状"开始在十余份案件辩护意见中出现，甚至在素来对理论前沿研究成果持谨慎保守态度的判决书当中，也开始出现了对"空白罪状"概念的援用，有的还附带了简短说理。[①] 这些都说明，对空白罪状司法适用中的明确性研究早该成为回应理论及实践之需的学术供给，以便能给立法解释、司法解释、指导性案例，甚至司法裁判中的判决说理提供相应的理论支撑。

三、研究框架

本书的研究思路为：空白罪状司法化中出现了什么问题→其原因如何→建议如何解决。循着解决影响空白罪状明确性的具体问题，制定解释通则，构建解释论视域下空白罪状明确性判断标准及解释约束等问题意识，本书内容分为以下六部分：

第一章为导论，由空白罪状在司法适用中的问题引出本书讨论的重点，并针对空白罪状、明确性、解释论等相关命题的中外研究现状予以梳理，设计本书对研究对象的探讨内容与层次，并选定相应的研究方法。

第二章主要阐述了空白罪状明确性的司法困境以及借由解释论方法破解的必要性与必然性。首先，从空白罪状的生成机理分析入手，随着学界理论辨析的日益充分与成熟，空白罪状的合法性逐步达成主流共识，但对包含其中的空白罪状司法的明确性研究尚未得到应有重视，并存在将空白罪状明确性的司法问题归因于执法问题而主张去问题化的声音。空白罪状并非不言自明，有关其明确性问题的思考有澄清的必要。其次，空白罪状与《刑法》一般性条款相比，在适用上有其特殊性。由此引发的实践困境日益凸显，亟待正视与解决；通过问题追溯，对空白罪状明确性的解释研究显露出必然性及

---

① 辽宁省大连市中级人民法院（2017）辽02刑终23号刑事裁定书、辽宁省盘山县人民法院（2018）辽1122刑初111号刑事判决书等。

必要性，无形中提升了空白罪状明确性的解释难度。最后，国内外学者关于立法的明确性提出过多种立法模式的理论建议，我国学者也从未放弃从刑事立法模式路径选择的角度为空白罪状的明确性寻找出路。但总的来讲，空白罪状立法路径所达到的明确性相对有限，或称立法对此具有局限性，同时运用空白罪状明确性的解释路径是必然的选择。

第三章主要梳理了空白罪状明确性解释的若干关键问题。在空白罪状明确性的解释研究中，主要存在三大类亟须明确的对象。第一类是空白罪状中补充规范存在的不明确，包括补充规范纷繁复杂，法律位阶层次丰富且存在矛盾、冲突或根本缺位，补充规范变更的法律后果之确定等；第二类是空白罪状引发的刑行界分问题，即行政违法与刑事犯罪的区分规则不清；第三类是空白罪状明确性的解释标准与限度等方法论视域的问题，与前两类具体问题的明确性有区别。前两个问题需要从形成具体解释教义入手，后一问题需要从方法论视域入手。

第四章主要阐述了如何将补充规范在空白罪状解释中予以明确。首先，从补充规范自身的适用规则分析入手，笔者认为应对空白罪状中补充规范范围的明确性解释进行分类考虑。一是对于补充规范中的"国家规定"应受《刑法》第96条的立法规定约束；二是对于其他补充规范，从我国法律位阶的角度而言，限定为法律、行政法规、地方性法规、自治条例和单行条例、国务院部门规章和地方政府规章范畴，不宜再向更低位阶的其他规范性文件扩展。其中，对于非全国范围内适用的地方性法规、自治条例和单行条例以及地方政府规章应尽量慎用；在特殊情形下，基于有利于行为人的考虑，习惯（法）也应成为补充规范的消极渊源；在各补充规范之间遵循上位法优于下位法、特别法优于普通法等一般规则。其次，从空白罪状的具体内容分析入手，在空白罪状与补充规范的衔接适用中，防止以补充规范直接补足犯罪构成，或空白罪状的解释直接从属于补充规范，而应遵循空白罪状中刑事违法性判断的交互限制规则。即，作为刑法规范之内的违法性判断既非绝对服从于空白罪状规范，也非无条件依附于附属刑法责任条款，而应做以空白罪状与补充规范中构成要件规定"交集"为基础的判断。最后，对于空白罪状中补充规范的变更，在我国应产生"从旧兼从轻"的法律适用效果。

第五章主要阐述了如何将空白罪状中行政违法与刑事犯罪的区分在解释中予以明确，建立相应的解释规则。以分散的现有研究成果为基础，如何形成系统的解释机制是一种有益尝试。针对影响空白罪状明确性的这一深层问题，本书从空白罪状与法秩序统一原理、法益保护理论、规范保护目的理论的各自关系出发,以维护刑法自身价值和目的为基础,以刑事违法性独立判断为底层思维,建立的解释规则是:以法秩序的统一为解释目标,以法益的解释指导功能为中心,以规范保护目的为进一步的解释结论。通过阶层式的三层过滤,以期达到对实践中行政违法与刑法犯罪定性的明确化。

第六章主要阐述了方法论视域下空白罪状明确性的解释约束及解释论判断标准。空白罪状的明确性标准在刑法立法学领域多有涉及,并在一些国家及我国台湾地区的司法审查实践中积累了相关学说标准的经验,但其必要的解释论标准并未建立。本书从空白罪状的立法明确性标准谈起,通过对司法审查实践的观察,提出空白罪状明确性的解释论判断应包括可预见性标准与可司法性标准。对空白罪状明确性的解释,必须遵守不得侵犯立法权与司法权功能秩序的消极解释规则,不得进行不当的扩大或限缩解释;对空白罪状承载的行政犯罪,通过刑法的谦抑性、出罪事由的开放性、"以刑制罪"等思维的引入,明确刑法人性化的价值导向,贯彻消极入罪的解释理念。

四、研究方法

(一)学科交叉研究方法

一是刑法与行政法的融合研究。在空白罪状的解释论中,关于行政不法与刑事不法的界分,需充分借鉴行政法、行政刑法的相关理论及研究成果;需要比较行政违法、民事侵权等行政法、民法等学科中的相关理论。二是刑法与法理学、法哲学的知识对流。在刑法明确性上,尤其是罪刑之明确性问题上,法理学、法哲学学科为本问题提供了深厚、扎实的学术论证及理论支撑。

(二)比较研究方法

一是比较中国与域外关于空白罪状、规范明确性的相关判例,为我国的空白罪状解释理论发展提供实践支撑;二是通过比较研究德日等大陆法系和英美法系刑法理论中的白地刑法、立法模式、明确性原则,以期探寻对空白罪状进一步明确化的解释方法具有借鉴和启示作用的理论基础和根据;三是通过比较研究德日等大陆法系刑法对空白罪状、行政不法和刑事不法的区分与衔接,充分借鉴国外的刑法教义学内容,对空白罪状的解释问题进行理论深化。

(三)系统论研究方法

空白罪状明确性问题的解释路径处理需要厘清影响空白罪状明确性的各

个要素、各要素之间的有机关联以及整体解释规则、解释限度等问题。整体而论，空白罪状明确性的解释研究对象包括：表层的补充规范的明确性，空白罪状语境下的刑行界分的明确性乃至明确性的解释论标准、约束等。本书努力脱离问题的线性状态，追求由局部贯穿到整体、由散见整合为体系，捕捉原本彼此无涉的理论之间新的联系，用整体性、体系性的思考，由方法提升为方法论，以达到解释效果的最优化。

（四）案例研究方法

本书采用理论探讨与实务中空白罪状的适用现状相结合的方式，通过下载中国裁判文书网、Openlaw等网站的裁判文书进行理论与实践的双向检视，基于"事实胜于雄辩"抑或"实践出真知"的逻辑，尝试证成本书的观点。导论中列举的若干实践案例正是引发本书思考的线索。在正文写作中，处处以司法实践中的大量已决案件为分析标本，阐明本书探讨的解释规则，为立论提供了有力印证。例如，在论证补充规范与空白罪状的衔接时，笔者在中国裁判文书网共收集2015年至2020年涉嫌非法采矿罪的100多起典型案件的判决书，归纳其中控、辩争议的焦点，提炼与空白罪状明确性解释相关的规则。

第二章 空白罪状明确性的解释论路径缘起

空白罪状的明确性乃罪刑法定原则之构成要件的保障功能发挥作用的条件，这不仅要求有关空白罪状的立法规定做到尽量明确，也意味着即便不得已需要接受一定的相对不明确规定时，这些规定的规范意义也可以经由刑法解释加以确认。中外刑法学者曾为刑事立法的明确性在立法模式的选择上进行了各种论证，不同法系国家的刑事立法实践也一直为立法的明确性做着各种尝试，这事实上都涉及空白罪状的明确性问题。空白罪状明确性本身是其合法性的重要体现，空白罪状的明确性有值得专门讨论的自身独立价值。如果将法的实现过程用法理念——法规范——具体法判决的步骤加以描述的话，立法正是从法理念到法规范的过程，而司法则是从法规范到法判决的过程。显然，空白罪状的现实化过程绝非止步于空白罪状的立法过程。相应地，空白罪状明确性困境的突围从来不单单是一个立法问题，还是一个重要的刑法解释问题。在刑事立法路径与刑法解释路径的映衬下，我们得以清晰地观察到各自的利弊优劣，并作出相对妥当的选择：只有二者通力合作才能消解空白罪状的相对不明确性，同时增强司法裁判的可接受性。除此之外，有必要从解释论的视角进一步判定空白罪状是否具备明确性，确定对空白罪状明确性的最低容忍程度，进而倒逼相应立法的完善。

本章的重点是回顾与反思，为全书的后续内容开启重要的解释论路径论证方向。

一、空白罪状基本问题的重拾

空白罪状的立法实践一直并未彻底挣脱各种基本问题的追问：它与民主、法治原则，法律专属性原则，法律明确性原则是根本冲突的或其法理多有抵牾吗？如果是，它又是如何进入刑法领域的？如果不是，其在知识进路上是如何被合理化并成长起来的？这样的问题意识，将贯穿在本部分内容之中。

值得作出说明的是，以下部分将空白罪状的合法性与明确性等基本问题依次重述,并非意指二者之间存在并列关系。如前所述,空白罪状的明确性源于罪刑法定原则的基本要求,其本身就是空白罪状合法性的重要体现;在其合法性再思辨的基础上,本书又专门论证空白罪状的明确性是出于本书的研究视角与论证的需要,空白罪状的明确性需要并值得专门探究其独立内涵与价值。

(一) 空白罪状合法性的再思辨

罪状,是刑法分则罪刑规范对犯罪具体状况的描述。在刑法理论中,将基本罪状划分为简单罪状、叙明罪状、引证罪状、空白罪状。其中,空白罪状是指"没有具体说明某一犯罪的成立条件,但指明了必须参照的其他法律、法令"。① 空白罪状又称空白刑法规范或空白刑法。②《刑法》规定,犯罪与刑罚的形式可以分为完全刑法与空白刑法。若刑罚法规在法律条文中已完整规定了有关犯罪构成要件及法定刑,无须再由其他法律、法令予以补充即能发生刑罚作用者,谓之完全刑法;若刑罚法规仅在法律条文中就法定刑作出完整规定,将犯罪构成要件委诸其他法律或行政机关之法令予以补充者,谓之空白刑法。空白刑法的概念由德国刑法学者卡尔·宾丁(Karl Binding)在其1872年的专著《规范及其违反》中首次使用,又称为空白刑罚法规、空白构成要件或附范围之刑法。有日本学者称,空白刑罚法规是指"在法律中大致规定作为处罚对象的行为的范围,而构成要件上的具体内容交由政令以下的命令规定的刑罚法规"。③

1. 本书中的空白罪状

有学者认为,我国刑法规范中的空白罪状可以分为两类或存在以下两种表现形态:一是绝对空白罪状(或完全空白罪状),即刑法分则条文仅表述为"违反……规定",不再对犯罪构成要件有其他表述;二是相对空白罪状(或不完全空白罪状),即刑法分则条文对犯罪构成的行为要件作了表述,但同时需要参照其他规范或制度才能加以确定。④ 也有学者认为,我国刑法分则中的空白罪状,在指明参照法规的同时,也描述了部分构成要件要素。⑤ 据此推

---

① 张明楷:《刑法学》,法律出版社2021年版,第855页。
② 我国大陆刑法理论界一般称其为"空白罪状",而我国台湾地区及外文译作中称其为"空白刑法"的居多。大陆地区学者中既有沿用"空白刑法"者,也有将二者作区分,认为空白罪状是空白刑法载体的观点。笔者认为,二者并无本质区别,为保持用语的一致性,在本书中使用"空白罪状"一词。但在引用文献时,若涉及"空白刑法"的用语,则沿用该文献的说法以便忠于原文。
③ [日] 大谷实:《刑法讲义总论》,黎宏译,中国人民大学出版社2008年版,第49页。
④ 刘树德:《空白罪状——界定·追问·解读》,人民法院出版社2002年版,第65-68页;莫晓宇:《空白刑法规范的机理、功能及立法安排分析》,载《社会科学家》2004年第2期,第79页。
⑤ 张明楷:《刑法学》,法律出版社2021年版,第855页。

演,其观点为并不存在绝对空白罪状或完全空白罪状。但该学者又认为《刑法》第225条第4项(非法经营罪的兜底条款)为绝对空白罪状的情形。① 有学者认为,就我国刑法分则中的基本罪状而言,不存在绝对空白罪状。② 笔者认为,以对我国当前刑法分则条文中空白罪状的实然状态梳理而言,不存在只表述"违反……"、不再对犯罪构成要件有其他描述的情形,至少在"违反……"后有部分构成要件的描述或增加"情节严重""造成严重后果"类的补充描述。故,从事实的、存在论的思考方法来讲,我国大陆地区的确不存在绝对空白罪状。即使学者提及的我国现行《刑法》第225条第4项,事实上也勾勒了部分构成要件的内容,毕竟兜底条款受"先例区辨"的限制,③ 要参照前三项的规范保护目的与行为类型,才能结合"违反国家规定"对本项犯罪构成要件进行理解,并非全部交由参照规范对受刑罚的行为类型进行规制。即便这种情形被该学者称为隐性的授权立法,但这与该项规定不属于绝对空白罪状这一结论并不冲突。倒是在我国台湾地区个别刑法条文中,可以认为存在绝对空白罪状。比如,我国台湾地区"刑法"第192条(违背预防传染病法令罪及散布传染病菌罪)第1项规定:违背关于预防传染病所公布之检查或进口之法令者,处二年以下有期徒刑、拘役或一千元以下罚金。

需要注意的是,以上绝对空白罪状、相对空白罪状之分与我国台湾地区学者广义、狭义空白刑法之分并不对应。刑罚法规只规定罪名与法定刑,其犯罪构成要件的全部或一部分委诸同法之其他条项,或其他法律、命令或行政处分之规定以补充的,为广义的空白刑法;若刑罚法规仅规定罪名与法定刑,而其犯罪构成要件之全部或一部分委诸法律下位之命令或行政处分之规定以补充者,为狭义的空白刑法。④ 显然,大陆学者关于绝对空白罪状、相对空白罪状的分类是就刑法分则中的构成要件是否完全委任于其他规范、法令为标准;而我国台湾地区学者关于广义、狭义空白刑法的分类主要是以所委任的补充规范的法律位阶为标准。

在空白罪状的识别上,是否以条文的明确表述"违反××(法规)"等为必要?笔者认为,立足于我国《刑法》的实际,空白罪状以刑法条文中有"违反××(法规)"类的表述为必要,如《刑法》第186条、第329

---

① 张明楷:《刑事立法模式的宪法考察》,载《法律科学(西北政法大学学报)》2020年第1期。
② 赵宁:《罪状解释论》,华东政法大学2010年博士学位论文,第9页。
③ 姜涛:《刑法解释的基本原理》,法律出版社2019年版,第285页。
④ 吴重光:《空白刑法之研究(一)》,载《法务通讯》2016年第2785期。

条、第 330 条等。刑法条文中未见该类表述而需要援引相关法律或法规的，如《刑法》第 151 条、第 153 条、第 216 条等，尽管其行为性质的认定需要参照海关相关法规、《专利法》等进行，但不宜做空白罪状理解。换言之，我国刑法分则中空白罪状均是以犯罪行为所违反的法律、法规为中心展开的。① 这种从立法形式上区分的好处在于，能清晰且高效地将空白罪状与其他类别的罪状区分开，与规范性构成要件要素区别开。比如，将《刑法》第 151 条中的"走私"看作法律的评价要素而当然地参照海关相关法规、《专利法》等进行解释。

对此，学界存在不同意见。有学者认为，刑法条文中是否含有"违反××（法规）"等类似文字，并不能决定该条文之罪状属性。换言之，刑法条文中有"违反××（法规）"表述的，该罪状未必就是空白罪状；反之，未必就不是空白罪状。总之，是否属于空白罪状，其关键在于该条文规定之犯罪行为要件的确定是否需要参照其他相关规范或制度。② 另有学者认为，空白规范包括明示的空白规范和默示的空白规范，《刑法》第 321 条[运送他人偷越国（边）境罪]规定中并未出现"违反××（法规）"类的表述，但按照该学者的观点，本条以违反相关行政违法为前提，属于默示的空白规范。③ 事实上，两位学者通过不同的方式表达了相同观点：在带有"违反××（法规）"等文字表述的罪状未必都是空白罪状的认识上一致，分歧在于未带有"违反××（法规）"等文字表述的罪状可否认定为空白罪状。

笔者尽管认为空白罪状以包含"违反××（法规）"等文字表述为必要，但也赞同带有该文字标识的罪状未必都是空白罪状，理由与以上学者有所不同。上述学者认为，有些条文本身已经对本罪的具体行为要件作出了详细表述，不需要再参照其他有关法规加以确定。比如，《刑法》第 330 条在罪状中尽管有"违反传染病防治法的规定"的表述，但该条所规定之罪的具体构成行为要件已为条文所列举的情形所限定，不再需要参照《传染病防治法》的规定来加以确认，故本条属于叙明罪状而非空白罪状。④ 这种观点至少有以下几点需要再斟酌：一是要么承认立法人员对法条简洁性要求的疏忽，出现了浪费立法资源的多余表述，要么承认"违反传染病防治法的规定"表述的独立价值；二是这种看法忽略了从空白罪状与补充规范衔接角度、补充规范对

---

① 陈兴良：《刑法各论的一般理论》，内蒙古大学出版社 1992 年版，第 212-214 页。
② 刘树德：《空白罪状——界定·追问·解读》，人民法院出版社 2002 年版，第 40 页。
③ 张明楷：《避免将行政违法认定为刑事犯罪——理念、方法与路径》，载《中国法学》2017 年第 4 期，第 50 页。
④ 刘树德：《空白罪状——界定·追问·解读》，人民法院出版社 2002 年版，第 40 页。

本体刑法反向制约的考量，这将在本书第四章中展开详述；三是这种观点容易模糊叙明罪状与空白罪状之间的区分，包含"违反××（法规）"的罪状是否对犯罪构成要件之行为要件已作详尽描述，该标准本身恐怕就是一个富有争议的问题。如此一来，大量相对空白罪状面临定性模糊的困难，并进一步引发具体司法适用的危机。空白罪状判断的关键在于，条文中出现的"违反××（法规）"字样是否为限定具体构成行为要件；如若不是，则不宜作为空白罪状。比如，《刑法》第189条中"违反票据法规定"主要限定的对象是"票据"，但本罪的主要行为是对票据的承兑、付款、保证；《刑法》第255条中的"违反会计法、统计法"主要限定的对象是抵制该行为的"会计、统计人员"，本罪的主要行为是打击报复。因此，尽管有"违反××（法规）"的文字表述，但并不属于空白罪状。

至于二者的分歧，未带有"违反××（法规）"等文字表述的罪状可否认定为空白罪状。在笔者看来，刑法条文中未带有"违反××（法规）"的表述，且该条文规定之犯罪行为要件的确定需要参照其他相关规范或制度的罪状即为空白罪状的观点若成立，至少有以下两个问题需再斟酌：第一，超越空白罪状形式判断的观点与基本罪状划分标准的逻辑不一致，且弊端多。刑法理论正是根据罪状对犯罪具体状况描述的形式不同，将基本罪状划分为简单罪状、叙明罪状、引证罪状、空白罪状，并不涉及基本罪状对犯罪具体状况确定的实质方式。① 以上述观点中空白罪状从实质角度判定的关键标准——该条文规定之犯罪行为要件的确定是否需要参照其他相关规范或制度审视之，由于行政犯罪基本上以侵权或违约为基础，难免出现参照其他法规制度的情形。尤其对"刑法是二次性违法的规范形式"的观点推演开来，② 即便在刑法条文中没有标注"违反××（法规）"类表述的大量行政犯的罪状确定也需要参照其他法律规范或制度，如前述《刑法》第151条、第153条、第216条等。甚至将一些规范性构成要件要素，尤其是包含法律评价要素类的规范性构成要件要素的罪状归入空白罪状之列，势必引起空白罪状判定的不合理扩张甚至混乱，③ 导致最终自陷风险，瓦解空白罪状概念创设的初衷，篡改基本罪状的划分标准。本来基本罪状的分类意义其理论价值明显高于实践价值，若在逻辑贯穿上不能从一而终保持"初心"，则这种空白罪状的认定标准不

---

① 赵宁：《罪状解释论》，华东政法大学2010年博士学位论文，第9页。
② 杨兴培：《犯罪的二次性违法理论与实践》，北京大学出版社2018年版，第40页。
③ 这里学者进一步重申，空白罪状仅指"具体犯罪构成'行为要件'的确定要参照其他有关规范或制度来确定"，而不是任何构成要件的确定，从而与参见性罪状等相区分可以看出空白罪状认定存在无限扩大的风险。参见刘树德：《空白罪状——界定·追问·解读》，人民法院出版社2002年版，第40-45页。

能算是令人信服的理论尝试。第二，关于未带有"违反××（法规）"等文字表述的罪状可能包含的被参照的法规或制度的性质。针对刑法条文中未出现表述任何抽象或具体的该罪所违反的法规或制度时，说明本条文根本没有明确所应参照的法规或制度；此时该犯罪成立条件的确定是否应参照其实际或可能违反的相关法律法规都是有待确定的问题，当然不应属于空白罪状；纵使确定需要参照其他法规或制度，① 由于在法条规定中早已脱逸了空白罪状的形式表述要求，且更加远离法律明确性原则，故结合前述分析，不宜再作空白罪状理解。相反，应该考虑对应的被参照的法规或制度是否成立不成文的构成要件要素或空白要件，② 而不是空白罪状。笔者表示赞同，在刑法条文未出现指示性规定，但事实上需要参照其他法律规范完成对构成要件理解的情形下，将对应的规定对象称为法律的评价要素来理解更为合理。

这不得不提起不少空白罪状中有"非法"表述的情形。如《刑法》第128条、第228条、第342条等，这些罪状被列为空白罪状取决于"违反××（法规）"的存在而非"非法"。带有"非法"等文字表述的罪状未必都是空白罪状，我国刑法条款中不少带有"非法"的表述，仅是对违法性这一犯罪要素的多余提示，③ 并无具体的指示对象。比如，在非法拘禁罪、非法搜查罪、非法侵入住宅罪、非法剥夺公民宗教信仰自由罪、侵犯通信自由罪中的"非法"一词，只是提请注意上述犯罪存在违法阻却事由，并不具有实体意义。④ 甚至有学者认为《刑法》第297条非法携带武器、管制刀具、爆炸物参加集会、游行、示威罪中的"违反法律规定"也只是对违法阻止事由的提示

---

① 比如，有学者提出，我国《刑法》第176条非法吸收公众存款罪，虽然刑法条文中并没有指明需要参照其他法律规定，但对于非法吸收公众存款的"非法性"认定仍然需要参照我国《商业银行法》等有关规定，由于符合空白罪状的特性，因此，应属于隐性的空白罪状。参见耿岩：《空白罪状及其解释困境与出路》，2017年华东政法大学硕士学位论文。像这样的立法条款在我国刑法分则中并不少见。再如，《刑法》第201条逃税罪的认定同样需要参照《个人所得税法》《税收征收管理法》《行政处罚法》等相关法律法规的规定。甚至以非法拘禁罪为例，为确定何谓"非法拘禁"，至少也需要关联《刑事诉讼法》《治安管理处罚法》甚至《监察法》来排除相对立的"合法拘禁"行为，在这一过程中无法不去参照其他法律法规。为避免上述及对基本划分标准消融的危险，解读为不成文构成要件要素具有合理性。或许未来将空白罪状分出广义、狭义，将该类罪状及其他隐性的空白罪状列入广义的空白罪状范围也不失为一种新的类型化方式。在此意义上讲，对空白罪状的界定仍是个未竟的问题。

② 陈兴良：《刑法各论的一般理论》，内蒙古大学出版社1992年版，第212页。

③ ［德］乌尔斯·金德霍伊泽尔，蔡桂生译：《刑法总论教科书》，北京大学出版社2015年版，第256页。

④ 罗翔：《刑事不法中的行政不法——对刑法中"非法"一词的追问》，载《行政法学研究》2019年第6期，第72页。

性规定。① 这类条款大多只是在罪名上冠以"非法",但在构成要件上并无参照法律规范的表述或必要。还有一些"非法"属于习惯用语上的多余规定,并无实际意义,譬如,《刑法》第284条之一规定的非法出售、提供试题、答案罪。顺便说明的是,关于现行刑法典中的"非法",有些只是出现在罪名里,法律条文本身对犯罪行为的描述并未出现"非法"字样,如第165条、第166条、第215条、第287条之一、第296条、第314条等。这基本出于归纳罪名方便的需要,对法律条文所承载行为的笼统性的不法评价,更不属于本书所述空白罪状,否则,刑法分则中相当数量的罪名都可以冠以"非法"字样。

此外,比较《德国刑法典》《德国经济刑法》《德国军事刑法》中广泛存在的违法禁令、义务的规定,《法国刑法典》中的同类规定,我国《刑法》中也存在类似规定,比如,《刑法》第420条、第427条中"违反职责"或第219条中"违反"义务等,虽然有"违反"字样,基于本书对空白罪状的定义,也不宜列入该范畴。同理,第135条中"不符合国家规定"也不得不驱逐出空白罪状。出于上述论证及研究的需要,本书所研究的空白罪状以刑法条文中有"违反××(法规)"或"非法"类表述为必要,但带有该文字标识的罪状未必都是空白罪状。除此之外,"违反××(法规)"或"非法"类表述以直接描述行为类型为必要。以此观之,我国《刑法》中的空白罪状分布情况如表1所示。值得说明的是,鉴于各学者对"违反××(法规)"或"非法"在具体条文中是否为多余表述或提示规定,以及对行为要件是否需要参照法规、制度的理解不同,本表列举的空白罪状引起是否被肯认或存在遗漏的争议在所难免。

表1:《刑法》(2023修正)中空白罪状一览表

序号	条款	罪名	空白罪状之识别性规定
1	111	为境外窃取、刺探、收买、非法提供国家秘密、情报罪	非法
2	126	违规制造、销售枪支罪	违反枪支管理规定
3	128	非法持有、私藏枪支、弹药罪	违反枪支管理规定;非法
4	131	重大飞行事故罪	违反规章制度

---

① 张明楷:《刑事立法模式的宪法考察》,载《法律科学(西北政法大学学报)》2020年第1期。

续表

序号	条款	罪名	空白罪状之识别性规定
5	132	铁路运营安全事故罪	违反规章制度
6	133	交通肇事罪	违反交通运输管理法规
7	133-1	危险驾驶罪	违反危险化学品安全管理规定
8	134	重大责任事故罪	违反有关安全管理的规定
9	134-1	危险作业罪	违反有关安全管理的规定
10	135-1	大型群众性活动重大安全事故罪	违反安全管理规定
11	136	危险物品肇事罪	违反爆炸性、易燃性、放射性、毒害性、腐蚀性物品的管理规定
12	137	工程重大安全事故罪	违反国家规定
13	139	消防责任事故罪	违反消防管理法规
14	142-1	妨害药品管理罪	违反药品管理法规
15	159	虚假出资、抽逃出资罪	违反公司法的规定
16	163	非国家工作人员受贿罪	违反国家规定
17	165	非法经营同类营业罪	违反法律、行政法规规定
18	166	为亲友非法牟利罪	违反法律、行政法规规定
19	176	非法吸收公众存款罪	非法
20	180	利用未公开信息交易罪	违反规定；非法
21	184	非国家工作人员受贿罪	违反国家规定；非法
22	185-1	违法运用资金罪	违反国家规定
23	186	违法发放贷款罪	违反国家规定
24	188	违规出具金融票证罪	违反规定
25	190	逃汇罪	违反国家规定；非法
26	207	非法出售增值税专用发票罪	非法

续表

序号	条款	罪名	空白罪状之识别性规定
27	208	非法购买增值税专用发票、购买伪造的增值税专用发票罪	非法
28	209	非法制造、出售非法制造的用于骗取出口退税、抵扣税款发票罪	非法
29	219-1	为境外窃取、刺探、收买、非法提供商业秘密罪	非法
30	222	虚假广告罪	违反国家规定
31	225	非法经营罪	违反国家规定；非法
32	228	非法转让、倒卖土地使用权罪	违反土地管理法规；非法
33	230	逃避商检罪	违反进出口商品检验法的规定
34	234-1	组织出卖人体器官罪	违反国家规定
35	244-1	雇用童工从事危重劳动罪	违反劳动管理法规
36	253-1	侵犯公民个人信息罪	违反国家有关规定
37	281	非法生产、买卖警用装备罪	非法
38	282	非法获取国家秘密罪；非法持有国家绝密、机密文件、资料、物品罪	非法
39	283	非法生产、销售专用间谍器材、窃听、窃照专用器材罪	非法
40	284	非法使用窃听、窃照专用器材罪	非法
41	285	非法侵入计算机信息系统罪；非法获取计算机信息系统数据、非法控制计算机信息系统罪	违反国家规定；非法
42	286	破坏计算机信息系统罪	违反国家规定
43	288	扰乱无线电通讯管理秩序罪	违反国家规定

续表

序号	条款	罪名	空白罪状之识别性规定
44	297	非法携带武器、管制刀具、爆炸物参加集会、游行、示威罪	违反法律规定
45	322	偷越国（边）境罪	违反国（边）境管理法规
46	325	非法向外国人出售、赠送珍贵文物罪	违反文物保护法规
47	327	非法出售、私赠文物藏品罪	违反文物保护法规
48	329	擅自出卖、转让国有档案罪	违反档案法的规定
49	330	妨害传染病防治罪	违反传染病防治法的规定
50	331	传染病菌种、毒种扩散罪	违反国务院卫生行政部门的有关规定
51	332	妨害国境卫生检疫罪	违反国境卫生检疫规定
52	333	非法组织卖血罪	非法
53	334	非法采集、供应血液、制作、供应血液制品罪	非法
54	334-1	非法采集人类遗传资源、走私人类遗传资源材料罪	违反国家有关规定；非法
55	336	非法行医罪	非法
56	337	妨害动植物防疫、检疫罪	违反有关动植物防疫、检疫的国家规定
57	338	污染环境罪	违反国家规定
58	339	非法处置进口的固体废物罪	违反国家规定
59	340	非法捕捞水产品罪	违反保护水产资源法规
60	341	非法狩猎罪；非法猎捕、收购、运输、出售陆生野生动物罪	非法；违反狩猎法规；违反野生动物保护管理法规
61	342	非法占用农用地罪	违反土地管理法规；非法

续表

序号	条款	罪名	空白罪状之识别性规定
62	342-1	破坏自然保护地罪	违反自然保护地管理法规
63	343	非法采矿罪；破坏性采矿罪	违反矿产资源法的规定
64	344	危害国家重点保护植物罪	违反国家规定；非法
65	344-1	非法引进、释放、丢弃外来入侵物种罪	违反国家规定；非法
66	345	滥伐林木罪	违反森林法的规定；非法
67	350	非法生产、买卖、运输制毒物品、走私制毒物品罪	违反国家规定；非法
68	351	非法种植毒品原植物罪	非法
69	352	非法买卖、运输、携带、持有毒品原植物种子、幼苗罪	非法
70	355	非法提供麻醉药品、精神药品罪	违反国家规定
71	375	非法生产、买卖武装部队制式服装罪；非法提供、非法使用武装部队专用标志罪	非法
72	385	受贿罪	违反国家规定
73	389	行贿罪	违反国家规定
74	391	对单位行贿罪	违反国家规定
75	393	单位行贿罪	违反国家规定
76	396	私分国有资产罪；私分罚没财物罪	违反国家规定
77	398	故意泄露国家秘密罪；过失泄露国家秘密罪	违反保守国家秘密法的规定
78	405	徇私舞弊发售发票、抵扣税款、出口退税罪；违法提供出口退税证罪	违反法律、行政法规的规定；违反国家规定

续表

序号	条款	罪名	空白罪状之识别性规定
79	407	违法发放林木采伐许可证罪	违反森林法的规定；违反规定
80	410	非法批准征收、征用、占用土地罪	违反土地管理法规；非法
81	431	非法获取军事秘密罪	非法
82	432	故意泄露军事秘密罪；过失泄露军事秘密罪	违反保守国家秘密法规
83	435	逃离部队罪	违反兵役法规
84	436	武器装备肇事罪	违反武器装备使用规定
85	437	擅自改变武器装备编配用途罪	违反武器装备管理规定
86	439	非法出卖、转让武器装备罪	非法
87	442	擅自出卖、转让军队房地产罪	违反规定

2. 空白罪状的生成机理

作为一种立法技术，空白罪状在成文法系国家的刑事法规中并不罕见，比较多地运用在特别刑法中，德国、日本等国家即如此。空白刑法"在特别刑法中，尤其是在不作为行政刑法的经济刑法范围内，是频繁出现的"。① 核心刑法中也有运用，如《日本刑法典》第131条违反中立命令罪。② 德国、法国、意大利、越南等国家的刑法典中也都有空白罪状的身影。在我国，甚至有学者认为，"行政刑法规范都是空白刑法规范"。③ 准确而言，以本书对空白罪状的认定标准而论，行政犯罪多数是以空白罪状的方式在刑法分则条文中加以规定，但也有行政犯罪并非采用空白罪状的规范结构。

我国《刑法》第3条规定通常被认为是关于罪刑法定原则的表述。罪刑法定原则是刑法的最高原则，刑事立法的理想状态是每个犯罪都具有一个相对明确的类型化构成要件，并确立与之相适应的法定刑。基于罪刑法

---

① [日] 木村龟二：《刑法学词典》，顾肖荣等译，上海翻译出版公司1991年版，第78页。
② 《日本刑法典》第131条：在外国交战之际，违反有关局外中立命令的，处三年以下惩役、禁锢或者三十万元以下罚金。《日本刑法典》，张明楷译，法律出版社2006年版，第152页。
③ 张明楷：《刑法的基础观念》，中国检察出版社1995年版，第321页。

定原则与现代法治精神，犯罪行为与非犯罪行为的界分应当被明确地立法表述，以便受规范者在清楚何为刑法允许的行为、何为刑法禁止的行为中更好地预见、导引自己的行为；在权力分配的源头防止立法权、司法权相互僭越。空白罪状的出现，造成确定某一犯罪的成立条件还需要在刑事立法本身之外找寻相应的法律规范进行补白，罪刑法定原则的立法规制机能貌似陷入危机。但诸多国家空白罪状的立法实践及法理分析表明，空白罪状是在行必要的立法技术之便宜。申言之，刑事犯罪的构成要件所规范的事实与社会环境密切相关，采用空白罪状补充犯罪构成要件的方式可以更好地适应社会生活需要及社会环境的变迁，从而在保证刑法稳定性的同时保持刑法的"弹性"。

具体而论，刑法调整社会关系的广泛性，调整领域的专业化、复杂性，以及刑法立法容量的有限性决定了空白罪状存在的必然性。[①] 具体而言，一是刑法所调整的社会关系涉及社会关系的诸多方面，刑法通过类型化的犯罪构成要件，对不同的社会关系进行涵摄。但这些社会关系往往先经由不同层次、不同领域的法律规范予以调整，刑法在许多情况下成为这些法律规范的最终保障法，如此一来，上述各类法律规范的先行调整在多数情况下成为启动刑法的基础。"相较于普通刑法系以社会上一般人民之基本道德规范为内容，空白刑法中的补充规范为了适应社会变迁常常不断修改，故其所规制者并非基本社会关系。"[②] 比如，行政犯罪通常以违反经济法规或其他法规为前提，此为空白罪状生成的内在动因。或者说，行政裁量权被授予行政部门的一个重要原因在于，法律在颁布之时无法对受规整的未来各个具体方面有通盘的预见。[③] 二是出于国家管理的需要，越来越多的行政犯冲击了原来自然犯占主要犯罪类型的刑事立法。譬如，在金融、食品、药品、环境、交通、知识产权等领域，越来越多的行为被类型化为犯罪行为。一方面，这些行为的犯罪化不乏具有国家管理一时之需的权宜性与刑事政策的依附性，具有随时被修改或废止的可能；另一方面，对此类行为的判定往往需要专门进行。譬如，对于构成污染、泄露商业秘密等行为的违法判断只能交由该领域的法律规范从专业性角度予以认定，刑法不可能对此直接做出判断。这种法律规范调整的分工，使得空白罪状的产生成为必然。三是刑事立法需要保持一定的抽象与

[①] 莫晓宇：《空白刑法规范的机理、功能及立法安排分析》，载《社会科学家》2004年第2期，第62页。

[②] 王效文：《规范性构成要件错误与禁止错误——最高人民法院相关判决评论》，载《台湾法学杂志》2008年第103期，第175页。

[③] ［德］齐佩利乌斯：《法学方法论》，金振豹译，法律出版社2009年版，第150页。

简洁性，不能将所需的所有参照性法律规范尽数纳入刑法规范中。否则，刑法不仅可能在形式上超级肥大与琐碎，事实上也难以实现将所有涉及的处于不断立、改、废之中的法律规范、制度一并写明在刑事立法条文中，所谓"纸短情长"。选择将参照性规范以指示的方式在条文中表明但并不具体罗列的空白罪状的运用，既考虑了有限的立法容量，也兼顾了为有限的立法理性预留空间，可谓恰到好处。

此外，诚如学者所言，19世纪末到20世纪初，在大多数国家逐渐由以市民社会为本位的自由国家转换为以行政主导的福利国家的背景下，即完成由形式法治国（以保障个人权利与自由为己任）向实质法治国（以调和社会利益、拓展社会福利为己任）演化后，基本权利的保障也完成了从以自由权的保障为中心发展到以生存权的保障为中心发展的转变。及至当代，现代法治国家兼具自由法治国与社会法治国、形式法治国与实质法治国的双重性格，各国刑法中广泛存在的行政犯罪及空白罪状并非立法者刻意为之，乃是顺应时代发展的需要，是现代法治国家兼顾保障公民自由权与生存权的不二选择。①

事实上，空白罪状的立法方式并非刑法的独创，其他非刑事法律法规中也有类似的处理。譬如，我国《民法典》第10条规定，处理民事纠纷应依据法律进行，法律没有规定的可以适用习惯；同种情形下，我国台湾地区"民法典"第1条规定，法律没有规定的依照习惯，没有习惯的依照法理。民法上典型的空白规定就是指这些以"习惯"或"善良风俗"为裁判标准的规定，这些规定类似于"委托立法"的性质。这些空白规定或者笼统地"授权"给习惯补充法律上的空白，或者仅就构成要件由习惯加以规定，或者仅就法律效力由习惯加以规定。② 这些不同法域中的类似立法设计多数是基于维护立法稳定、避免法律漏洞的考量。

3. 空白罪状与罪刑法定原则

空白罪状自提出以来就饱受争议，不乏批判。此时，最应景的莫过于韦尔策尔（Welzel）经常被引用的一句话："威胁法无明文规定不处罚这个基本原理的真正危险，不是来自类推，而是来自不确定的刑法！"因此，空白罪状自产生之初，面临难以跨越的反复诘问便是，空白罪状违反罪刑法定原则吗？有学者对此提出过系统追问：无论是从罪刑法定原则备受批判的原初理论基础——自然法理论、三权分立思想及心理强制说出发，还是从罪刑法定原则的现代思想基础——民主、法治原则分析出发，空白罪状都因授权立法缺乏

---

① 刘艳红、周佑勇：《行政刑法的一般理论》，北京大学出版社2020年版，第54-61页。
② 黄茂荣：《法学方法与现代民法》，法律出版社2007年版，第393页。

控制和保障手段，使其在是否符合罪刑法定原则之"民主法治原则"上颇为可疑。从罪刑法定原则本身来看，基于法律专属性原则的内容——罪状需有成文的"法律"位阶的载体这一要求观之，空白罪状因其补充规范层次的多元化，是否违反罪刑法定原则实有争论。同时，由于空白罪状本身并未对具体犯罪构成要件、行为要件做完整表述，只是指出应予参照的规范或制度，也很难称得上符合明确性原则。总之，空白罪状难以摆脱有违罪刑法定原则的嫌疑。① 我国台湾地区也有学者认为，空白刑法引发了罪刑法定原则的危机，以保护法益之名行类推之实。②

针对此质疑，关于空白罪状与罪刑法定原则并不相悖的有力反驳有：③ 第一，罪刑法定主义强调的是犯罪与刑罚是否由民选代表机关制定的法律来规定；而法律制定后根据什么来解释适用则是另外一个问题——将"民主制度的法律规定"适用于具体个案。换言之，针对"民主法治原则"的质疑是第一层次上的问题——由什么规定犯罪与刑罚的立法问题；依据什么对刑法规定的犯罪与刑罚进行补充适用是第二层次上的问题——法律补充适用问题。因此，质疑空白罪状违反"民主法治原则"的观点混淆了立法问题与法律适用问题。有学者进一步推进了类似观点：空白罪状是为了避免刑法体系过于庞大，基于法秩序一致性的考虑而做的一种简化处理，"授权参照的法律、法规及行为类型"为其基本结构。从明确性原则出发，参照明确性不要求立法者自行就授权目的、内容、范围等作出明确规定，而是经由授权目的探索、推论出参照规定的内容与范围；即使对参照目的审查，也不以法律具体明示为必要，只要能依据一般法律解释方法推出参照目的即可。④ 第二，从19世纪末到20世纪初，随着实质法治国理论的兴起，形式意义上的罪刑法定完成了向实质罪刑法定的演变，法律专属性原则亦由绝对趋于相对，这在意大利的立法及理论变迁中均能清楚地观察到轨迹。例如，意大利刑法学界对空白罪状是否违反法律专属性原则存在对立学说且难分伯仲的情形下，意大利宪法法院出于实践的需要，坚持对此问题作出否定回答的立场，并得到了意大利刑法学的通说支持，认为空白规范在规定了法定刑的前提下，由行政法律来补充具体罪状即对禁止行为的内容作出了足够具体的规定，这符合法律专

---

① 刘树德：《罪刑法定原则中空白罪状的追问》，载《法学研究》2001年第2期。其他类似质疑可见，孙海龙：《论空白罪状在中国刑法中的命运——从刑法机能二重性看空白罪状和罪刑法定原则的冲突》，载《福建法学》2002年第1期。

② 萧宏宜：《类推适用与空白刑法——中高院102上易67判决》，载《台湾法学杂志》2013年第236期。

③ 刘艳红、周佑勇：《行政刑法的一般理论》，北京大学出版社2020年版，第61-76页。

④ 姜涛：《刑法解释的基本原理》，法律出版社2019年版，第283页。

属性原则。① 日本的立法与司法实务界也基本持相同立场。我国学者也有从应然角度证成空白刑法是刑法相对明确的一种立法体现，其并不违反明确性原则。② 第三，空白罪状的立法方式使得对所规定犯罪构成要件的理解可以随着被委托补充规范的调整而变化，随制度的发展而发展。空白刑法的存在是与行政犯独特性质相吻合的一种刑法立法形式，不仅可以适用于已经产生的行政犯罪，还可适用于未来之行政犯罪。在这个意义上，空白罪状反而是罪刑法定主义明确性原则的体现与运用。综上，空白罪状在罪刑法定原则视野下的合法性畅通无阻。

笔者认为，可以补充说明的是，对于空白罪状合法性的证成离不开罪刑法定原则由绝对的罪刑法定向相对的罪刑法定发生嬗变的背景，此为空白罪状提供了立法契机。无论是基于与法官自由裁量权相似的法理，还是基于权力分立原则，刑法领域也应接受行政部门拥有一定的法律形成空间；绝对地排除非立法机关参与刑法规范内容的确定，不具有现实性。③ 空白罪状作为行政犯常用的构成要件描述方式，以构成要件适当的开放性适应了法治国发展的需要，保障了刑法的安定性，但难免与法律明确性关系紧张。同时，在空白罪状与明确性原则的关系上，完全可以与规范性构成要件、开放构成要件等相提并论。换言之，既然允许用不确定概念成为法学基本常识，那么，空白罪状与不确定概念在不确定上有本质差异吗？接受挑战的不过是如何确定它的不明确性程度罢了。总之，亦如一些国家的共识一样，刑法中的任何规定都没有完全说明事实情况和刑法中的法律后果。从这个意义上说，刑法的所有规定都可以被视为不完整的主张。因此，空白罪状不应被解释为对罪刑法定原则的威胁，但未能提供明确的补充性规范的情况除外。④ 说到底，空白罪状是积极的立法应对技术之一，是为了协调保障自由和适当处罚这两个完全反方向性的刑法社会控制机能的要求。⑤

近年来，质疑空白罪状违反罪刑法定原则的声音如导论部分所述，虽并未消失，但明显变少，承认其存在的合法性与必要性成为主流观点。我国的

---

① 陈忠林：《意大利刑法纲要》，中国人民大学出版社 1999 年版，第 19 页。
② 杨剑波：《明确性原则研究》，中国人民公安大学出版社 2010 年版，第 99 页。
③ ［意］杜里奥·帕多瓦尼：《意大利刑法原理》（注评版），陈忠林译评，中国人民大学出版社 2004 年版，第 21 页。
④ Lucas Martinez-Villalba, The Application of Blank Criminal Law and the Principle of Legality The Guatemalan Example, Mexican Law review, Vol. X, No. 2, 2018, pp. 76-88.
⑤ 刑法首先是国家用来维持社会秩序的社会控制手段（第一次社会控制机能），其次，刑法也担负对国家本身进行控制的任务（第二次社会控制机能）。［日］曾根威彦：《刑法学基础》，黎宏译，法律出版社 2005 年版，第 5-6 页。

刑法修正案几乎每次都会增设一定数量的空白罪状，单从近10年刑法修正案的情况来看（《刑法修正案十》除外），空白罪状立法条文增加数量占刑法分则修改总条文数量的百分比从 3.4% 到 13.3% 总体不断升高的事实说明了一切，如表2所示。

表2：我国近十年刑法修正案中空白罪状增设情况变化表

	修改或增加空白罪状的条文	涉及刑法分则的修改条文数量	空白罪状增设占分则条文总增设比
《刑法修正案（八）》（共计50条）	第234条之一	29条	1∶29≈3.4%
《刑法修正案（九）》（共计52条）	第133条之一、第253条之一	46条	2∶46≈4.3%
《刑法修正案（十）》（共计1条）	0	1条	0∶1=0
《刑法修正案（十一）》（共计48条）	第142条之一、第219条之一、第334条之一、第341条第3款、第342条之一、第344条之一	45条	6∶45≈13.3%

综上，空白罪状的合乎法律民主性、法律专属性等合法性问题已逐渐得到学者的普遍认可，而如何防止空白罪状司法适用中的行政权滥用、树立相应解释通则、构建空白罪状明确性的解释论判断标准等诸多问题成为新的真问题，而非从根本上拒绝或否定空白罪状的立法设计。这也是本书的致力所在。

（二）空白罪状明确性的再探究

明确性是罪刑法定原则的重要内容之一。由此而言，明确性本身是合法性的重要体现，但明确性也有自身独立的价值。无须赘言，空白罪状务必具备明确性源于罪刑法定原则的要求，空白罪状的明确性具有值得专门研究的自身价值。如前论证，空白罪状本身与罪刑法定原则在法理上并不冲突，但空白罪状的立法与司法适用不明确的情况除外。

1. 罪刑法定原则的内容

刑法学界对罪刑法定原则达成共识的本体内容认识至少包含三个方面：法律专属性原则、明确性原则、不得溯及既往原则。其中，法律的明确性是人权保障的重要前提，明确性成为法理界公认的法治原则之一。譬如，富勒提出的法治八项原则：法律的一般性、法律的公开性、法不溯及既往、法律的清晰性、法律的一致性、法律的可行性、法律的稳定性、官方行动与法律的一致性。① 再如，菲尼斯对法律规则提出的八项原则：是非溯及既往的，是能够被遵守的，必须公布，应清晰明确，应与其他法律规则一致，必须足够稳定，适用于特定情况的判决和命令受已有法律规则的指导，制定法律规则者同样需要遵守法律规则。② 尽管明确性原则在刑法国际化进程中遭受挑战，③ 但不得不承认，明确性原则无论是在大陆法系还是在英美法系中，至少在国内法律规范的适用上都是必需的要求。判断法律条文是否符合明确性原则，有些国家的宪法法院（如意大利宪法法院）或最高法院提出了相应的原则性标准（如美国最高法院、日本最高裁判所大法庭）。④ 尽管刑法的明确性原则移植于德日刑法理论，但回顾历史可以发现，中国古代先贤早就知道法律明确的重要性，并精准地指出法律明确性追求的目的。例如，《秦会要》卷二十三"律学"中有一段关于"公问于公孙鞅"的对话，表明法令必须明白易知的必要性，以达公孙鞅所言之效。⑤《明会要》法令篇中也有类似段落。显然，我国古代虽未形成法律明确性原则，但对法令的明确性要求早有认识。而当代，单单基于侧重保障人权的责任主义原则而言，明确性的提倡与践行理当成为法治建设的题中应有之义，刑法的明确性越来越成为罪刑法定原则的主要实现机制。

2. 刑法明确性的内涵

刑法明确性的内涵：立法明确性、司法明确性。不少学者将刑法的明确性界定为针对刑事立法的原则，即可罚性的决定权限属于立法者，由立法者决定是否以及在何等范围内保护特定法益，法益的重要性是否已到达必须动

---

① [美] 富勒：《法律的道德性》，郑戈译，商务印书馆2005年版，第55-107页。

② [英] 约翰·菲尼斯：《自然法与自然权利》，董娇娇等译，中国政法大学出版社2005年版，第216页。

③ 比如，有学者认为：考虑到国际刑法具有习惯渊源的特点，刑法明确性的要求在国家层面上难以实现。即在国际公法这一领域，法律明确性不再适用。参见 Helmut Satzger, The Internationalization of Criminal Law as a Challenge for the Principle of Clarity, Caiete de Drept Penal, Vol. 2008, No. 3, 2008, pp. 1-16.

④ 现代刑法理论认为，刑法的明确性原则产生于美国；而在美国，是把明确性原则作为一个宪法问题来看待的。

⑤ [清] 孙楷：《秦会要》，杨善群校补，上海古籍出版社2004年版，第513-515页。

用刑法来保障。譬如，有意大利学者指出，明确性表示这样一种基本要求：为使人们能确切了解违法行为的内容，规定犯罪的法律条文必须清楚明确，准确界定罪与非罪的范围。① 也有德国学者提出，明确性命令是针对立法者的，它构成立法技术的准绳。② 且大部分学者都赞同这一明确性旨趣，即明确性的命令主要针对立法者而言；在明确性的范围上，既包括犯罪设定的领域，也涵盖了刑罚配置领域。③ 但越来越多的学者反思到，明确性原则也应包括刑事司法的明确性。应当肯认处于补充地位的司法明确性，构建双层明确性体系。④ 处罚的明确性包括刑事立法的明确性与刑事司法的明确性。除上述犯罪构成的明确性以外，刑事司法的明确性主要是指：司法解释必须具有明确性；指导性案例的裁判要点与裁判理由必须一致且明确；判决书与起诉书在事实描述、法条适用以及裁判说理上必须具有明确性。⑤

持相反见解的学者认为，虽然说法条被要求具有明确性，但没必要要求解释也具有明确性。⑥ 该学者只认同刑事立法的明确性，而否定了刑事司法的明确性要求，或认为刑法明确性是对立法的要求，但并非司法原则。⑦ 我国台湾地区有学者持相似观点：我国台湾地区"司法院"大法官释字第545号解释所提及的法律明确性原则其含义较德国法上的"明确性要求"为窄，其仅系针对立法行为提出的要求；而德国法上的则意指法律、下位法规范乃至个别行政与司法决定的明确性。将原本针对立法行为提出的要求扩及于法适用行为，除不免发生"根本不涉及明确性审查，毋宁是解释结果之容许性的问题"之困惑外，"逐步具体化"的任务必须由一系列的司法裁判来承担，这样一来，并不能以此等标准来审查个别的司法裁判行为。因此，该学者建议没有必要将此等对法律明确性原则的扩张理解引入。此处的"扩张理解"即意指将明确性原则的内容扩张到包括对司法明确性的理解。⑧

但是，有力的反驳观点是，法律是根据解释表达其内容的，法条的明确性意味着"被如此解释"的法条的明确性。因此，不仅法条的内容必须明确，

---

① ［意］杜里奥·帕多瓦尼：《意大利刑法学原理》，陈忠林译，法律出版社1998年版，第24页。
② 梁根林：《刑法方法论》，北京大学出版社2006年版，第178页。
③ 杜宇：《类型思维与刑法方法》，北京大学出版社2021年版，第305页。
④ 高巍：《重构罪刑法定原则》，载《中国社会科学》2020年第3期，第138-139页。
⑤ 张明楷：《刑法学》，法律出版社2021年版，第65-66页。
⑥ ［日］曾根威彦：《刑法学基础》，黎宏译，法律出版社2005年版，第24页。
⑦ 陈兴良：《刑法的明确性问题：以〈刑法〉第225条第4项为例的分析》，载《中国法学》2011年第4期，第115页。
⑧ 陈爱娥：《如何明确适用"法律明确性原则"？——评"司法院"大法官释字第545号解释》，载《月旦法学》2002年第9期，第252-253页。

即便是解释也必须明确。通常所说的通过解释法条而得到的构成要件，具有罪刑法定原则的机能，就是这个意思。① 德国联邦宪法法院在1995年10月10日的第三次"静坐封锁"裁判（Sitzbloc-kaden-Entscheidung）② 中指出，《德国基本法》第103条第2项③具有使国民得以认识何种行为是刑事上可罚的与确保由立法者来决定何者为刑事可罚行为的双重目的。为达成此目的，除禁止法律溯及既往外，亦要求法的明确性。法的明确性除要求规范应使国民得以认识其行为在刑事上的可罚性外，由此也可推导出，司法权不得超越受规范者可得认识之字义范围外。德国联邦宪法法院的实践经验表明，解释刑法除固守文法表述的立场外，在可能的文义范围内解释刑法必须遵守不得消融构成要件的界限、恪守立法者原意、精确化要求等限制。④ 尤其在精确化要求中，对于宽松的构成要件与构成要件要素，法院不得通过不寻常的诠释或没有清楚轮廓的规范理解，使规范的适用范围变得更不明确，因而更难达成《德国基本法》第103条第2项的目标。德国联邦宪法法院违宪审查的法律实践充分证明了刑事司法明确性之刑法解释明确性要求的客观存在与必要性，可谓为刑事司法的明确性提供了最具说服力的印证。

笔者认为，从罪刑法定原则的历史发展本身可以看出，该原则既限制司法权，又限制立法权。刑事司法中解释的明确性应是罪刑法定的应有机能。刑法的明确性作为罪刑法定原则的基本要求，不仅是对立法的要求，也是对司法的要求。法条实质意义上的明确性依赖于司法的明确性，换言之，需要司法适用的演绎才能完成真正意义上的明确性检验。这不仅是理论选择或逻辑推演的结果，更是法律实践沉淀出来的必然。刑法明确性原则作为罪刑法定原则的下位概念，与罪刑法定原则的价值诉求——保障公民自由和限制国家权力具有一致性。只不过刑法的明确性对立法与司法的意义迥异：对立法而言，要求立法者对法条进行明白确切的表达；对司法而言，若出现疑难案件，可通过刑法教义分析或指导性判例予以明确。⑤

---

① ［日］曾根威彦：《刑法学基础》，黎宏译，法律出版社2005年版，第24-25页。
② 陈爱娥：《如何明确适用"法律明确性原则"？——评"司法院"大法官释字第545号解释》，载《月旦法学》2002年第9期，第252页。
③ 《德国基本法》第103条第2项规定：对行为的刑事处罚，以作出该行为前法律已规定的处罚为限。《世界各国宪法》编辑委员会：《世界各国宪法》（欧洲卷），中国检察出版社2012年版，第191页。
④ 薛智仁：《刑法明确性原则之新定位：评介德国联邦宪法法院之背信罪合宪性裁定》，载《台大法学论丛》2015年第2期，第608-609页。
⑤ 姜涛：《刑法立法阻却事由的理论界定与制度前景》，载《中国法学》2015年第2期，第172页。

3. 空白罪状明确性的内涵

由前述分析可知，空白罪状明确性的含义同样包括立法与司法两个维度。笔者认为，立法意义上空白罪状的明确性是指，对空白罪状的描述清楚明确、内容确实固定，对补充规范的指涉相对清晰，即从立法语言标准、规范标准来看是明确的。司法意义上空白罪状的明确性是指，从司法实践角度来看，作为受规范者可以预见自己的行为是否被禁止及其法律后果如何；作为司法者据此空白罪状裁决是否可以做到"类案类判"。当该空白罪状的意蕴可以由司法审查予以确认，也就是说，当其含义被司法解释、司法裁决确认，或经由指导性案例、刑法解释等逐渐挖掘、形塑成刑法教义时，在解释论意义上该空白罪状具备了明确性。倘若从上述解释论意义上判断，该空白罪状仍处于意义"不明确"时，这便超出了对空白罪状明确性的最低容忍限度，是否废除、修改该空白罪状的立法规定成为立法者必须考虑的问题。因此，司法意义上解释论角度的引入，事实上十分有助于罪刑法定原则的司法化。与空白罪状明确性相关的若干具体问题的刑法教义形成、解释规则的建立、明确性的解释论判断标准的确定变得十分重要。当然，这在本书以后章节相关部分陆续得到了相应论证。

倘若细细探究起来，与空白罪状明确性相关的还有一个问题，即明确性原则约束空白罪状立法的法理不必赘述，然而其约束空白罪状司法的法理如何作解？其最需警惕的问题何在？在笔者看来，可以做如下回答。

首先，立法效能的有限性与权能分工。其一，当有关空白罪状的立法达到相对明确的作用力饱和状态后，它恰如任一其他工具，对作用力之外的场域具有正当的"无能为力"。所谓"徒法不足以自行"。在法的实现过程中，解释活动是后续司法活动的主要内容，是其重要"抓手"。诚如学者们所言，"刑法学的本体是解释论"[①] "批判法律不能日常性的位于解释法律使命之上，解释法律通常都是第一位的，除非是法律的非正义状态达到了难以用解释来矫正的情况，才应当启动批判"[②]。由此推演开来，修法、立法不能日常性的位于解释法律的使命之上。空白罪状明确性的解释活动自然也不例外，不过是常态化的司法活动。其二，在复杂多变的社会矛盾与日新月异的案件事实面前，公平正义的动态实现依赖于对案件事实涉及的特定人和事进行综合考

---

① 张明楷：《刑法学》，法律出版社2021年版，第2页。
② 车浩：《思考法律的三个维度——再论收买妇女儿童罪的不必修改》，"全国刑法青年学者"在线系列讲座，2022年4月9日。

察。换言之，法律适用个别化具有正当性①，这种个别化是必需的司法方式，法官的自由裁量权如若缺席是不可想象的。任何一个有创造力的法律主体绝不会满足于机械地遵守或适用法律。毕竟，所有伟大的裁判都出自自由裁量权。当然，勾勒这一法律实现的生动过程是为了说明，空白罪状明确性的实现同样需要由司法过程接续展开，其明确性的解释论路径自然顺理成章。由于司法的自由裁量权穿插其中，对司法实现过程进行明确性约束也是理所当然。申言之，尽管自由裁量权是把"双刃剑"，舞剑者需要具备高超的法学技艺；但比起充当机械司法的"法律的嘴巴"，带着相应"枷锁"舞剑无疑更契合法律主体的人性基础及人作为法学研究逻辑起点的事实。

其次，空白罪状的明确性是"动""静"结合的状态。这源于法律的明确性不可能满足于停留在静态结构关系的明确性上，正如上述司法活动是立法活动自然延伸的论证，法律更注重在动态的运行中实现正义。如果说上述"徒法不足以自行"多少有点出于无奈，此处的动态运行则多少具有法治建设的主动性与主体性。空白罪状的明确性正是在这一上位司法逻辑下，或者通过刑法解释的方式，或者建立刑事指导性案例等路径，进一步达致空白罪状的明确性。

最后，当人们总是期待从解释的角度解决空白罪状的明确性问题时，可能会产生这样的紧要提问：当过于倚重空白罪状明确性的司法路径或其解释论过于发达乃至过于强势，或导致空白罪状的立法"惰性"并怠于行使应有的立法职能与使命时，该如何防止这一局面的形成？立法与司法对明确性的分工如何确定？

对此，本书作答：一是要对空白罪状明确性的解释限度加以约束，其底线为不能混淆或僭越立法权；二是要确定空白罪状明确性的解释论判断标准，检视现有立法是否满足相对明确性要求，倒逼其及时废、修不合时宜的立法，或积极填补立法空白；三是关于二者明确性的分工，这的确是个更加棘手的问题。从理论上讲，立法的归立法，司法的归司法。在具体实践中，可以轻易地观察到，明确的规范立法内容来源于司法实践不间断的经验输送。空白罪状实践中凝结的经验性共识不断以指导性案例或司法解释的方式被固定，当时机成熟时为新的立法所吸收；经过若干时间后，彼时新的立法面对社会新矛盾无法满足供给或在实践中提炼出新共识时，可能展开新一轮的法形成过程。经此循环往复，立法与司法的过程不断经历部分重叠与再次分离，相互共存又相互保持独立。在这一过程中，若说对空白罪状的明确性实现进行

---

① 胡玉鸿：《论司法审判中法律适用的个别化》，载《法制与社会发展》2012年第6期，第54-57页。

黑白分明的分工恐怕难以落实；若从理论上规整，仍然需要空白罪状明确性的解释论判断标准间接发挥分工的作用。换言之，当从解释论的标准得出立法仍不明确时，立法者就应当对改变现状有所作为。

二、空白罪状明确性的司法危机

解决争议是司法功能的重要体现。以诉讼流程为标准观察近年来空白罪状司法化情形，可以发现系争案件群主要呈现经历一审、二审甚至再审，判决不断被改写的客观状况，不免让人产生空白罪状所承载的行政犯在立法结构或司法适用上是否有所缺陷的联想。通过分析，这种司法困境主要是空白罪状自身立法特点与司法实践共同作用的结果，更是空白罪状明确性问题的集中反映。对此，有些学者认为不应当将空白罪状的适用明确性问题化，单纯归入执法问题即可。笔者认为，这是对空白罪状明确性解释问题的误解。想要疏解空白罪状明确性的司法危机，尚需进一步追溯空白罪状明确性的影响因素，即立法、教义学及司法因素等，由此为解释论上的应对分析做准备。

（一）空白罪状之司法困惑

近年来，除社会影响力较大、审判几经周折的王某某非法经营案、赵某某非法持有枪支案外，层出不穷的司法镜像在不断续写对空白罪状适用的困惑。比如，在"河南新野耍猴人被控'非法运输珍贵野生动物'，二审改判无罪"一案中，[1] 四名被告人于2014年6月下旬在未使用驯养繁殖许可证向行政主管部门申请办理运输证明的情况下，将国家二级重点保护野生动物猕猴从河南省新野县携带至黑龙江省牡丹江市进行营利表演，违反了国家有关野生动物保护法规关于运输、携带国家重点保护野生动物出县境必须经省级人民政府野生动物行政主管部门或者其授权单位批准的规定，一审法院判决四名被告犯非法运输珍贵野生动物罪，免予刑事处罚。二审法院在肯认一审案件事实的基础上认为，鉴于猴艺表演系河南省新野县的传统民间艺术，四名上诉人异地进行猴艺表演营利谋生，客观上需要长途运输猕猴，在运输、表演过程中，并未对携带的猕猴造成伤害，情节显著轻微，危害不大，改判四人无罪。[2]

---

[1] 《河南新野耍猴人被控"非法运输珍贵野生动物"，二审改判无罪》，https://www.thepaper.cn/newsDetail_forward_1295914；参见黑龙江省林区中级人民法院（2014）黑林刑终字第40号刑事判决书。

[2] 《马戏团运输野生动物触犯刑律》，http://fjlcfy.chinacourt.gov.cn/article/detail/2017/01/id/2509925.shtml；参见辽宁省沈阳市中级人民法院（2017）辽01刑终126号刑事判决书。

在"男子欲卖祖传豹皮马甲,犯出售野生动物制品罪获刑"一案中,① 两名男子于 2016 年年初拿家中祖传的一件豹皮马甲抵押换钱。经鉴定,该豹皮马甲为金钱豹皮,金钱豹为国家重点一级保护野生动物。大东区人民法院审理认为,二人的行为均已构成非法运输、出售珍贵、濒危野生动物制品罪,依法判处有期徒刑 5 年 6 个月,并处罚金 2 万元。

在顾某犯非法经营罪一案中,② 原裁判认定上诉人顾某在未取得房地产开发企业营业执照和商品房预售许可证的情况下,将 4 套房屋以商品房名义对外出售的行为作为非法经营罪追究其刑事责任。再审法院认为,原审法院在选取补充规范中确定的禁止性条款,补足《刑法》第 225 条空白罪状第 4 项兜底条款的犯罪构成要件时,违反了罪刑法定原则,法院不能在已有司法解释的规定之外任意作出认定。因此,再审中宣告顾某无罪。

在傅某某等犯非法采矿罪一案中,③ 尽管二审法院维持了上诉人傅某某等人非法采矿罪的罪名,但从上诉人的诉辩意见——"《刑法》343 条非法采矿罪罪状是空白罪状,未直接、具体地规定非法采矿罪的特征,应当参照矿产资源法的相关规定予以认定,而《矿产资源法》第 39 条明确规定,责令停止开采是刑法处罚的前置程序"来看,二审法院对此的回应仍有大可商榷之处。

纵使在并未引起二审或再审的相关案件处理中,也依然能充分感受到行政机关与司法机关在共同参与社会治理、共同推动经济社会高质量发展、助推社会治理体系和治理能力现代化的过程中,尤其在民生领域,行政执法与刑事司法衔接、行政不法与刑事不法界分时的不容易。例如,2021 年 10 月 11 日最高人民检察院发布的行刑衔接工作典型案例"北京刘某某非法采矿案""上海某电子科技有限公司、某信息技术有限公司涉嫌虚开增值税专用发票案"等。④

这些关联空白罪状适用的案件在一审、二审甚至再审中的分歧是如何产生的?案件在行政机关、司法机关管辖范围"徘徊"、游移的背后推手是什么?作为专业的司法机关缘何针对同一案件事实在与法律规范的往返对照中产生不同意见甚至不同判决结果?同时,相当一部分终审裁决对群众的是非观念仍存在强烈冲击。空白罪状所承载的行政犯的立法结构或司法适用是否有所缺陷?这其中,刑事立法的"原罪"有多少?在假定空白罪状立法已达

---

① 《男子欲卖祖传豹皮马甲 犯出售野生动物制品罪获刑》,https://ln.qq.com/a/20170210/003932.htm?winzoom=1;参见沈阳市大东区人民法院(2016)辽 0104 刑初 653 号刑事判决书。
② 参见江苏省高级人民法院(2019)苏刑再 3 号刑事判决书。
③ 参见福建省三明市中级人民法院(2016)闽 04 刑终 214 号刑事判决书。
④ 最高人民检察院发布的人民检察院行刑衔接工作典型案例,https://www.spp.gov.cn/spp/xwfbh/wsfbh/202110/t20211011_531892.shtml。

致相对明确的要求下，空白罪状明确性解释的焦点问题何在？此为留给法官的合理判断空间，还是法律人需要建立的解释规则的形成空间？在笔者看来，此处并非法官的判断空间而任由法官根据自己的衡量实现个性化的人格加冕，不应存在过于宽泛的解释空间以免处处形成"开放式结局"。纵使非要说有，也不过是一种受规则约束而非法官个人主观独特性的裁量，而我们要努力寻找的，正是在空白罪状适用过程中应遵循的约束性规则，即这一切暗示了空白罪状司法的明确性亟待进一步探究。

当然，就空白罪状司法实践中的典型系争案件群观察而言，若要系统梳理该司法困惑与其中的痛点，至少应包括以下几点：

第一，问题域的划分。即空白罪状司法实践中的诸多问题折射的为立法问题？司法问题？单纯的执法问题？抑或几者兼有？这一问题的回答显然直接关联问题的解决对策。

第二，空白罪状司法化中诸多负面问题的"祸根"集中指向于补充规范的不明确。补充规范的有无、补充规范的取舍、补充规范的变更，以及其与空白罪状的衔接等问题在司法实践中并无统一的适用方案。

第三，空白罪状语境下的行刑界分，看似源于补充规范，但又远非前述第二点问题那样相对简约、明了，是否需要以及如何放置于整体法秩序等更为复杂的体系中加以评价？

第四，有关空白罪状所有司法实践争议问题均需要以立法或司法解释的形式予以明确吗？如果是，如何释明其中的法理？如果不是，空白罪状明确性的程度如何把握？其解释约束如何？

(二) 空白罪状明确性之问题化

正如前述司法困惑中问题域归属一样，有学者对空白罪状明确性何以成为问题提出质疑，认为若空白罪状本身不明确，则其存在的合理性必荡然无存，即便在适用中产生了上述问题，也是立法问题或司法机关自身水平带来的执法问题。因此，认为从解释论角度予以明确的研究实属逻辑矛盾或无必要。

1. 误读的实质

其一，这其实是误读了刑法的相对明确性。法律不可能达到绝对的明确，而是止步于"合理范围内的明确性"。法律并非不言自明，这已是学界无须赘述的共识。故，刑法解释是刑法适用的前提。其二，这其实是混淆了立法明确性与司法明确性问题。刑事立法的相对明确，只是司法适用的前提，而准确地适用法律规范，还需进一步的法律解释工作，使不明确处归于清晰。空白罪状解释的明确性是司法明确性一项重要的前提性工作。其三，这其实是没有进一步区分刑法的含糊性与模糊性。刑法的模糊性符合法律相对明确的最低限度要求，可以通过具体解释方法予以明晰，而刑法的含糊性违背明确性原则，应当宣告无效或通过立法修正。"刑法的模糊性规定，也正是刑法解释大有作为的领域，刑法中出现大量的评价性概念、空白罪状、概括性条款和兜底条款等而导致理解上的困境，也就有一个通过刑法解释或司法判例以进一步明确刑法文本之含义、意义的问题。"① 持空白罪状明确性解释不必要说的学者混淆了立法规定的含糊性与模糊性两种不同类型，显然是问题讨论的视域不明导致的另一误解。其四，空白罪状与普通规范相比，有其特别解释的需要，以下展开论述。

2. 空白罪状适用的特殊性

空白罪状与刑法一般性条款都存在解释或进一步填充的需要。法律文本是以日常语言或借助日常语言发展出来的专业术语，除其中的数字、姓名及特定技术性用语外，都具有意义选择的空间。② 易言之，法律规范都存在欠缺范畴或涵盖过广的可疑之处。在有违宪审查制度的西方，因法律的不明确而遭受司法审查的著名案例不胜枚举，如德国宪法法院判定"粗野的胡闹"（旧版《德国刑法典》第360条第11点）违宪案，③ 以及无法由司法审查加以确认而被修改的旧版《土耳其刑法》第301条所规定之侮辱"土耳其魂"罪案（简称"土耳其魂"案）等④。虽然"因模糊性而无效"的法理适用于所有犯罪类型，但在现代，特别是含有空白罪状的刑事规定，经常成为需要经由解释予以明确的对象。空白罪状与普通罪状中的不确定法律概念、规范性构成要件要素、兜底条款等需要解释的元素相比，因其构成要件需要参照其他法律规范，至少与普通罪状通过解释予以明确化存在但不限于以下几方面的不同，或曰空白罪状明确性的解释特殊性所在。

第一，空白罪状在适用前提下存在"找法"的需要。在案件事实与法律规范的交互对照中，普通罪状通过将法律规范"拉入视野"的技术确定为"应适用"之法律规范后，通常不再需要二次寻找"应适用"的法律规范以补充其构成要件。但空白罪状因其"罪"与"罚"身处两地的立法技术设定，在初次被确定为"应适用"之法律规范后，接着发现应当参照的法律规范是其适用过程中的常规性工作。尽管有些空白罪状貌似提供了指示、参照

---

① 姜涛：《基于明确性原则的刑法解释研究》，载《政法论坛》2019年第3期，第96页。
② ［德］卡尔·拉伦茨：《法学方法论》，黄家镇译，商务印书馆2020年版，第264页。
③ ［德］克劳斯·罗克辛：《德国刑法学总论》（第1卷），王世洲译，法律出版社2005年版，第102-103页。
④ 许宗力：《论法律明确性之审查：从"司法院"大法官相关解释谈起》，载《台大法学论丛》2012年第4期，第1717页。

规范的清晰"线索",但补充规范的繁杂,位阶交错抑或落空、变更等现实,注定是一段"颇费周章"的历程。

第二,因明确的对象范围有所不同,解释的倚重路径也略有不同。对于普通罪状的解释,通常从语义涵摄范围即文义解释出发,综合运用体系解释、目的解释、历史解释、合宪性解释等方法,乃至类型思维的介入来确定该规范的规制范围。空白罪状涉及较高的法律专业性与技术性,由于补充规范及其适用是主要的明确对象,一般法律解释方法发挥功效的空间有限,其解释的焦点与重点在于围绕补充规范产生的种种问题,解释路径也因问题之焦点不同而异于普通罪状。比如,通过对空白罪状与补充规范的保护目的进行比较,确定补充规范的补充内容。再譬如,由于前置参照规范的存在,不可避免地要关联法秩序统一理论与违法判断的相对性等理论。

第三,空白罪状在解释过程中更易涉及立法权的移动。普通罪状的需解释性多来自抽象、概括的概念或规范性构成要件要素、兜底条款等的存在,盖因所规范事务领域之特性,自始就有难以更精确化的困难。空白罪状中的不明确主要来自补充规范的存在,而补充规范存在的价值如前所述,多因所规范之事无法一开始就被立法者预见,但规范又有简洁及保持开放性的需要,以至于在面对个案具体适用时显出模糊性。在补充规范的寻找与取舍活动中,容易产生是否消融刑法与行政法规制的分界,出现刑行之间的不当替代、侵犯立法领域等现象。

第四,空白罪状明确性的判断标准问题不如普通罪状那般清晰,还需在解释工作中进一步提炼。从域内外研究现状看,学界有关构成要件明确性原则判断标准的讨论,事实上是针对立法的明确性展开的,而解释的明确性标准尚需探索,尤其是空白罪状明确性的解释论判断标准。此外,解释的约束规则同样需要深究。

第五,空白罪状的解释进一步凸显行政不法与刑事不法的界分难题。由于诸多行政违法与刑事犯罪在构成要件上的近似性,二者的区分实属困难。基于我国刑法既定性又定量的犯罪模式,在普通罪状中也会因罪量要素等的存在出现二者区分的问题。空白罪状直接涉及有关行政法律规范与刑法共同作用下的刑事违法性判断问题,与纯粹的事实性评价相比,违反行政法律规范的违法性在本质上只能通过价值判断来决定。刑行问题的交织在无形中进一步凸显与深化,更直接地体现了刑行区分的困难,也加深了空白罪状明确性的解释难度。

(三)空白罪状明确性危机之溯源

空白罪状明确性的影响因素既有立法因素也有司法因素,既有刑事实体法上的不足，也有刑法教义学范畴的欠缺。详言之，至少有以下几方面：

1. 立法上的不成熟与固有局限

（1）刑法相对明确的必然性。中外各国法律发展的历程表明，法律的明确性只能是相对的，刑法也概莫能外。一是人类的有限理性应对客观世界的局限性。刑事立法作为人类的一种能动活动，因认识、把握社会矛盾、犯罪现实等客观规律的不足而无法作出周密、详尽的规定。二是刑法语言本身具有多义性、丰富性、变化性乃至表达局限性，加之刑法文本因不同角色必然产出"罗生门式"不同解读，这一点也不必赘述。三是一定时期立法水平的必然局限。受立法者当时的认识水平、技术选择，以及立法方法、立法政策等要素的制约，制定出来的法律规范在明确性程度上必定会受到相应影响。一些模糊语言、概括性条款，甚至开放性构成要件等的出现或是立法者有意为之，或是立法的疏漏，均在所难免。四是明确性与模糊性并存是刑法规范的基本属性。这是中外刑法学者们在认清前述论点的基础上达成的共识。立法的抽象性必然要求语言的精要，精要的语言通常意味着对约束内容规定的粗疏性，由此，立法必须容忍概括性概念及空白要素等的出现。实用主义至上的美国刑法在罪刑法定原则的实践中发展出了变相承认刑法规范具有一定程度模糊性的相应内涵，如宽宥原则（Rule of Lenity）。[①] 当然，刑法条文在可容忍范围内的模糊与违宪模糊之间的处理结果有着本质不同。在可容忍范围内的模糊规定上或许可以适用宽宥原则，但若严重模棱两可以致正常智力的公民也无法理解时，则因违宪宣告无效，即含混无效原则（Void-for-Vagueness）或称明确性原则。一般而言，在判断明确与违宪模糊之间的界限时，法院可以使用客观标准来确定。这些标准包括：关于如何解释法规中反复出现的歧义；不可行的标准；歧视性的适用；新的或关键的法定术语没有定义；以及可能将数百万公民的行为定为刑事犯罪的法规。[②] 当然，这是人们面对现实在实然与应然之间做出的必然选择。综上，无论是从认识论的角度还是从规范论的角度来看，刑法都是绝对明确与相对明确的统一。[③]

（2）在上述观点的基础上，空白罪状的规范结构导致的不明确性更为突出。一是通过"违反国家规定""违反××法规"类的指示性补充规范的表述，致可参照的规范范围较大、不够明确。二是在被指示的参照规范中可能存在

[①] 车剑锋：《美国刑法中的罪刑法定原则内涵辨正及其启示》，载《武陵学刊》2017年第1期，第81页。

[②] Shon Hopwood, Clarity in Criminal Law, American Criminal Law Review, Vol. 54, No. 3, 2017, pp. 695-750.

[③] 杨剑波：《刑法明确性原则研究》，中国人民公安大学出版社2010年版，第88页。

再次的空白罪状立法技术，导致刑法空白罪状构成要件的填补无法一次完成。例如，我国《刑法》第 186 条违法发放贷款罪中的违反"国家规定"所援引的《商业银行法》，其第 52 条第 5 项——违反法律、行政法规和业务管理规定的其他行为，也是采用了空白立法方式，进一步加剧了刑法空白罪状的不明确性。三是在行政违法与刑事犯罪的实定法规定中，不少行政违法的构成要件与刑事犯罪的构成要件在立法描述上基本一致，这难免进一步增加空白罪状所承载刑事犯罪判定的难度。

（3）空白罪状与相关规范、司法解释之间的不协调。主要表现为空白罪状与填补规范之间因未能及时修、改、废或立法疏漏，致规范冲突引起的不明确。一是在空白罪状与补充规范的衔接中出现关于违法行为的规定单方落空、不一致、新修改等情形，即空白刑法规范的罪状与补充规范的违法行为设置上出现偏差。二是空白罪状、补充规范与司法解释的不一致。比如，1998 年 12 月 29 日修订的《兵役法》与《刑法》针对逃离部队罪的构成要件要素分别为"战时逃离部队"与"逃离部队"。最高人民法院、最高人民检察院于 2000 年 12 月 5 日发布的《关于对军人非战时逃离部队的行为能否定罪处罚问题的批复》赞同了《刑法》的规定。该批复本质上是司法解释性文件，空白罪状、补充规范与司法解释之间的不一致，使"非战时逃离部队"在应否构成犯罪事实上并不明朗。三是空白罪状与补充规范在若干相同专业术语上的含义不尽相同。例如，《刑法》有关信用卡规定的解释其外延大于《银行卡业务管理办法》中关于信用卡的规定。[1]

2. 相关刑法教义的阙如

法教义学一词源于"Dogma"这一希腊词语，该词具有确定的观点、支配、具有约束力的理论规则等含义。据考证，古希腊文"教义"其实最早出现于医学文献。[2] 从学术角度来看，它先是在哲学然后在神学中使用。Dogma 是"基本确信""信仰规则"的意思，是通过权威的宣言与源自信仰的接受来排除怀疑，而非通过理性的证明。[3] 教义学是一种对待法律的态度，是以实在法规范为研究客体形成的一种知识体系。它是法学研究的成果而非立法的产物，实在法规范与教义学一起共同对法官的司法活动形成约束。[4]

而在刑法解释学与刑法教义学的关系上，存在"一体说"与"区别说"。

---

[1] 黄明儒、谭丹丹：《论空白刑法规范与补充规范的冲突与协调》，载《湘潭大学学报（哲学社会科学版）》2015 年第 4 期，第 28 页。
[2] 雷磊：《法教义学观念的源流》，载《法学评论》2019 年第 2 期，第 43 页。
[3] ［德］魏德士：《法理学》，丁晓春、吴越译，法律出版社 2005 年版，第 136-137 页。
[4] 陈兴良：《教义刑法学》（第三版），中国人民大学出版社 2017 年版，第 9 页。

"一体说"认为,刑法教义学就是刑法解释学,在现有"规范法学""法解释学"等称谓之外再引入"法教义学"一词并无必要。① 德国学者金德霍伊泽尔认为,刑法教义学就是刑法解释学。"区别说"认为,刑法解释学与刑法教义学虽然存在很多共同点,但分属两个不同的概念。法教义学中的教义不是法律规定,否则,法教义学只是法律学的重复。法教义学最为重要的特征是生产性。这里的生产性可以理解为生发性或生长性,即不限于对法律规定的解释,而是以法律规定为出发点,进行逻辑推理,从而填补法律规定的盲区或漏洞。这是法律解释学所不具有的功能,也是法教义学的优势所在。法教义学是在法律规定与没有法律规定的空白地带之间建立某种连接,最终实现从有限的法中发展出无限的法,由此填补法律的空白。这种以刑法规定为根据通过逻辑推理而产生的教义规则并非法律规定本身,但这种教义规则同样对法官具有约束力。② 一言以蔽之,后者比前者更具理论深度且具有更开阔的外延。③

在笔者看来,"一体说"与"区别说"都是以已经存在的刑事法律文本为研究的出发点。如若说刑法教义学注重刑法知识的体系性及理论研究的精细化,则"一体说"的学者们也同样强调刑法解释的科学性、体系性,这在体系解释、历史解释等具体解释方法中可窥知一二。如若非要说差异,可能就存在于刑法解释学是否承认或者如何理解"区别说"中提出的教义学"填补法律规定的盲区或漏洞"。笔者认为,既然"区别说"也是以已经存在的刑事法律文本为研究的出发点,则此处所提的教义学"填补盲区或漏洞"的功能仍不能超出法律文本应有的含义,这种"盲区或漏洞"至多是在法律文本并未明确表达或规定不清楚之处,对此做出与法律文本核心含义不相冲突的演绎。比如,在刑法条款"抢劫罪"中并未明确表达何为"抢劫",但在司法实践中,通常对"抢劫"的内涵解释为包括"当场使用暴力、当场取得财物"等"当场性"。这既是司法经验总结的结果,也是刑法解释或者教义学的结论。可以确定的是,"区别说"的拥趸一定不会赞同超出刑法文本之外的演绎,那已是违反立法权与司法权秩序功能的法续造。而刑法解释"一体说"也同样在做这种努力。因此,在这种意义上讲,可

---

① 主张该观点的国内学者及其论文可供参考:张明楷:《也论刑法教义学的立场》,载《中外法学》2014年第2期;陈瑞华:《法学研究方法的若干反思》,载《中外法学》2015年第1期;董邦俊:《教义学发展、功能与内涵之刑法学揭示》,载《环球法律评论》2014年第4期。

② 车浩:《刑法教义的本土形塑》,法律出版社2017年版,序言部分。

③ 主张该观点的国内学者及其论文可参考:陈兴良:《注释刑法学经由刑法哲学抵达刑法教义学》,载《中外法学》2019年第3期;刘艳红:《中国刑法教义学化过程中的五大误区》,载《环球法律评论》2018年第3期;车浩:《学术开放与刑法教义学》,载《法商研究》2017年第6期。

以说二者的目的及功能并无本质区别,都致力于增强刑法的可操作性及维护刑法的安定性。当然,在没有实定法明文规定之处,超越法条注释,创造法理概念的法教义学,① 能不能说其已经超越了实在法的法律文本尚有疑问,抑或是说,"区别说"中的刑法教义学在这种"盲区或漏洞填补"方面走得更远?

法学显然并不能如自然科学般可经由实验检验"对错"或捕获客观的"规律",但作为别样的科学,中外无数法学泰斗也都曾为实现"使一项法律在理性的考量当中获得尽可能多的确定性,并使法律的解释以及漏洞的填补得以在理性的论辩当中进行"② 进行过各种努力,刑法教义学的产生无疑是这种努力的产物之一。也有不少学者反对法学的科学性质,指出法律的不确定性。譬如,美国现实主义法学派中曾有学者指出,法律的不确定性由于社会生活的多样性与变化性而不可避免,且不确定性本身亦有重大社会价值。他指出,法律的确定性仅在有限程度上才能达到,并将人们渴望的法律的稳定、确定性看法归入非理性,称之为幻觉或神话。③ 无须赘述,如今,越来越多的学者承认法的确定性与稳定理性之可获得性,这使得法院司法的"确定性"变得合理并成为可能,也是法治国司法的条件。否则,受规范者的行为可预测性将不可知。

本书的观点是,越过刑法解释学与刑法教义学称谓上的差异,从二者在出发点、功能、目标等具有一致性的方面来看,像是可能的广义、狭义上的刑法解释学在对弈。而本书取广义的刑法解释学概念,在这个意义上说,其方法论层面上的含义与刑法教义学并无二致。本书在此意义上使用刑法解释的价值在于,通过对空白罪状适用中相关教义的建立,为解释空白罪状规范或确认其效力时提供一个可以依据的法律解释规则。在寻找法规范思想之确定性道路上,如何使空白罪状不明确之处的解释规范化且有规律可循,必定跨越不了刑法教义学的方法。换句话讲,空白罪状的不明确,除立法因素外,还源于空白罪状相关教义的缺位。通过空白罪状相关教义的贯彻,至少可以缩小可能判决的选择圈子,将问题系统化并提供论证模式,使判决结果增加可预见性,受规范者的行为预测性一并得以改进。

除以上两方面之外,司法实践与理论的天然"缝隙"加重了空白罪状明确性的危机。众所周知,案件事实与法律规范的对应是一个复杂的过程。但不同规范意识的人针对同一案件归纳与提炼出不同的规范事实并不例外,造

---

① 车浩:《理解当代中国刑法教义学》,载《中外法学》2017年第6期。
② [德]齐佩利乌斯:《法学方法论》,金振豹译,法律出版社2009年版,中文版序言部分。
③ 张乃根:《西方法哲学史纲》,中国政法大学出版社1993年版,第321—322页。

成不同法律适用结局更不例外，且法律问题本身并无唯一"正确的答案"。而刑事立法或刑法理论的全面性、前瞻性在推陈出新、变幻莫测的案件事实面前显然心有余而力不足。空白罪状的特殊规范结构增添了适法步骤与法律要素变量，这一切使得空白罪状的相对明确性"雪上加霜"。

三、空白罪状明确性的必要解释论路径

中外刑事立法模式的理论与实践表明，立法对空白罪状的明确性功效有限。刑事立法的明确性追求并非一个自足的命题，罪刑法定原则尚需在刑法解释中得以真正贯彻落实。也即是说，立法论与解释论的相互配合是共同致力于空白罪状明确性的不二路径。

（一）中外刑事立法模式的考察与近思

我国刑事立法追求"大一统"的单轨制立法模式，故而出现了大量采用空白罪状立法技术的特色。空白罪状明确性的实现首先可以借助直接明快的立法路径。空白罪状的立法模式与行政犯乃至行政刑法的立法模式具有必然关联性，这缘于空白罪状规定的基本是行政犯，或者说行政刑法规范通常借助空白罪状来表述。尽管行政刑法存在不同学说，但在承认其是规定行政犯罪及其刑事责任的法律规范上未见分歧。[①] 如何使空白罪状在立法上具备明确性，在寻求解决之道中，就使空白罪状、行政犯、行政刑法的立法模式产生了一系列复杂的联系。换言之，不同的刑法立法模式事实上或者决定空白罪状的存活空间，或者影响空白罪状的明确性程度。

1. 现有立法模式概览

行政刑法的属性未有定论。在德国，主流观点认为行政刑法是行政法；在日本，行政刑法普遍被视为刑法。我国学者有些持"行政法说"，[②] 有些持"刑法说"，[③] 有些持"双重属性说"，[④] 还有的持"独立说"等。[⑤]

---

① 关于行政刑法的概念，一直是一个聚讼不休的论题，由于并非本书的研究重心且不影响研究的开展，故尽管该争议非常有意义但在此不做讨论。
② 卢建平：《论行政刑法的性质》，载《浙江大学学报》1993 年第 3 期；郭润生、刘东生：《行政刑罚基本问题初探》，载《山西大学学报（哲学社会科学版）》1998 年第 3 期。
③ 张明楷：《行政刑法辨析》，载《中国社会科学》1995 年第 3 期；黄河：《行政刑法比较研究》，中国方正出版社 2001 年版，第 63-64 页；黄明儒：《也论行政犯的性质及其对行政刑法定位的影响》，载《现代法学》2004 年第 5 期；黄洪波：《论行政刑法双重属性之否定》，载《法学杂志》2004 年第 11 期；姜涛：《行政犯与二元化犯罪模式》，载《中国刑事法杂志》2010 年第 12 期；程凡卿：《行政刑法立法研究》，法律出版社 2014 年版，第 30-35 页。
④ 刘艳红、周佑勇：《行政刑法的一般理论》，北京大学出版社 2020 年版，第 14 页。
⑤ 李晓明：《行政刑法新论》，法律出版社 2019 年版，第 29 页。

在立法模式上，域内外主要存在分散式立法、独立法典型立法及统一附属型立法三种模式。《日本刑法典》没有规定行政刑法的内容，行政刑法被当作特别刑法对待，直接在行政法律中规定了具体的刑罚来惩治行政犯罪，这种模式称为分散式立法。其行政刑法的条文基本具备刑法条文的特点，没有空白条文存在的空间，应当与该国将行政刑法定位为特别刑法的认识分不开。作为行政刑法发源地的德国，采取的是独立法典型立法方式。德国的《违反秩序法》《经济刑法》通常被视为行政刑法典的代表。换言之，德国对行政刑法采取单独立法的形式独立于普通刑法。意大利的做法与此类似。《意大利刑法典》分则并未将所有在刑事领域应受处罚的行为尽列其中，而是交由许多特别立法进行规制，甚至一些专门领域里的犯罪完全是由特别立法调整的，如环境保护、食品卫生、海关监控等领域。比较特别的是，意大利的一些刑事处罚条款规定在民商事法律之中，如《民法典》《航海法典》《银行票据法》《破产法》等。甚至有该国的学者认为，《德国刑法典》分则已不再是主要的刑事罪状渊源。[1] 而法国在《法国刑法典》之外，也增添了数量众多的"特别刑法"，如《公路法典》《劳动法典》《城市化法典》《公共卫生法典》等专门性法典。[2] 以此观之，意大利、法国当属与德国同样的行政刑法立法模式。

与很多国家通常以行政法确立行政犯不同，我国将《刑法》作为确定行政犯的唯一立法。[3] 我国尽管也存在附属刑法，但常被学者诟病为"附而不属"。[4] 由于并不能单独依据附属刑法对不法行为进行定罪量刑，因此，我国的行政刑法立法模式属于刑法典与附属刑法相结合的统一附属型立法模式。[5] 即由分散的附属刑法规定具体的犯罪构成，由刑法典规定罪名和法定刑的模式。当然，这也是我国《刑法》条款中空白罪状产生的源头。

简言之，日本的分散式立法很好地维护了《日本刑法典》自身的稳定性，体现了兼顾社会发展的灵活立法优势，但由于其内容分散、系统性差，不利于实现民众的可预见性，也难以保障不同附属刑法中刑罚规定公平公正统一标准的实现。德国式独立法典型立法确保了行政刑法不受限于刑法典的规定，可以制定自身的原则与处罚措施，但在与社会同步的灵活性上仍有所欠缺。我国统一附属型立法模式在维护刑法典稳定性上非常有优势，但从司法实践

---

[1] 《最新意大利刑法典》，黄风译注，法律出版社2007年版，第39-40页。
[2] 《法国新刑法典》，罗结珍译，中国法制出版社2003年版，第249页。
[3] 孙国祥：《行政犯违法性判断的从属性和独立性研究》，载《法学家》2017年第1期。
[4] 主要是诟病我国的附属刑法规范往往只有"情节严重的，依法追究刑事责任"类似简单规定，缺少罪名与法定刑的具体规定，不具有实质的刑法性质。
[5] 程凡卿：《行政刑法立法研究》，法律出版社2014年版，第54页。

的运作中已初步显露出在行政违法、刑事犯罪之间衔接上的各种问题,也正是本书的行文意义之一。总之,上述国家及地区的法律发展史及司法实践表明,由于在形成背景、保护重心、实施便利性等方面存在差异,这三种立法模式中的任何一种都无绝对优势,或者说各有优劣。

2. 我国未来立法模式的选择

为了避免空白罪状带来的不明确,或者说,为了行政犯司法适用的明确化和刑法、行政法的有效衔接,我国学者一直未放弃从刑事立法模式路径选择的角度为空白罪状的明确性寻找出路。近几年的建议主要有以下几种:

(1) 混合型立法模式。即从社会发展的需求角度,改良我国现存的统一附属型立法模式,将附属刑法改造成具有完整刑法条文结构的形态,形成以刑法典为指导、在附属刑法中实现行政刑法条文单独可以对行政犯罪定罪量刑的混合立法模式。倡导该立法模式的学者认为,这样的立法模式顺应了我国刑法立法的发展,在维护刑法典的稳定,避免罪刑规定的抽象,对于行政犯罪的预防及刑行衔接,解决行政处罚与刑罚竞合下的问题等方面存在必要性。① 也有学者认同类似的立法模式,将其称为"分散式立法模式"。该学者站在我国也存在绝对空白罪状的分类立场认为:绝对空白刑法规范由于对构成要件行为没有作具体规定,而将之委任于行政法规,从而违反了宪法意义上的法律保留原则;刑法对法定犯的规定不仅要如自然犯一般主要发挥其裁判规范的作用,而且应特别发挥其行为规范的作用。现有刑事立法模式中的相对空白刑法事实上分离了行为规范与裁判规范,不利于行为规范功能的发挥,因而大多不符合明确性原则。因此,只有改变我国自然犯与法定犯刑事一体化的现有立法体例,在其他法律中直接规定有关犯罪构成要件与法定刑,将附属刑法实质化,才能解决空白罪状的明确性问题,并使刑事立法模式与宪法协调起来。② 换言之,站在行政犯与刑事犯分类的基础上,提倡将行政犯从刑法典中剥离,在行政法律中对侵害法益并违反行政义务的行为设立独立的罪名与法定刑。③ 另有学者将与此类似的立法模式称为"依附性的散在型立法方式"。从消除现行依附性立法方式的弊端、符合宪法有关立法权限的规定和刑法典的规定、我国《国境卫生检疫条例》直接规定法定刑的先例等角度阐述了该立法模式必要且可行。④ 或称之为

---

① 程凡卿:《行政刑法立法研究》,法律出版社2014年版,第63-68页。
② 张明楷:《刑事立法模式的宪法考察》,载《法律科学(西北政法大学学报)》2020年第1期,第58-59页。
③ 刘军:《刑法与行政法的一体化建构——兼论行政刑法理论的解释功能》,载《当代法学》2008年第4期,第27页。
④ 刘艳红、周佑勇:《行政刑法的一般理论》,北京大学出版社2020年版,第293-296页。

"独立性立法方式":将普通刑法总则的原则性规定做一定修正适用于行政犯,将具体的行政犯分别规定在相应的行政法律中。①

(2)统一刑法典立法模式。倡导该立法模式的学者认为将附属刑法实质化、"做大做强"并不是解决行刑衔接难问题的关键,并不能从根本上解决行刑衔接难问题;该问题是由行政不法与刑事不法之间的复杂关系引起的,与相关行为被规定在刑法典抑或行政法律规范中关系不大。相反,从实现妥当处罚、满足司法实务需要,以及行刑分立的立法格局、我国社会治理与法典化传统来看,继续坚持统一刑法典的立法模式才是正确的打开方式。当然,这并不排斥刑法修正案方式的立法及单行刑法的存在。②

(3)三元立法模式。即刑法立法体系采用刑法典、单行刑法与附属刑法三者并立的模式。刑法典分则规定的内容不涉及行政、经济法犯罪;单行刑法规定较为复杂领域或新生事物领域的犯罪,如黑社会性质犯罪、走私犯罪、新型网络犯罪等;而附属刑法主要规定行政法、经济法中的犯罪,并在附属刑法中明确罪状、法定刑。③

以上三种建议的共识都是要改变实质上"单一法典化"的现有立法模式,本质上都是赞同将行政犯规定为完整的刑事规范条款,能够进行独立的定罪量刑。这足以说明立法模式的单轨制弊端较多,容易割裂行政犯与相关行政法律的有益关联。而第一种、第三种建议与第二种建议相比,差异主要在于对现有刑法典体例的冲击力度上,且意图尽量压缩或消除空白罪状形成的空间;与第二种建议相比,第一种、第三种建议事实上是一种刑法典、单行刑法、附属刑法并立的多元立法模式;而第二种建议在保持现有刑法典体例不变的情况下,仍然遗留空白罪状的明确性隐忧。

当然,上述每一种建议同样各有利弊。比如,第一种、第三种观点的优势在于实现了刑法与行政法的良好衔接,避免了因空白罪状的产生进而发生立法不明确问题。但不可回避以下问题:第一,结合我国现有的刑法典立法体例现状,首先需要对自然犯与法定犯进行分类,将行政犯从刑法典中剥离出来,现有刑法典修订范围较大。关于二者之间的分类标准一直存在争议,④

---

① 黄明儒、金泽刚:《行政犯立法构想新论》,载《政治与法律》2005年第6期,第122-129页。
② 周光权:《法典化时代的刑法典修订》,载《中国法学》2021年第5期。
③ 李晓明:《再论我国刑法的"三元立法模式"》,载《政法论丛》2020年第3期,第23-36页。
④ 张明楷:《刑法学》,法律出版社2021年版,第121页。

其至对行政犯或法定犯的存在法理表示质疑，①且有些法定犯也有朝自然犯转化的情形。事实上，任何犯罪都在一定程度上是自然犯，也在一定程度上是法定犯。在现实世界中，没有任何犯罪是纯粹的自然犯或法定犯。②早有学者注意到二者之间的相对性及流动性，并将之称为"法定犯之自然犯化"。③例如，生产、销售有毒、有害食品罪，在日益重视食品卫生安全的现代社会，从本质上讲并不能说这种犯罪只是单纯违反了行政义务的行为。故如何划分具有流动性的自然犯与法定犯的界限，难以达成学术共识。在此前提下，能否成功地建构自然犯与法定犯刑事一体化体例、建立纯自然犯的刑法典尚有可商榷之处。第二，如前所述，这种如日本式立法模式存在妨碍民众行为的可预测性，存在因脱离刑法典总则的总体指导和分则规范的协调，致附属刑法与刑法典之间刑罚失衡、混乱等危险。更严重的是，把旧刑法典拆散，抽掉一部分原有法律，是否仍具有连贯性必须逐一检讨，也是不容易解决的问题。当然，这也是第一种、第三种立法模式中都可能遭遇的问题。总体而言，第一种、第三种立法模式基本剥夺了空白罪状的存在空间，而第二种立法模式，尽管保留了空白罪状，并有利于其进一步明确化，但由于行政法律规范中附属刑法条款单独定罪量刑功能的实现，事实上是"架空"了刑法典中的空白罪状。尽管可能有象征意义，但仍然遗留了刑法典空白罪状与补充规范的有效对接问题。

（二）空白罪状立法明确性的宿命式局限

通过对域内外立法模式的简要回顾，不难发现这些立法方式在试图将刑法明确性程度最大化，使行刑衔接进一步畅通化的过程中，无形中威胁了空白罪状赖以"安身立命"的立法空间或实属对空白罪状的"降维打击"。

空白罪状与恰当、审慎的立法方式在致力于立法的稳定、保障行刑衔接等方面具有相同的使命。上述我国关于立法模式的讨论在改变刑法"单一法典化"的现有立法模式上并无分歧，但更应注意这并不意味着刑法多元化的立法模式可以避免空白罪状这一立法技术的适时运用。

如前所述其生成机理，空白罪状的存在有其必然性。除理论逻辑的推演，立法的现实环境也难以杜绝该立法技术的使用。我国有学者明确指出，即便

---

① 张文、杜宇：《自然犯、法定犯分类的理论反思——以正当性为基点的展开》，载《法学评论》2002年第6期，第36-41页。
② 陈金林：《法定犯与行政犯的源流、体系地位与行刑界分》，载《中国刑事法杂志》2018年第5期，第31页。
③ 陈子平：《刑法总论》，中国人民大学出版社2009年版，第7页。

选择附属刑法立法模式,也无法避免空白罪状的存在。① 在德国,其附属刑法的许多法规通过空白要素使构成要件形成援用其他法律规则的事实,核心刑法中亦有此情景。② 这一现象在"特别刑法"数量众多的法国展示得也很明显。有学者做过统计,《法国刑法典》中的空白罪状达32条之多,具体如表3所示。③

表3:《法国刑法典》中空白罪状条文一览表

序号	条目	罪名	所涉及的补充规范(条款)
1	215-1	反人种之重罪	《劳动法典》第L6313条
2	221-4	故意伤害生命罪	《国内安全法典》第L271-1条
3	221-6	非故意伤害生命罪	《道路交通法典》
4	222-1	酷刑及野蛮暴行罪	《建筑和居住法典》第L127-1
5	222-7	暴力罪	《建筑和居住法典》第L127-1
6	222-19	非故意伤害人之身体罪	法律或条例强制规定的审慎或安全之特别义务
7	222-31	与未成年人乱伦罪	《民法典》第378条及第379-1条
8	222-36	毒品走私罪	《公共卫生法典》第L5132-7条
9	223-8	人体试验罪	《公共卫生法典》
10	223-13	教唆自杀罪	《劳动法典》第L6313条
11	223-15	欺诈滥用他人无知或弱势地位罪	《劳动法典》第L6313条
12	225-2	歧视罪	《社会福利制度法典》第L412-8条第2项

---

① 周光权:《我国应当坚持统一刑法典立法模式》,载《比较法研究》2022年第4期,第60-61页。

② [德]乌尔斯·金德霍伊泽尔:《刑法总论教科书》(第六版),蔡桂生译,北京大学出版社2015年版,第257页。

③ 陈禹衡、尹航:《中法刑法典中空白罪状之比较研究》,载《成都理工大学学报(社会科学版)》2020年第1期,第11页。

续表

序号	条目	罪名	所涉及的补充规范（条款）
13	225-13	违反人之尊严的劳动与住宿条件罪、强迫劳动罪及逼迫屈从罪	《劳动法典》第L6313条
14	226-1	侵犯私生活罪	《刑事诉讼法典》第706-102-1条和《国内安全法典》第L853-2条
15	226-14	侵犯职业秘密罪	《社会行动和家庭法典》第L226-3条第2款
16	226-26	因遗传特征研究或基因样本鉴别侵害人身罪	《民法典》第16-11条
17	227-3	遗弃家庭罪	《民法典》之家庭义务
18	227-4	违反家庭案件法官就暴力案件发布的裁定罪	《民法典》第515-9条或第515-13条
19	227-17	置未成年人于危险罪	《民法典》第373条第3项
20	311-4	盗窃罪	《遗产法典》
21	322-3	对人不造成危险的毁坏、破坏、损坏财产罪	《遗产法典》
22	323-8	侵犯数据自动处理系统罪	《国内安全法典》第L811-2条
23	413-13	危害情报部门罪	《国内安全法典》第L861-2条
24	421-1	恐怖主义行为罪	《防卫法典》第L1333-9条第1点
25	431-3	违法参与聚众罪	《国内安全法典》第L211-9条
26	432-12	非法获取利益罪	《地方领土单位总法典》第2122-26条
27	433-17	盗用职衔罪	《劳动法典》第L6313条
28	433-18	侵害身份罪	《民法典》第55条
29	434-4	阻挠法院受案罪	《刑事诉讼法典》第74-1条

续表

序号	条目	罪名	所涉及的补充规范（条款）
30	434-7	妨碍司法活动罪	《刑事诉讼法典》
31	461-21	国际武装冲突中的侵犯人身自由和权利罪	国际条约
32	511-5	生物医学伦理领域之犯罪	《公共卫生法典》第 L1241-3 条或第 L1241-4 条

笔者认为，该学者梳理的32条空白罪状中，只有部分罪状属于本书所称的空白罪状。也许是出于对空白罪状适用范围理解的差异，若按我国主流学说中空白罪状被补充的是犯罪行为构成要件而言，其中对犯罪主体、犯罪对象等的规范补充应排除在空白罪状范畴之外，多数应列为包含法律评价要素的规范性构成要件要素。例如，《法国刑法典》第311-4条盗窃罪中规定的"按照《遗产法典》规定进行归类或注册的动产物品"指的是盗窃对象，① 且盗窃罪在我国属于稳定的自然犯，暂时不可能采用空白罪状的立法设计。与此类似的条文还有《法国刑法典》第421-1条恐怖主义行为罪等。

显然，《法国刑法典》中的空白罪状除补充范围广泛、可延伸到刑罚适用领域外，② 另一突出表现即为补充规范的详尽明确性。与我国刑法典通常采用"违反国家规定""违反××（法规）"等概括性表述不同，《法国刑法典》中大量被参照的法律规范具体到了条，这无疑为空白罪状适用的明确性投入了最有力、最富"诚意"的立法资源。其实，德国1954年经济刑法中也有很多具体到条的补充规定。相较于我国法官在适用空白罪状前面临的种种"找法"之难，不得不说这些国家的法官的确在此处存在"小确幸"。

我国也曾有过类似《法国刑法典》详尽程度的空白罪状立法实践。1986年颁布并实施的《渔业法》第28条、第29条的规定直接标明了所应参照法

---

① 《最新法国刑法典》，朱琳译，法律出版社2016年版，第153页。
② 如，第223-13条教唆自杀罪第3款中的刑罚规定：自然人或法人犯本节规定之轻罪的，亦处如下附加刑：禁止从事《劳动法典》第L6313-1条规定的提供职业继续教育活动，禁止期限为5年。参见《最新法国刑法典》，朱琳译，法律出版社2016年版，第109页。

律规范的条文。① 但在《渔业法》2000年的修正版中，这类条文被弃之不用，而代以常规性立法表达"构成犯罪的，依法追究刑事责任"。有学者认为，应当是这种立法方式的缺陷比较明显：其一，若某一不法行为没有落入刑法典或单行刑法的规制范畴时，这种立法方式就力有不逮了。换言之，这种立法方式面对未来可能的行为类型不具有涵摄力；其二，当刑法典或单行刑法出现修订中条款顺序的改变时，这类条款必定会受牵连，需要一并修改。② 这种分析不无道理。一言以蔽之，除了容易形成处罚漏洞，还会给刑事法律的修、改、废带来不必要的麻烦。

一方面，这应当与不同国家自身的法律文化传统分不开。法国基于推崇制定法的传统，对刑罚权的专属性极其重视，因此，竭力避免刑法典立法中因空白罪状参照规范不明确而带来扩张刑罚权风险的做法当属理所当然。与此相一致，分权法律思想传统也起到推波助澜的作用。比如，孟德斯鸠在其传世之作《论法的精神》中最精彩的部分——三权分立与制约学说中指出，自由的存在以司法权从立法和行政权中分离出来为前提，若司法权与立法权合二为一，则法官成了真正的立法者。若司法权与行政合二为一，法官将拥有压迫者的力量。③ 进而诞生其名言"法官只是法律的嘴巴"。更不允许法官创造性地解释法律以免越权，瓦解分权思想，法官自由裁量权受到如此限制，自然也倒逼立法趋于更明确以便于法官更好地"安分守己"地适用刑法。另一方面，鉴于事物的两面性，这与立法抽象性"度"的把握不无关系。法律天然具备一定的抽象性，立法太粗容易产生不明确问题，而立法过于具体又为司法僵化留下形成空间。此外还应注意到，《法国刑法典》的空白罪状也只是指明了补充规范，在行为类型描述一致的情况下，对于行政不法、民事不法与刑事犯罪的区分仍然是不明确的，即无法从根本上解决本书的问题。譬如，依据《法国刑法典》第222-31条与未成年人乱伦罪的规定，只是指明"依据《法国民法典》第378条及第379-1条的规定"，并不能进一步将本罪与一般地违反《法国民法典》第378条及第379-1条规定的普通民事违法行

---

① 《渔业法》第28条：炸鱼、毒鱼的，违反关于禁渔区、禁渔期的规定进行捕捞的，使用禁用的渔具、捕捞方法进行捕捞的，擅自捕捞国家规定禁止捕捞的珍贵水生动物的，没收渔获物和违法所得，处以罚款，并可以没收渔具，吊销捕捞许可证；情节严重的，依照《刑法》第一百二十九条的规定对个人或单位直接责任人员追究刑事责任。《渔业法》第29条：偷捕、抢夺他人养殖的水产品的，破坏他人养殖水体、养殖设施的，由渔业行政主管部门或者其所属的渔政监督管理机构责令赔偿损失，并处罚款；数额较大，情节严重的，依照《刑法》第一百五十一条或者第一百五十六条的规定对个人或单位直接责任人员追究刑事责任。

② 黄明儒、金泽刚：《行政犯立法构想新论》，载《政治与法律》2005年第6期，第127页。

③ ［法］孟德斯鸠：《论法的精神》（上卷），许明龙译，商务印书馆2012年版，第183-187页。

为直接区别开来。因此，笔者认为，这对于我国的空白罪状立法只具有局部借鉴意义，加上每个国家法律体系的完备程度不同，此种空白罪状明确性的可行性并非可以"毕其功于一役"。

除此之外，从刑法规范的司法逻辑观念出发，[①] 刑事立法规范所构建的只是文本上静态的刑法，缺乏动态感，并非现实关系的刑法，不利于具体正义的实现。总之，尽管立法有无限追求明确性的美好初衷，但立法实践也表明其并不能驱逐空白罪状的生成空间，立法无法消除空白罪状。难以期待由立法行为独立实现法律明确性的理想。

(三) 空白罪状明确性的现实路径选择

刑事立法功能的局限及刑法解释的互补优势几乎毫无悬念地将空白罪状明确性的路径引向二者的通力合作。

1. 立法的极限——相对明确性

法律只是相对明确的规范表达，这至少在刑法学界基本达成了共识。立法对静态的明确性有所把握，但对司法动态的明确性力有不逮。当空白罪状的立法设计已达到相对明确的要求时，依据明确性原则的基本内容，其具体适用仍有待进一步明确化。由于补充规范的立法技术囿限、行政不法与刑事不法区分、衔接的痛点等原因，"相对空白刑法大多不符合作为宪法原则的明确性原则"。[②] 如此一来，空白罪状的存在既有理论必然，又有现实写照的印证。具有存在必然性与合理性的空白罪状仍需要被解释。尽管有学者敏锐地指出："我们须切记，司法固然可以使法律更精确，但要使法律更精确，主要还是要靠立法者，而不是司法。"但他本人随后也承认：我们不能否认，法律的不明确有时是因为某些领域的事务特性使法律难以做精确化的规制处理；抑或有些被规制情景的不明确之处立法者在立法时无法预见，仅在后来的案件适用中才得以显现。[③] 无须赘述的共识是，所有的法律都需要解释，且不局限于模糊、冲突之处，空白罪状概莫能外。若认为法律文本仅在含糊、不清楚抑或相互矛盾时才需要解释，无疑是一种误解；需要解释并非一种"缺陷"。[④]

---

① 刘远：《论刑法规范的司法逻辑结构——以四维论取代二元论的尝试》，载《中外法学》2016年第3期，第802页。

② 张明楷：《刑事立法模式的宪法考察》，载《法律科学（西北政法大学学报）》2020年第1期，第58页。

③ 许宗力：《论法律明确性之审查：从"司法院"大法官相关解释谈起》，载《台大法学论丛》2012年第4期，第1703页。

④ [德] 卡尔·拉伦茨：《法学方法论》，黄家镇译，商务印书馆2020年版，第265页。

立法在提升犯罪构成要件明确性上优势突出，但却无法达到绝对明确。除前面立法模式的努力外，还在于法观念的内容很少能被完全清晰、准确地传达，即便清晰、准确地传达了，其所依赖的传达工具——语言也会给信息传达过程带来不确定性。① 这主要是由立法语言的局限性引起的，既没有可替代性，也无法根除。人们在20世纪前十年对可能达到"清晰"语言这一目标持乐观态度。譬如，其中代表性名言便是维特根斯坦早年在《逻辑哲学论》中的观点：一切可以言说的东西，可以明确地言说；人们不能言说的，应保持缄默。② 其根本原因在于，立法语言本质上与数理逻辑及科学性语言相区别，它天然的多义性导致其外延无法绝对明确。譬如，以菲利普·赫克对概念的观点视之，概念具有概念的核、"月晕"内、"月晕"外之分，③ 立法语言的可能意义就是在这三个区域间变动不居。解释法律意味着对法律用词所表述的事实、价值和应然观念进行探索，法律的具体适用要慎重考虑解释方法、解释立场的选择，甚至制定解释标准以达到刑法的司法目的。也正因如此，尽管罪刑法定原则严格要求刑法规范的明确性，但学者们普遍意识到其并不排斥促成刑法规范处于"明确性"与"模糊性"之间的立法设计，诸如概括性条款、规范的构成要件、空白罪状、兜底条款等。我们尚需立足于构成要件明确性原则的司法维度，使罪刑法定原则在空白罪状的刑法解释中得以贯彻落实。事实上，除语言因素外，刑事立法的明确性还受到未完全概念化的类型与未完全类型化的概念等刑法立法技术、可能混沌的事实、被抽象要求的规范、刑法运作过程等因素的限制。④ 罪刑法定原则是刑事司法的边界已成为刑法学界的共识，刑法解释正是罪刑法定司法化的基本方式。⑤ 但显然，刑事立法的明确性追求并非一个自足的理论命题，需要去立法之外求助，不可能做到绝对明确。尽管从立法上界定刑法的明确性是重要的前提和步骤，对空白罪状的立法科学化、相对明确性具有重要意义，却也存在力有不逮的遗憾。就本书看来，影响空白罪状立法明确性的关键主要在以下两点：

（1）空白罪状的明确性要求，并不仅指法律文义具体详尽的体例。一是立法一方面要求适当运用不确定概念、条款来保持刑法的灵活性，另一方面又强调语言的明确性。这说明了立法明确性的语言标准定位是自相矛盾的。二是空白罪状有自身特殊之处，正如本书"空白罪状明确性之问题化的误读

---

① ［德］齐佩利乌斯：《法学方法论》，金振豹译，法律出版社2009年版，第59页。
② ［德］阿图尔·考夫曼：《当代法哲学和法律理论导论》，郑永流译，法律出版社2013版，第300页。
③ ［德］魏德士：《法理学》，丁晓春、吴越译，法律出版社2005年版，第79页。
④ 杜宇：《类型思维与刑法方法》，北京大学出版社2021年版，第156-164页、第308-311页。
⑤ 陈兴良：《入罪与出罪：罪刑法定司法化的双重考察》，载《法学》2002年第12期。

与澄清"部分所做的详细剖析。由于空白罪状在适用上面临"找法"、对构成要件进行补充、界分行政违法与刑事不法等一系列难题,多数难题在本质上只能通过偏重价值判断的解释教义而非单靠具体的法律文义才能解决。相较于因立法语言本身的多义性导致立法内容不明确,更"棘手"的是深入其中的价值判断。就此,德国学者考夫曼(Kaufmann)称作"语言的两维性"的东西可以做很好的解释说明。① 立法语言第一维似乎是水平的,是理性——类别的;第二维似乎是垂直的,是意图性——隐喻的。理性的倾向首先被关注,而有意图的倾向在根本上是从前者的失败中获得冲动。达到空白罪状明确性的要求能从语言的第一维上获得的效果十分有限,即使其立法语言在水平层面上逻辑清晰,仍不能必然、直接获得空白罪状的明确适用效果,而常常不得不从其第二维意图性上寻找获得适用效果的可能性。此外,还常常需要在立法语言表层下进一步查寻立法目的,这在霍布斯对法律明确性的表达中能找到近似观点:"法律是否明确,与其说在于法律本身的词句,还不如说是在于将制定法律的动机与原因予以公布,也就是向人民说明立法者的意图。"②

(2)空白罪状构成要件的明确性界定如果只交由刑事立法决定,则会导致明确性审查标准的单一与不完整。就一般的叙明罪状而言,行为人能否预见哪些行为为刑法所明确禁止及其面临的刑罚,以及违法性认识等违法判断事由、故意或过失等责任判断事由等,对于定罪意义重大;甚至从司法实践角度分析这种规范能否经由司法审查予以确认等,均应成为审查其明确与否的标准。刑事立法中用语的准确性,仅是对公民权利保障的低级要求,而民众的可预见性则是对公民权利保障的高级要求。③ 相比较而言,空白罪状特别的立法条文结构容易使行为人对填补规范的存在和禁止内容有错误的认识。比如,行为人误认为其行为没有被填补规范禁止,就会影响其对该类犯罪行为的可预见性。换言之,空白罪状的明确性对刑法立法之外的审查标准的需求性更强。

2. 解释的合力——选择必然性

空白刑法规范与补充规范之间的不协调严重影响空白罪状的明确性,在立法上改善刑法及相关规范是协调二者之间关系的根本路径之一。在协调二者关系、改进空白罪状的明确性上,与其强调立法路径,不如重视解释法律

---

① [德]阿图尔·考夫曼:《当代法哲学和法律理论导论》,郑永流译,法律出版社2013版,第298-299页。
② [英]霍布斯:《利维坦》,黎思复、黎廷弼译,商务印书馆1985年版,第271页。
③ 姜涛:《刑法解释的基本原理》,法律出版社2019年版,第271页。

的路径。① 对于空白刑法规范中行政违法与刑法犯罪的区分，同样离不开解释路径。总之，空白罪状的明确性还需从刑法教义学角度展开分析，将构成要件明确性原则在刑法解释论中予以贯彻落实。也就是说，尽管《刑法》第3条规定了罪刑法定原则，但我国尚未很好地解决刑法明确性问题，在此情形下，法教义学的解释是解决该问题的一个重要路径。② 显然，空白罪状明确性如何实现是一个刑事立法与刑法解释交互合力的问题领域，立法与解释两种明确性路径并非此消彼长而是相互配合的关系，而刑法解释路径迫切需要发展与空白罪状相关的解释规则与教义。

（四）空白罪状明确性解释的既有实践

事实胜于雄辩，有关空白罪状司法解释的客观现实更能印证其解释实践的"刚需"。笔者以本书对空白罪状的形式识别为标准，参考我国目前刑法解释的总目录，③ 截至2024年1月，对现行有效的立法及最高人民法院、最高人民检察院刑法解释进行梳理、归纳，以更清晰的表格方式呈现，如表4所示。

当然，必须澄清说明的是，本书在此取狭义的"立法权"说，即专指全国人民代表大会及其常务委员会的国家立法权。因为，根据《立法法》第104条的规定，最高人民法院、最高人民检察院针对具体的法律条文有权作出属于审判、检察工作中具体应用法律的解释；《最高人民法院关于司法解释工作的规定》第5条规定：最高人民法院发布的司法解释，具有法律效力。如此，法院也行使了立法权。本书在此不认可法院具有"立法权"。

其一，刑事法律解释。在2000年至2023年共计13项立法解释中，有2部涉及含有空白罪状立法的解释。④

其二，刑事司法解释。

（1）最高人民法院刑事司法解释。在罗列的1997年至2023年共计近150部现行有效（包括已被修改）的司法解释中，涉及空白罪状条文的司法解释有30多部，分别为：最高人民法院关于审理骗购外汇、非法买卖外汇刑事案件具体应用法律若干问题的解释（1998年8月28日），最高人民法院关于审

---

① 黄明儒、谭丹丹：《论空白刑法规范与补充规范的冲突与协调》，载《湘潭大学学报（哲学社会科学版）》2015年第4期，第31页。
② 陈兴良：《刑法的明确性问题：以〈刑法〉第225条第4项为例的分析》，载《中国法学》2011年第4期，第124页。
③ 《中华人民共和国刑法》（专业应用版），法律出版社2024年版，第270-292页。
④ 分别为：全国人民代表大会常务委员会关于《中华人民共和国刑法》第228条、第242条、第410条的解释（2001年8月31日）（2009年8月27日修正）；全国人民代表大会常务委员会关于《中华人民共和国刑法》第341条、第312条的解释（2014年4月24日）。

理非法出版物刑事案件具体应用法律若干问题的解释（1998年12月17日），最高人民法院关于审理破坏土地资源刑事案件具体应用法律若干问题的解释（2000年6月19日），最高人民法院关于审理交通肇事刑事案件具体应用法律若干问题的解释（2000年11月15日），最高人民法院、最高人民检察院关于对军人非战时逃离部队的行为能否定罪处罚问题的批复（2000年12月5日），最高人民法院、最高人民检察院关于办理非法生产、销售、使用禁止在饲料和动物饮用水中使用的药品等刑事案件具体应用法律若干问题的解释（2002年8月16日），最高人民法院关于在林木采伐许可证规定的地点以外采伐本单位或者本人所有的森林或者其他林木的行为如何适用法律问题的批复（2004年3月26日），最高人民法院关于审理破坏林地资源刑事案件具体应用法律若干问题的解释（2005年12月26日），最高人民法院关于审理危害军事通信刑事案件具体应用法律若干问题的解释（2007年6月26日），最高人民法院、最高人民检察院关于办理非法采供血液等刑事案件具体应用法律若干问题的解释（2008年9月22日），最高人民法院关于修改《最高人民法院关于审理非法制造、买卖、运输枪支、弹药、爆炸物等刑事案件具体应用法律若干问题的解释》的决定（2009年11月16日），最高人民法院、最高人民检察院关于办理妨害信用卡管理刑事案件具体应用法律若干问题的解释（2009年12月3日），最高人民法院、最高人民检察院关于办理非法生产、销售烟草专卖品等刑事案件具体应用法律若干问题的解释（2010年3月2日），最高人民法院关于审理非法集资刑事案件具体应用法律若干问题的解释（2010年12月13日），最高人民法院、最高人民检察院关于办理妨害武装部队制式服装、车辆号牌管理秩序等刑事案件具体应用法律若干问题的解释（2011年7月20日），最高人民法院、最高人民检察院关于办理危害计算机信息系统安全刑事案件应用法律若干问题的解释（2011年8月1日），最高人民法院关于审理破坏草原资源刑事案件应用法律若干问题的解释（2012年11月2日），最高人民法院、最高人民检察院关于办理妨害国（边）境管理刑事案件应用法律若干问题的解释（2012年12月12日），最高人民法院、最高人民检察院关于办理渎职刑事案件适用法律若干问题的解释（一）（2012年12月7日），最高人民法院、最高人民检察院关于办理危害食品安全刑事案件适用法律若干问题的解释（2013年5月2日），最高人民法院、最高人民检察院关于办理利用信息网络实施诽谤等刑事案件适用法律若干问题的解释（2013年9月6日），最高人民法院、最高人民检察院关于办理走私刑事案件适用法律若干问题的解释（2014年8月12日），最高人民法院、最高人民检察院关于办理危害药品安全刑事案件适用法律若干问题的解释（2014年11月3日），最高人民法院、最高人民检察院关于办理危害生产安全刑事案件适用法律若干问题的解释（2015年12月14日），最高人民法院、最高人民检察院关于办理妨害文物管理等刑事案件适用法律若干问题的解释（2015年12月30日），最高人民法院关于审理毒品犯罪案件适用法律若干问题的解释（2016年4月6日），最高人民法院、最高人民检察院关于办理非法采矿、破坏性采矿刑事案件适用法律若干问题的解释（2016年11月28日），最高人民法院、最高人民检察院关于办理环境污染刑事案件适用法律若干问题的解释（2016年12月23日），最高人民法院、最高人民检察院关于办理侵犯公民个人信息刑事案件适用法律若干问题的解释（2017年5月8日），最高人民法院、最高人民检察院关于办理扰乱无线电通讯管理秩序等刑事案件适用法律若干问题的解释（2017年6月27日），最高人民法院、最高人民检察院关于涉以压缩气体为动力的枪支、气枪铅弹刑事案件定罪量刑问题的批复（2018年3月8日），最高人民法院、最高人民检察院关于办理妨害信用卡管理刑事案件具体应用法律若干问题的解释（2018年11月28日），最高人民法院、最高人民检察院关于办理利用未公开信息交易刑事案件适用法律若干问题的解释（2019年6月27日），最高人民法院、最高人民检察院关于办理组织考试作弊等刑事案件适用法律若干问题的解释（2019年9月2日），最高人民法院、最高人民检察院关于办理非法利用信息网络、帮助信息网络犯罪活动等刑事案件适用法律若干问题的解释（2019年10月21日），最高人民法院关于审理走私、非法经营、非法使用兴奋剂刑事案件适用法律若干问题的解释（2019年11月18日），最高人民法院、最高人民检察院关于适用《中华人民共和国刑法》第三百四十四条有关问题的批复（2020年3月19日），最高人民法院关于修改《最高人民法院关于审理非法集资刑事案件具体应用法律若干问题的解释》的决定（2022年2月23日），最高人民法院、最高人民检察院关于办理破坏野生动物资源刑事案件适用法律若干问题的解释（2022年4月6日），最高人民法院、最高人民检察院关于办理危害生产安全刑事案件适用法律若干问题的解释（二）（2022年12月15日），最高人民法院、最高人民检察院关于办理环境污染刑事案件适用法律若干问题的解释（2023年8月8日），最高人民法院关于审理破坏森林资源刑事案件适用法律若干问题的解释（2023年8月13日）。

（2）最高人民检察院刑事司法解释。在罗列的1997年至2020年共计38项现行有效（包括已被修改）的司法解释中，涉及空白罪状条文的司法解释有3部，分别为：高检发释字〔1998〕4号：最高人民检察院关于将公务用枪用作借债质押的行为如何适用法律问题的批复（1998年11月3日）；高检发释字〔2002〕1号：最高人民检察院关于非法经营国际或港澳台地区电信业务行为法律适用问题的批复（2002年2月6日）；高检发释字〔2022〕1号：最高人民法院、最高人民检察院关于办理危害药品安全刑事案件适用法律若干问题的解释（2022年3月3日）。

表4：我国刑法解释中关联空白罪状条文之梳理表

序号	发布单位	解释名称或发文字号	涉及空白罪状条文
1	全国人民代表大会常务委员会	《关于〈中华人民共和国刑法〉第二百二十八条、第三百四十二条、第四百一十条的解释》（2001年8月31日）（2009年8月27日修正）	《刑法》第228条、第342条、第410条
2		《关于〈中华人民共和国刑法〉第三百四十一条、第三百一十二条的解释》（2014年4月24日）	《刑法》第341条、第312条
1	最高人民法院	法释〔1998〕20号	《刑法》第190条
2		法释〔2000〕14号	《刑法》第228条、第342条、第410条
3		法释〔2000〕33号	《刑法》第133条
4		法释〔2000〕39号	《刑法》第435条
5		法释〔2002〕26号	《刑法》第225条
6		法释〔2004〕3号	《刑法》第345条
7		法释〔2005〕15号	《刑法》第341条、第342条
8		法释〔2007〕13号	《刑法》第285条、第286条、第288条
9		法释〔2008〕12号	《刑法》第334条
10		法释〔2009〕18号	《刑法》第125条
11		法释〔2009〕19号	《刑法》第225条
12		法释〔2010〕7号	《刑法》第225条
13		法释〔2010〕18号	《刑法》第176条
14		法释〔2011〕16号	《刑法》第375条
15		法释〔2011〕19号	《刑法》第285条、第286条
16		法释〔2012〕15号	《刑法》第342条、第410条

续表

序号	发布单位	解释名称或发文字号	涉及空白罪状条文
17	最高人民法院	法释〔2012〕17号	《刑法》第322条
18		法释〔2012〕18号	《刑法》第398条
19		法释〔2013〕12号	《刑法》第225条、第222条
20		法释〔2013〕21号	《刑法》第225条
21		法释〔2014〕10号	《刑法》第350条、第355条
22		法释〔2014〕14号	《刑法》第225条
23		法释〔2015〕22号	《刑法》第132条、第134条、第135条之一、第136条、第137条、第139条
24		法释〔2015〕23号	《刑法》第327条
25		法释〔2016〕8号	《刑法》第350条、第351条、第352条、第355条
26		法释〔2016〕25号	《刑法》第343条
27		法释〔2016〕29号	《刑法》第338条、第339条、第286条
28		法释〔2017〕10号	《刑法》第253条之一
29		法释〔2017〕11号	《刑法》第228条、第225条
30		法释〔2018〕8号	部分高级人民法院、省级人民检察院就如何对非法制造、买卖、运输、邮寄、储存、持有、私藏、走私以压缩气体为动力的枪支、气枪铅弹（用铅、铅合金或者其他金属加工的气枪弹）行为定罪量刑的问题提出请示
31		法释〔2018〕19号	《刑法》第225条
32		法释〔2019〕10号	《刑法》第180条
33		法释〔2019〕13号	《刑法》第282条
34		法释〔2019〕16号	《刑法》第225条
35		法释〔2020〕2号	《刑法》第344条

续表

序号	发布单位	解释名称或发文字号	涉及空白罪状条文
36		法释〔2022〕5号	《刑法》第176条
37		法释〔2022〕12号	《刑法》第340条、第341条
38		法释〔2022〕19号	《刑法》第134条
39		法释〔2023〕7号	《刑法》第338条
40		法释〔2023〕8号	《刑法》第342条
1	最高人民检察院	高检发释字〔1998〕4号	《刑法》第128条
2		高检发释字〔2002〕1号	《刑法》第225条
3		高检发释字〔2022〕1号	《刑法》第222条

以空白罪状在我国刑法分则中所占的比例观之，关联空白罪状条文的刑法解释数量不少且近年呈上升趋势。事实上，我国各类位阶有法定效力的刑法解释数量已远超刑法本身，更遑论不计其数的以"个案释法"式的刑法解释的"隐性法源"——法官判决说理时援引的法学通说。① 从我国台湾地区"司法院"违宪审查的实践来看，所谓"司法院"大法官以"是否明确""是否具体明确"或"是否符合法律明确要求"为标准，在截至2012年审查法律规定内容之合宪性的30余件解释中，有近十分之一是针对本书空白罪状类指示性规定的内容是否明确的审查。如"司法院"释字第680号，宣告"惩治走私条例第2条第3项规定：'第一项所称管制物品及数额，由行政院公告之'"无效；以及"司法院"释字第432号、第521号、第545号等解释。而德国联邦宪法法院涉及法律明确性审查之裁判，不下百件，② 虽因资料所限笔者不清楚有多少件裁判针对空白罪状的明确性，但坚信该类解释一定不会缺席其中。

综上，无论是刑事立法模式上的努力，还是大量的既有解释实践，都在一定程度上证明，微观的刑事立法语言与相对宏观的刑事立法模式其作用均有局限性。由本章分析空白罪状明确性之内涵的部分可知，对空白罪状明确性的判断除传统立法刑法学角度要求的语言标准、规范标准外，十分有必要

---

① "隐性法源"一词的使用，主要是立足于法学家的学说是作为一种知识为法官解释法律提供思想方式、价值导向和正当论证，影响法官的法律适用活动，而不是正式的法源在发挥作用，因而将其称为"隐性法源"。如此称谓主要是来源于学界有关法律之内在体系与外在体系的区分。姜涛：《刑法解释的基本原理》，法律出版社2019年版，第164页。

② 许宗力：《论法律明确性之审查：从"司法院"大法官相关解释谈起》，载《台大法学论丛》2012年第4期，第1687-1697页。

引入解释论意义上空白罪状明确性的判断标准。为避免与前述论证及本书后面章节的专门论证重复，此处只作简要阐述。之所以在空白罪状明确性问题上引入刑法教义学角度的分析，主要基于以下两点考虑：一是空白罪状明确性的立法论标准在刑法教义学意义上的价值有限；二是解释论视角的主要实践功效在于，不但对空白罪状是否达到明确性的确认更加合理、规范，而且有利于更好地发挥刑法解释的作用，促进刑事立法及时进行修、立、废等完善工作。

与之相适应地，空白罪状明确性的解释主体既包括颁布各类司法解释、指导性案例的最高人民法院、最高人民检察院，也包括负责具体案件处理的法官以及释法的法学家等法律共同体，而且对空白罪状明确性的解释自然离不开对罪刑法定、合宪性等原则的遵守。鉴于议题的集中性及突出的实践问题，本书主要针对空白罪状明确性的解释对象、解释论标准及其限度展开论述。

第三章 空白罪状明确性的解释肯綮梳理

空白罪状的立法设计及司法实践清晰地展露出，影响其明确性的主要障碍或主要解释对象及问题在于：一是由于空白罪状中独有的补充规范设计，在"找法"的规定动作中衍生出补充规范是什么、补充规范是否存在、补充规范与空白罪状是否恰当衔接、补充规范发生变更的司法效果等查找与判断工作，进而影响空白罪状的明确性。二是由于补充规范这一前置法的设计，空白罪状所承载的行政犯天然地存在行政违法与刑事犯罪的区分问题，这一问题不仅是必要的判断步骤，也是前提性的判断步骤，再掺入司法实践中存在将行政违法直接等同于刑事犯罪的积习，进一步加剧了空白罪状语境中刑行界分的困难，使其明确性问题"雪上加霜"。三是既然要通过空白罪状的解释弥补或"挽救"立法的不明确性，那至少需要确定何谓最低限度的明确性，从刑法解释论角度界定、审查其明确性的标准如何，如何在解释活动中防止破坏权力制约原则与司法恣意。这些可归纳为空白罪状明确性的解释论判断标准及解释限度问题。

这其中，前两个问题属于空白罪状明确性解释论中的具体问题，而第三个问题将在刑法方法论视域中展开探讨。

一、空白罪状中的补充规范

空白罪状中的补充规范又称填补规范，决定着空白罪状效能的发挥。空白罪状为补充规范进入刑事违法性的判断提供"路径"与"住所"；补充规范的范围乃至具体确定、补充规范的变更及其溯及力等，直接影响着空白罪状的明确性。二者相互依存、互为因果。从《德国经济刑法》《法国刑法典》等域外涉及空白罪状的不少法律文本规定来看，补充规范具有明确、具体的条文指向。譬如，《德国刑法典》第311条（释放射线）第1款规定：违反行政法义务（第330条d第4项、第5项），为下列行为之一，足以损害他人身体、生命或他人的贵重财物的，处5年以下自由刑或罚金刑：①释放电离射线，②引起核裂变，① 以及前述《德国经济刑法》第1条的规定等。这种立法技术在一定程度上回避了补充规范的寻找问题，在此角度上使得补充规范的明确性问题变得相当中国化。但《德国刑法典》中另有大量的"违反行政法义务""违反可执行的禁令""违反法规""违反××（法规）""违反法律禁令"等笼统的法条文本规定，以及《意大利刑法典》违警罪分则中亦有数量较多的"违反法律或主管机关的规定"等规定。如此看来，补充规范的不明确性这一问题又是国际化的。不同的是，由于明确性原则在域外不少国家是一项宪法原则，这些国家通常将该问题在司法实践中提升为立法的明确性或违宪审查问题进行处理，尤以德国表现更为明显。基于我国国情，这一问题就较为本土化地转换为补充规范的明确性问题。

（一）补充规范的基本特征

依照本书对空白罪状的界定、识别标准，我国空白罪状中的补充规范呈现以下特征：

1. 立法表达方式多样化

我国现行刑法中空白罪状条文众多、范围较广泛，涉及的填补规范表达也颇为丰富。经对现有立法的梳理，我国刑法条文中的补充规范包括"国家规定""国家有关规定""法律规定""××法""××法的规定""规定""××法规""××规章制度""××管理规定""××管理法规"等。

2. 法律位阶层次丰富

从上述立法表达方式的多样化可以看出，空白罪状的补充规范上自法律、下至有关的行业规章制度及管理办法，中间还包括各个级别的规章等。譬如，补充规范中"国家规定"在《刑法》第96条②明确为，既包括全国人民代表大会及其常务委员会制定的法律和决定，也包括国务院制定的行政法规、规定的行政措施、发布的决定和命令。

3. 内容涉及领域广泛

往往并非特指或专指某一部具体的法律，而意指一系列与此相关的法律规范。空白罪状不仅数量庞大，而且涉及的领域广泛，其内容涵盖行政、民事、经济、环境等领域。国家甚至针对某些空白罪状的补充规范作出了专门

---

① 《德国刑法典》，徐久生译，北京大学出版社2019年版，第217页。
② 我国《刑法》第96条：本法所称违反国家规定，是指违反全国人民代表大会及其常务委员会制定的法律和决定，国务院制定的行政法规、规定的行政措施、发布的决定和命令。

的立法解释。① 这在采用"违反国家规定"的空白罪状表达中表现突出,即便是采用"违反××(法规)"类表达也不例外。其一,法条中对补充规范的表达并没有采用专指惯用的书名号,这与《法国刑法典》中的空白罪状表达方式明显不同;其二,司法实践同样证实,被参照的填补规范也许有主要的指引对象,但并不意味着专指某一部法律规范。

(二)致空白罪状欠缺明确性的成因

补充规范的上述特征导致其对空白罪状的明确性形成障碍的原因包括但不限于以下几方面:

1. 空白罪状与补充规范之间的衔接冲突

基于空白罪状中禁止规范与制裁规范相分离的设计,在适用中需要援引补充规范对某一违法行为进行评价。但采用空白罪状的本体刑法条款与补充规范事实上并不能完美衔接,二者因各自在犯罪主体、犯罪行为、犯罪对象等方面规定的差异,在构成要件规定上存在基本对应、限缩、扩大,乃至完全落空的关系。譬如,我国《刑法》第343条第1款规定了非法采矿罪,其中"违反矿产资源法的规定"的规定,指引其主要的参照规范为《矿产资源法》第39条、第40条。而《矿产资源法》第39条、第40条针对非法采矿行为构成犯罪的情形比《刑法》第343条第1款的规定多出了"拒不停止开采""拒不退回本矿区范围内开采"的要求。② 此时,该罪的构成要件及其违法性判断应当如何确定就在司法实践中以大量辩护意见的方式呈现出来。

甚至也有这种情况:当空白罪状中指示参照A法,A法却规定不明,或A法指示应进一步适用B法规定,有可能B法又进一步指示应再适用C法之

---

① 例如,2001年8月31日全国人民代表大会常务委员会关于《中华人民共和国刑法》第228条的立法解释指出,《刑法》第228条的"违反土地管理法规",是指违反《土地管理法》《森林法》《草原法》等法律以及有关行政法规中关于土地管理的规定。

② 《刑法》第343条第1款:"违反矿产资源法的规定,未取得采矿许可证擅自采矿,擅自进入国家规划矿区、对国民经济具有重要价值的矿区和他人矿区范围采矿,或者擅自开采国家规定实行保护性开采的特定矿种,情节严重的,处……"《矿产资源法》第39条:违反本法规定,未取得采矿许可证擅自采矿的,擅自进入国家规划矿区、对国民经济具有重要价值的矿区范围采矿的,擅自开采国家规定实行保护性开采的特定矿种的,责令停止开采、赔偿损失,没收采出的矿产品和违法所得,可以并处罚款;拒不停止开采,造成矿产资源破坏的,依照刑法有关规定对直接责任人员追究刑事责任。单位和个人进入他人依法设立的国有矿山企业和其他矿山企业矿区范围内采矿的,依照前款规定处罚。《矿产资源法》第40条:超越批准的矿区范围采矿的,责令退回本矿区范围内开采、赔偿损失,没收越界开采的矿产品和违法所得,可以并处罚款;拒不退回本矿区范围内开采,造成矿产资源破坏的,吊销采矿许可证,依照刑法有关规定对直接责任人员追究刑事责任。显然,《矿产资源法》第39条、第40条中规定追究刑事责任的情形比《刑法》第343条第1款规定的犯罪构成要件明显多出了"拒不停止开采""拒不退回本矿区范围内开采"的要求。

规定，这种指示性规定虽有立法经济之功，却过于周折、复杂，如若指示清楚，不过多看几条法规比较麻烦而已；若指示性规定本身就指示不清楚，民众就更难理解了。

2. 补充规范存在内部冲突

大量补充规范或者没有明确具体的名称和位阶，或者指涉广泛，不可避免地存在内部冲突。空白罪状中大量出现的指引补充规范为"国家规定""国家有关规定""法律规定""非法""规定"等，导致不能明确判断是哪一个位阶的哪一个具体法律规范。除"违反国家规定"在《刑法》第96条对其中的补充规范有统一的立法解释外，其他补充规范尚无法定性或教义性地统一认识。此外，在现有的补充规范体系中还出现了较低级别的规范性文件，如"规章制度"等，有使空白罪状与罪刑法定原则相抵牾的嫌疑。在众所周知的赵某某非法持有枪支案中，就出现了认定"枪支"标准的补充规范选择的冲突，是依据《枪支管理法》第46条的规定，还是依据公安部2008年发布实施的《枪支致伤力的法庭科学鉴定判据》的规定。① 一审法院正是依据了公安部规定的标准认定该涉案气枪为枪支。②

其最大弊端在于，一是从受规范者角度而言，其违法性判断的前提条件在理解程度上存在差异。换言之，这些补充规范带来的行为不法的可预见性难度与叙明罪状等一般法律条款相比显然不同。二是直接带来补充规范不明确问题，进而影响空白罪状的适用。其突出问题在于，对最终确立补充规范、建立相应解释规则如何进行合理解释，即补充规范的范围如何明确的难题。

3. 补充规范的变更产生变更性质的确定及溯及力判定的讨论

补充规范对空白罪状而言，居于解释、补充地位，如无补充规范，则空白罪状的规定无从实现。当补充规范发生变更时，由于本体刑法典中的文字规定并无变化，是否导致刑法的"变更"？此应归入事实变更范畴还是法律变更范畴？学者对此众说纷纭，足见空白罪状的立法在此问题上力有不逮。

综上，空白罪状中补充规范的立法可以且只能达到相对明确，这也是在补充规范适用中常常产生争议的原因之一，亟需进一步树立相应的解释规则。

---

① 《枪支管理法》第46条规定：本法所称枪支，是指以火药或者压缩气体等为动力，利用管状器具发射金属弹丸或者其他物质，足以致人伤亡或者丧失知觉的各种枪支。公安部2008年发布实施的《枪支致伤力的法庭科学鉴定判据》规定：未造成人员伤亡的非制式枪支致伤力判据为枪口比动能1.8焦耳/平方厘米。2010年《公安机关涉案枪支弹药性能鉴定工作规定》进一步认定：对不能发射制式弹药的非制式枪支，按照《枪支致伤力的法庭科学鉴定判据》（GA/T 718-2007）的规定，当所发射弹丸的枪口比动能大于等于1.8焦耳/平方厘米时，一律认定为枪支。

② 天津市第一中级人民法院（2017）津01刑终第41号刑事判决书。

(三) 对空白罪状明确性解释的制约

在补充规范填补空白罪状的过程中，面临"找法"与选择适用的困难。其具体任务有二：一是确定对应的补充规范是否存在；二是当存在纷繁复杂、位阶交错的补充规范时，如何规范地选择适用的补充规范。

1. 有无对应的补充规范

由于补充规范的表述林林总总，其范围的确定务必依据具体的刑法分则条文。① 基于立法的疏漏或未及时废、改、修等原因，空白罪状中指引的补充规范在实践中并不总是必然存在，或虽然存在但未必全然对应，即出现了消极冲突状况。甚至出现尽管有补充规范，但因补充中仍有"空白罪状"而无法一次性完成补充本体刑法构成要件的情形。因此，对空白罪状的解释与适用务必从实在法的角度确定是否存在补充规范开始。这项任务有时未必可以迅速获得答案。以《刑法》第341条野生动物犯罪为例，其中，关于非法"收购"野生动物的行为，在《中华人民共和国野生动物保护法》（2018年10月26日实施）中并未出现。该法第44条规定了"以收容救护为名买卖野生动物及其制品的……构成犯罪的，依法追究刑事责任"。看似可以用"买卖"把"收购"行为涵摄进去，但本条也仅仅是限定在以收容救护为名的买卖中。在此意义上，显露出空白罪状与补充规范之间衔接的不畅。

2020年2月24日实施的《全国人民代表大会常务委员会关于全面禁止非法野生动物交易、革除滥食野生动物陋习、切实保障人民群众生命健康安全的决定》第1条规定："凡《中华人民共和国野生动物保护法》和其他有关法律禁止猎捕、交易、运输、食用野生动物的，必须严格禁止。对违反前款规定的行为，在现行法律规定基础上加重处罚。"其中"交易"二字的笼统规定，一定程度上纾解了前述衔接不畅的困局，但彻底的漏洞填补源自2022年12月30日修订通过的现行《野生动物保护法》。《野生动物保护法》第28条、第31条等诸条款中明确增加了"购买"行为类型，实现了与《刑法》第341条中"收购"行为的衔接，为上述困境画上了休止符。

简而言之，当空白罪状"落空"时，当属于德国学者恩吉施（Engisch）所述的"目的论矛盾"，空白罪状因补充规范的缺位导致其构成要件成为"空壳"而丧失定罪机能，刑法解释与法律适用活动因此戛然而止。这部分内容将在本书第四章有关空白罪状与补充规范的衔接及适用部分作详尽论述。

2. 选择适用的补充规范

当空白罪状指向的参照规范存在诸多法律规范且规定内容不一致时，如

---

① 张明楷：《正确适用空白刑法的补充规范》，载《人民法院报》2019年8月8日第5版。

何合理地选择补充规范。空白罪状的填补规范之间并不总是具有法秩序的一致性，个别情形下甚至相互矛盾。在填补规范自身不明时，加之内部相互矛盾，更会加剧空白罪状所描述构成要件的不明确性。从法理学角度而言，刑法学界关于补充规范法律位阶的争议方兴未艾。法律、行政法规之外的非刑事法律规范作为空白罪状的补充规范是否适格，尤其关于企事业单位的规章制度能否作为参照规范适用更是众说纷纭，甚至影响司法实践中的判决结果。以我国《刑法》第128条非法持有枪支罪为例，本罪中的违反"枪支管理规定"指明了补充规范的大致范畴。但有关枪支管理的规定存在众多法律规范，譬如，除《枪支管理法》外，也应包括《枪支致伤力的法庭科学鉴定判据》《人民警察使用警械和武器条例》《公安机关人民警察佩带使用枪支规范》，甚至《专职守护押运人员枪支使用管理条例》《射击竞技体育运动枪支管理办法》《国家体育总局关于准予上海射击步手枪队携带运动枪支出入境的决定》等。在这些法律规范中，既存在有关构成要件要素的规定矛盾（如对"枪支"的不同界定），也有彼此之间法律位阶的高下之分。

此外，更为棘手的是，在适格的补充规范中如何做到对积极入罪规范与消极出罪规范的合理兼顾。以非法吸收公众存款罪为例，由于"非法"二字并未指明应参照的具体的补充规范，在适用时只能根据本罪的规范保护目的对填补规范进行"顺藤摸瓜"。为确保金融管理秩序，通常只有依法经国家批准的金融机构可以开展吸收公众存款、发放贷款、办理结算等业务。一般认为，《商业银行法》（主要指其第11条）对本罪的构成要件作了最为对应的规定，因此，该法通常被作为非法吸收公众存款罪的填补规范。[①] 但事实上，除《商业银行法》规定的、经批准的吸收公众存款行为外，也存在吸收公众存款而无须国家批准的金融行为。譬如，根据《私募投资基金监督管理暂行办法》第5条、第7条的规定，[②] 私募投资基金这一吸收公众存款的行为不应再因"未经批准"而获罪，但司法实践中仍然存在因此被认定为非法吸收公众存款罪的判决。

总之，一旦出现被指示参照规范之间的内容不一致，或者因被参照的规范法律位阶过低而有侵害人权之嫌时，该如何进行定夺，确立相应的解释规则尤其显得意义重大。

---

① 《商业银行法》第11条明确规定，设立商业银行，应当经国务院银行业监督管理机构审查批准。未经国务院银行业监督管理机构批准，任何单位和个人不得从事吸收公众存款等商业银行业务。

② 《私募投资基金监督管理暂行办法》第5条规定，设立私募基金管理机构和发行私募基金不设行政审批；第7条规定，各类私募基金管理人应当根据基金业协会的规定，向基金业协会申请登记，即实行登记备案制。

二、空白罪状中行政不法与刑事不法的界分

由空白罪状衍生的行政违法与刑事犯罪区分，是影响空白罪状明确性"隐藏"更深的另一因素。空白罪状所承载的行政犯的典型特征与刑行界分的复杂性，共同将空白罪状的明确性推向"万丈深渊"，也意味着这一解释工作的艰巨性。

（一）空白罪状、行政犯及其典型特征

法律规范集中表达了国家的强制力，国家强制力作用于违反法律规范之人。依据法律规范制裁方式的性质、手段及干涉民众基本权利强弱的不同，制裁方法可分为刑罚、行政罚与民事罚。这其中，以刑罚在国家主权行使手段上最为严厉、剥夺民众权利最为深远巨大。在此意义上，对于以刑罚手段加以制裁的违法行为，均属于犯罪。区分犯罪行为与一般违法行为意义重大，不仅是衡量一行为社会危害性程度的标尺，而且对受规范调整的行为人利益影响更加具体而直接。

在行政犯大量采用空白罪状的立法表达、空白罪状在解释上依附于行政法规定的背景下，衡量一行为是构成行政违法还是构成刑事犯罪的难题应运而生。与其他一般情形下产生的刑行界分问题相比，空白罪状语境下的刑行界分突出体现在不可跨越前置的补充规范问题。一方面，诸如王某某无证收购玉米的非法经营案、王某非法出售鹦鹉案、赵某某非法持有枪支案等案件中，由于涉嫌罪名中空白罪状的适用涉及"找法"活动，并需要参照行政法或民法等法律规范，刑行、刑民的交叉与衔接问题就产生了。另一方面，刑事违法性判断对行政违法性判断具有一定的参照。这完全是由行政犯罪之行政不法、刑事不法的双重违法属性所决定的。[①] 易言之，行政犯指涉的犯罪群游离于行政违法与刑事犯罪之间，它们既可能侵入行政不法领域，将一般违法行为犯罪化；也可能闯入刑事不法领域，对刑罚权横加约束。[②] 这意味着，因空白罪状的存在，加剧了刑法适用界限的不明确性。空白罪状的明确性注定要与行政违法、刑事犯罪的界分发生勾连，此为比补充规范对空白罪状明确性的影响更为隐秘的因素。

1. 空白罪状语境下行政违法与刑事犯罪界限不明的成因

（1）空白罪状所承载的行政犯在罪与非罪不明确上既有立法原因，也有

[①] 刘艳红、周佑勇：《行政刑法的一般理论》，北京大学出版社2020年版，第4-14页。
[②] 陈金林：《法定犯与行政犯的源流、体系地位与刑行界分》，载《中国刑事法杂志》2018年第5期。

解释适用的原因。从应然角度看，行政违法与刑事犯罪分别规定在不同法律规范中，似乎界限清晰明朗，但从立法形式上观察，行政违法行为构成与刑事犯罪行为构成在要件规定上具有高度重叠性或亲缘性，即立法外观的接近性。换言之，对某种利益的侵害，可能同时构成刑事不法行为和行政不法行为。比如，我国《野生动物保护法》第 31 条第 2 款与我国《刑法》第 341 条第 3 款关于"为食用而非法购买陆生野生动物"的行为，在构成要件上除《刑法》增加"情节严重"之外，并无差别。① 同理，《野生动物保护法》第 23 条命令性规范的要求与《刑法》第 341 条第 2 款构成要件的设计具有一致性。再如，我国《刑法》第 140 条规定的生产、销售伪劣产品罪与《产品质量法》第 50 条规定的生产、销售伪劣产品的违法行为相比，在构成要件上的差别仅在于《刑法》增加了"销售金额"的罪量规定。

从另一角度而言，许多法益，尤其是集体法益同时受到行政法与刑法的保护，② 法律的竞争适用由此开始，也表露出立法者使行政违法处罚与刑事犯罪刑罚平滑衔接的立法愿望。这些都为不能清晰地刻画空白罪状所描述的犯罪行为埋下了混乱之根。这种在不法类型上发生重合的犯罪行为与行政违法行为构成要件被称作"双重性构成要件"，并由此成为"量的差异说"拥趸者的论证依据。空白罪状描述的不法行为具有行政不法与刑事不法的双重违法性也主要因此而来。

除立法因素外，行政犯在成立犯罪与否不清晰的原因在于，在刑法教义学意义上的解释规则尚未树立。此为本书第五章的论证目标，即建立空白罪状在区分行政违法与刑事犯罪中的解释规则。

（2）空白罪状所承载的行政犯罪与一般行政违法的交织重叠，既有规范基础也有社会基础。行政法与刑法均具有社会管理的功能，但二者在价值取向上存在一定差别。行政法以调整对象、范围作为划分部门法的重要因素，其既是行政管理的法，也被要求依法行政。也就是说，各国行政法目前正在打破传统的"外部行政"（旨在调整政府与社会的关系）界限而进入"内部

---

① 《野生动物保护法》第 31 条第 2 款规定：禁止以食用为目的猎捕、交易、运输在野外环境自然生长繁殖的前款规定的野生动物。《刑法》第 341 条第 3 款规定：违反野生动物保护管理法规，以食用为目的非法猎捕、收购、运输、出售第一款规定以外的在野外环境自然生长繁殖的陆生野生动物，情节严重的，依照前款的规定处罚。

② 集体法益作为超个人法益，属于公众法益，强调法益的公共脉络或社会关联，存在于抽象危险犯或行为犯的场合。钟宏彬：《法益理论的宪法基础》，元照出版有限公司 2012 年版，第 250 页。德国刑法学者黑芬德尔（Hefendehl）教授针对个人法益、集体法益的区分提出了不可分配性、不排他性与不敌对性的划分标准。

行政"（旨在调整政府自身的关系）。① 但刑法不以调整对象或范围作为部门法划定的根据，而是以调整手段，主要以刑事制裁的手段来完成秩序维护和矫正正义的社会功能。易言之，刑法与行政法之间一个是以调整对象、范围来设定部门，一个以调整手段来设定部门，二者之间的交叉或交织显然不可避免，此为二者交织重叠的规范基础。

从社会基础的角度来看，刑行各自调整的范畴在不断扩大，二者相互交叠的可能性也在不断提升。一方面，行政权调整的范围之广有目共睹，"从摇篮到坟墓"事无巨细地可见管理权的影子。尤其在当前风险社会之下，人类命运共同体的特质不断被强化，促进世界各国行政权加速对社会的渗透，其范围相应地不断扩张。另一方面，我国刑法的谦抑性理念并未得到有效贯彻。以《刑法修正案（十一）》检视之，在 48 个条文中增设的罪名有 17 个，除去个别新罪名有因类型化不够属于不必要增设的嫌疑外，总体来看，我国轻刑化的趋势尚未形成，刑法的谦抑性理念落实不够。如此一来，行政与刑事交叉重叠的领域与空间不断扩大与拓展，此为二者交织重叠的社会基础。

除此之外，通过对我国刑法的历史考察可知，从 1949 年至 1979 年《刑法》颁布之前，《治安管理处罚条例》事实上同时承担了刑法典的功能来维护社会治安，其作用不亚于国外的警察刑法。② 这也加深了行政法与刑法在我国难免具有法治传统亲缘性。

2. 行政犯的典型特征

（1）本书中的行政犯含义。行政犯的定义问题关联刑事不法与行政不法的区分问题，必须在本书中加以选择界定。行政犯这一概念常被刑法学界使用，囿于不同语境、不同国度的法律体系背景被赋予不同含义，抑或出现不同程度的混用现象。例如，若从法制史的角度观察，在行政犯理论研究与实践相对充分的德国，其德意志帝国刑法时期的行政犯与行政刑法属同一概念，指违反行政法上义务的行为，其法律效果包括自由刑、罚金刑与拘役均属刑事刑罚，其典型代表是刑法典中规定的违警行为。而第二次世界大战后的德国随着经济刑法、新刑法以及违反秩序罚法的颁布与修改，行政犯特指违反行政义务而应处以秩序罚的行为者。

日本刑法在行政犯的界定上发展得更为复杂而多元。有学者站在行政法角度，认为行政犯是"违反行政上取缔规定的行为"。而刑法学者通常在狭义的角度界定行政犯，认为是应当处以刑罚的行为，本质上与刑事犯相同。③ 例

---

① 胡建淼：《行政法学》，法律出版社 2015 年版，第 32-33 页。
② 李晓明：《行政刑法新论》，法律出版社 2019 年版，第 17 页。
③ 黄明儒：《行政犯比较研究》，武汉大学 2002 年博士学位论文，第 61 页。

如，有学者主张：以在国民一般的道义意识中是否予以认可，将国家的社会生活秩序分为基本生活秩序与派生生活秩序，在此前提下，违反前者的行为是刑事犯，违反后者的行为是行政犯。①

通过我国学者对行政犯罪下的定义可知，也存在出于刑法与行政法理念的不同导致对行政犯的内涵、外延作不同理解的现象。前者导出行政犯既违反行政法又违反刑法的特性，后者认同具有严重违反行政法和应受到行政刑罚制裁的特性。② 就目前我国刑法学界的主流观点来看，行政犯或行政犯罪是指由刑法典规定的、应受刑罚处罚的行为。即行政犯作为刑事犯的对称，以违反行政法规为前提、依据刑法典处以刑罚的行为。尤其值得关注的是，有学者主张建构刑法之外的行政刑法，从而针对"行政不法"提出了"刑事性行政违法行为"的新概念。提倡将刑法之内的行政犯或法定犯称为"行政犯罪"，而将刑法之外的"中义的行政刑法"违法行为称为"刑事性行政违法行为"。行政犯可以作为行政犯罪的简称，但还有行政违法或行政犯罪人的指向。③ 即此处的行政犯外延不仅包括我国刑法学界通说中的刑法典之内的行政犯罪行为，而且包括刑法典之外的、被"中义的行政刑法"包括的刑事性行政违法行为。这种观点无疑丰富并拓展了行政犯研究的理论领域，引人深思。

本书旨在追求我国刑法典之内空白罪状的明确性，基本研究需要，本书取通说中的概念。即本书中的行政犯是指作为刑事犯的对称，以规定在刑法典以内的违反行政法规为前提并应科以刑罚的行为为限。

（2）空白罪状所承载的行政犯之违法性特征。本书廓定的空白罪状均以采用"非法""违反××"类立法表述为特点，从文字上就明显表示出该类行政犯既违反行政规范又违反刑事法的"双重违法性"特征。与此不同，刑事犯并没有违反行政法规的特点，此为二者最显著的区别点。

第一，双重违法性。空白罪状所承载的行政犯具有行政不法与刑事不法的双重违法性。"不法"指对法律或法益的破坏，根据不法内涵可分为民事不法、行政不法及刑事不法。最常见的行政不法行为即秩序违反行为，而刑事不法则是不法内涵已超越行政不法达到犯罪程度的不法。④ 空白罪状中的补充规范作为行政犯的前置法，以其被违反始为成立犯罪的起点，自然具有行政

---

① ［日］木村龟二：《刑法学词典》，顾肖荣等译，上海翻译出版公司1991年版，第75页。
② 李晓明：《行政刑法学》，群众出版社2005年版，第258页。
③ 李晓明：《行政刑法新论》，法律出版社2019年版，第123-124页。
④ 林山田：《刑法通论》（上），北京大学出版社2012年版，第103页。由于并不影响研究目的，本书将不法与违法作相同意义的理解。当然，有观点认为不法与违法存在区别，认为"违法性是行为与法规范的矛盾；不法是指被评价为违法的行为本身"。［德］汉斯·海因里希·耶塞克、托马斯·魏根特：《德国刑法教科书》（上），徐久生译，中国法制出版社2017年版，第320页。

不法性。同时，行政犯不同于行政违法行为的本质在于行政犯具有刑事违法性，应当以刑罚加以规制，故又具有刑事不法性。换言之，行政犯在违反行政法规的基础上，又违反了刑事法，具有违法的二重性。

第二，行政依附性。行政违法性的判定是行政犯认定的前提。空白罪状的立法技术导致犯罪构成要件的完整性需要用行政法规填补与形塑，构成要件中行政性标准的渗入显而易见。例如，在非法持有枪支罪的认定中，枪支管理法规中的"枪支"认定标准不免要经由某些行政机关制定的法律规范文件加以确定。其他类似情形如"醉驾"中的"醉酒"标准的认定等，从某种程度上来看这均是行政性构成要件要素加入行政犯刑事违法性的判断过程，或称之为行政犯的可罚性之依赖性侧面。当然，如何防范行政性构成要件要素暗度陈仓地侵蚀行政犯违法性刑法独立判断过程的风险，则是另一个值得深究的问题。① 这某种程度上也证明，行政犯是以"间接"的方式侵犯刑法所保护的法益，而前置法中的行政法规正是其中促成的"媒介"。

第三，独立判断性。行政犯的行政依附性并不抹杀其违法性判断的刑法独立性之中心。行政犯的本质是犯罪而非一般违法行为，行政前置法的违法判断仅仅是行政犯成立的前提，或者称之为阶段性违法判断而非终局性违法判断。若行政不法的判断直接决定刑事不法的判断，则完全陷入了本末倒置、反客为主的泥淖，刑法独特的调整手段、调整对象名存实亡，行政法与刑法的界限将不复存在。刑事违法性判断的独立性不仅体现在刑法规范中概念、用语的内涵与外延可作不同于补充规范中行政法规的解释，还体现在法秩序统一视野下，刑事违法性可以在"合法的统一"之下，通过法益的解释功能、规范保护目的理论等实质解释过程，在一定程度上做不同于行政不法的判断结论，这将在本书第五章做详细论述。而在所有这些过程中，行政犯是放置在刑法而非行政法规之下进行讨论的，刑事违法的判断是独立而非依附的，是中心而非边缘的。

（二）刑行交织对空白罪状明确性解释的影响

除前述补充规范的直接影响外，空白罪状中刑事犯罪与行政违法认定的易混淆性更隐蔽地加剧了空白罪状的不明确性，产生了罪与非罪、此罪与彼罪的区分难题。由于对此问题尚未达成理论共识，在司法实践中容易出现"类案异判"的结局。事实上，刑、行界分的难题不仅存在于空白罪状规范中，空白罪状中的刑、行界分显然有自身的特点与复杂性。

对空白罪状指示的补充规范的违反通常首先涉及对行政违法的认定，由

---

① 孙国祥：《构成要素行政性标准的过罪化风险与防范》，载《法学》2017年第9期。

于行政犯罪前述双重违法性的特征，司法实践中因此存在将违反补充规范的效果等同于刑事犯罪的误解，或者将违反补充规范的行为类型直接置换为符合犯罪构成要件的行为类型，导致不当地删减了刑事违法性独立判断的步骤，将两种不同的法律后果径直合二为一。此为空白罪状明确性的解释与刑、行界分存在的关联，刑事犯罪与行政违法认定的混淆往往由此而起。

这一误读在刑事诉讼中最直接的体现便是，将行政证据"全盘拿来"直接作为刑事证据使用。这其中，常常被诟病的当属交通肇事罪中交通事故责任认定书的证据属性大讨论。通常而言，行为人违反交通法规的行为有可能同时具有交通肇事罪意义上实行行为的性质；但在一些案件中，行为人有违章事实但并不属于刑事规范意义上的、造成交通事故的实行行为，这在本书规范目的理论部分将有详细论述。其一，在实行行为上，行政违法与刑事犯罪的定性要求不同。即违反补充规范并不必然具有简化刑事犯罪判断的机能，违反前者并不意味着必然符合刑事违法性。其二，更为重要的是，行政法律规范与刑事法律规范具有各自不同的法使命与规范目的，故刑法具有自身独立的价值并获得独立的违法性判断权力。因此，直接将交通事故认定书作为交通肇事罪的定案证据会制造由行政机关间接定罪的形成空间，导致交通肇事罪的认定脱离了自身构成要件规定。① 如何在空白罪状的语境中将刑事犯罪与行政违法厘清，意义深远。

当然，不可否认的是，行政法规与刑事法对同一行为共同规制的情形在刑事犯与行政犯中都相当普遍，不同法律的频繁互动显露出从"分野"走向"融合"的大背景②，似乎说明了刑、行界分得不合时宜，且本书也认可上述事实层面的共同基础，提倡刑、行界分的相对性；但刑事犯罪与行政违法的界分无疑是必要的，毕竟二者的规制手段具有本质性不同，各自的法使命也大相径庭。而同一法益被纳入不同法律规范体系中得到层次性保护也并非罕见之事。

三、空白罪状明确性解释的其他问题

如何对典型案例及系争案例群的素材做精细化处理，凝练空白罪状明确性的解释共识，对具体问题在局部领域内形成个别化的解释规则，并朝着统

---

① 郑阳：《道路交通事故责任认定书能否作为定罪依据》，载《当代法学》2002年第6期，第160-161页；赵俊、宋晋民：《交通事故认定书对交通肇事罪定罪量刑的影响》，载《人民检察》2016年第8期，第54-55页。

② 简爱：《从"分野"到"融合"刑事违法判断的相对独立性》，载《中外法学》2019年第2期，第434页。

一的解释基准开放,是空白罪状明确性解释的当务之急或策略性选择;而其解释论标准及解释限度的确立,则是方法论研究中不可回避的必要内容。

(一) 空白罪状明确性的具体解释规则亟须建立

正如在空白罪状明确性危机之溯源部分所述,刑法教义学对刑法适用功不可没。具体而言,空白罪状之补充规范的取舍,空白罪状规范中行政不法与刑事不法之区分等,不但要有紧贴刑法文本的、具体的刑法解释内容,还亟须发展相应的刑法教义,建立相应的解释规则,以便法官通畅地行使自由裁量权,辩方也能在同一话语框架下进行有效辩护。经粗略梳理,空白罪状至少在以下两方面尚未有成熟的教义。

一是关于补充规范。对于空白罪状中补充规范的明确性解释,主要集中于以下三方面问题的刑法教义建立。首先,补充规范的取舍规则。基于空白罪状中补充规范种类繁多,甚至同一空白罪状指涉的多个补充规范之间存在某种冲突,什么样的补充规范是适格的亟须树立选择标准。实践中有关空白罪状规范适用的许多裁判效果不理想,不少来源于补充规范的选择分歧。空白罪状所要参照的前置法如何寻找与取舍,其法律位阶如何?其次,空白罪状与补充规范衔接时,附属刑法中刑事责任条款的设定是否必要。这其中,刑事违法性的判断规则如何?与不同法域间的法秩序统一性如何协调?再次,补充规范的变更性质。其属于事实变更还是法律变更?对行政犯罪定罪量刑的影响如何控制?

二是关于行政违法与刑事犯罪的边界。空白罪状规范的适用最易产生刑行界分与衔接的难题,行政犯罪的构成要件应如何判断?刑法与其他法律规范的法秩序如何统一?刑事违法性判断的独立性与从属性如何影响行政违法与刑事犯罪的区分?对空白罪状的正确解释离不开对这些问题的回答,而这些问题答案的找寻离不开从空白罪状的文本规定出发,通过逻辑推理、经验法则引申出相应的教义规则。

事实上,以上但不限于以上这些问题在现有研究中有散在的体现,但其中意见纷呈且尚未达到体系化程度,难以发挥上述刑法教义之功能而使空白罪状的解释仍陷于未明之中。当然,空白罪状刑法教义学的解释结论同样不能和刑法条文的规定相冲突,而应当与法律条文的表述相联系,服从刑法的内部核心,必须在刑法内部体系中和谐,且有利于维护法秩序的统一。[①] 这些教义规则本身是从空白罪状的刑法规定中通过逻辑演绎的方法推导而来的,

---

① 梁根林:《当代刑法思潮论坛(第二卷):刑法教义与价值判断》,北京大学出版社2016年版,第12-14页。

因而具有一定的拘束力,这也正是空白罪状明确性解释的重要路径与价值所在。

(二) 空白罪状明确性的解释论标准阙如

空白罪状明确性的解释问题事实上不再是"空白罪状的解释是否具有明确性",而应该是"空白罪状解释的明确性程度是否低于最低要求的标准"。刑法之明确性的判断标准至少具有立法论与解释论两个层面的解构维度,且在不同层面下讨论具有不同的现实意义。从域内外研究现状看,学界有关刑法规范明确性判断标准的讨论,事实上是从立法刑法学视野下针对立法的明确性展开的。为了确保受规范者的可预见性,以及权力分立及法治国原则的实现,刑法明确性要求立法者制定充分明确的刑法条款,但是在实践上充满困难。

1. 立法明确性判断标准的比较性概览

空白罪状首先在立法层面上应做到便于受规范者预见其行为的法律后果。如果可以直接将其参照法规写明在法条里,那是最简便的明确性做法。诚如本书第四章中所列的第二类补充规范,由空白罪状指示了相对明确的参照规范,譬如,我国《刑法》第432条"违反保守国家秘密法规",第345条、第407条"违反森林法",第435条"违反兵役法规"等。这种相对清楚的指示,使受规范的民众不需要因过于猜测而无所适从。这在容许空白罪状的拉丁美洲国家也是有相应要求的。譬如,智利宪法法庭尽管容忍空白刑法,但提出应具备三个特点,以防止其在宪法上不适用:所提及的参照法规必须包括被禁止行为的主要(核心)行为;参照法规必须明确规定它所指的参考条例;参考条例必须提供一定程度的明确性。阿根廷宪法法庭对此也有类似要求。[①] 但立法条款究竟是否明确,是法官说了算还是普通民众说了算,抑或由其他群体来判断,这本身就是一个需要明确的问题。换言之,犯罪构成要件在何种程度上因不明确而无效,其判断标准非常重要。从比较视野观之,各国基本上都把对构成要件的语言表述清晰精确、以使受规范者能预见其行为之法律效果作为判断的基本标准。但各国对"可预见性"这一标准的认识不尽相同,莫衷一是。

(1) 美国:原则上为一般人标准。作为明确性原则的发源地,明确性原则在美国是一项宪法原则;针对刑事法律,美国在明确性判断标准上的依据来源于本国宪法的规定。美国最高法院早在1875年的 USv. Reese 一案中就坚

---

① Lucas Martinez-Villalba, The Application of Blank Criminal Law and the Principle of Legality The Guatemalan Example, Mexican Law review, Vol. X, No. 2, 2018, pp. 76-88.

持了一般人标准,即"倘使立法者有意经由立法制定一个新罪,并规定其处罚,则以文字表达出来的意思就不得欺瞒一般心智,必须让每一个人都可以明确知悉何种情形他已经从事犯罪行为"。① 这一立场为后来传承所坚守,但其间仍不乏向法律人标准转移的判决。

(2)德国:事实上的法律人标准。《德国基本法》第103条第2项除禁止创设刑罚的习惯法与溯及既往之外,还包含针对立法的严格明确性要求,以及针对裁判的类推适用禁止。联邦宪法法院认为,明确性要求赋予立法者的义务是,在民主议会的意思形成过程中,厘清行为应该处罚或不罚,具体地描述可罚性要件,使犯罪构成要件的射程与适用范围能够被辨识,并且能够透过解释被确定。刑罚规范所使用的文字必须让受规范者在通常情况下,借由法律规定的文义即可预见其行为是否可罚。而个别犯罪构成要件必须具备何种程度的明确性,联邦宪法法院认为无法一概而论,必须透过评价性的整体观察,考量有无其他可能的替代规定方式,才能决定立法者是否已尽其义务。

联邦宪法法院的态度似乎是采取了一般人的可预见标准。但正如学者批评的那样,所谓一般受规范者可理解、可预见,都只是一个空洞的词汇,因为是否可理解、可预见,最后都是以熟悉法律解释方法的适用法律专家是否可理解、可预见为决断。更重要的是,随后陆续的法律实践表明,"连透过只有法律人才能掌握的法律解释方法与法院历来案例见解,来理解法律规定的意义,都可以为宪法法院所接受,表示明确性原则所要求的明确程度,已不是一般人可理解、预见的明确程度,而是法律人可以理解、预见的明确程度"。② 可见,德国实际上认可的仍是法律人标准。

(3)日本:一般人标准。日本最高裁判所在德岛县公安条例事件中的判示表明:某刑罚法规是否因不明确违反宪法规定,应依据一般人的理解为标准。③ 尽管也有主张以法官的理解为标准,但并不为司法实务界所用。④ 颇为吊诡的是,日本司法实务上因明确性原则引起的违宪审查被肯定的还没有出现,这与日本法院通常通过限定解释的方法将看起来"不明确"的条款明确起来的做法不无关系,屏蔽了因"不明确"嫌疑带给司法实践的诸多不便,

---

① 许宗力:《论法律明确性之审查:从"司法院"大法官相关解释谈起》,载《台大法学论丛》2012年第4期,第1700页。
② 许宗力:《论法律明确性之审查:从"司法院"大法官相关解释谈起》,载《台大法学论丛》2012年第4期,第1698页。
③ [日]野村稔:《刑法总论》,全理其、何力译,法律出版社2001年版,第47-48页。
④ 高仕银:《罪刑法定明确性原则的本土化进路——以域外明确性判断标准考察为基础的展开》,载《安徽大学学报(哲学社会科学版)》2011年第1期,第112页。

同时促使立法者提升立法质量。

（4）奥地利：一般人标准。奥地利宪法法院认为，法规范必须具备"最低限度的可理解性"，如果探求法规范的意义需要专业知识、特别的方法论能力与解决脑力激荡问题的兴趣才能了解，即违反法明确原则。① 显然，是否可以理解、可以预见，奥地利宪法法院采取的是一般人标准，而非法律人标准。

（5）中国：二元化标准说。我国在刑法理论上申明刑法明确性包括罪和刑两方面，进而在立法上强调罪与刑的明确性及定罪标准的法定化。② 事实上，理论研究仍侧重对罪的明确性研究。在刑事立法上，主张寻求粗疏与细密的平衡；③ 强调刑法用语避免粗糙，尽量在明确性与概括性之间保持平衡，对兜底条款的设定持慎重态度；④ 构成要件之行为在行为性质、行为特定要求、行为程度要求上的规定务必明确；⑤ 刑法规范在构成要件、行为类型、法定刑边界上具有确定性。⑥

至于明确性立法的判断标准，学界并未达成统一意见，大致存在两种不同观点：一般人标准、法律人标准。比如，有学者提出，刑法规范是否具有明确性的判断标准应以一般人标准为主，即若一般民众能理解刑法规范并指导自己的行为，则该规范就具有明确性。坚持一般人标准说的主要理由在于：刑法规范首先是行为规范，为受规范的民众所认识是引起法律适用的前提，也符合预防犯罪的基本规律；若以超出一般人法律认识水平的法律专业人士的判断为标准作为制定刑法的依据，势必很难为普通民众所理解。⑦ 另有学者对此予以否定，认为一般人标准似乎更能贯彻法治国原则，更能保障公民的自由权利，但从现实角度分析，这一标准具有明显的理想主义倾向。一般人标准既不明确也无法操作，同时具有陷入民粹主义人权观的危险；而刑法的理解适用具有专业性，非一般人可以胜任，譬如对空白罪状、兜底条款等的理解；且所谓一般人的预见能力也并不容易确定。这种标准既否定了刑法的

---

① 许宗力：《论法律明确性之审查：从"司法院"大法官相关解释谈起》，载《台大法学论丛》2012年第4期，第1723页。

② 游伟、孙万怀：《明确性原则与"罪刑法定"的立法化设计——兼评修订后的〈中华人民共和国刑法〉》，载《法学》1998年第4期。

③ 张明楷：《妥善处理粗疏与细密的关系 力求制定明确与协调的刑法》，载《法商研究》1997年第1期。

④ 付立庆：《论刑法用语的明确性与概括性——从刑事立法技术的角度切入》，载《法律科学（西北政法大学学报）》2013年第2期。

⑤ 李洁：《罪刑法定之明确性要求的立法实现——围绕行为程度之立法规定方式问题》，载《法学评论》2002年第6期。

⑥ 张建军：《刑法明确性的判断标准》，载《华东政法大学学报》2011年第1期。

⑦ 张建军：《刑法明确性的判断标准》，载《华东政法大学学报》2011年第1期。

规范性、功能性，也不具有可行性。在本土化路径选择中，我国更需要一种精英模式，而非大众话语。因此，采用法律人标准符合司法的本质，也是一种实用主义的立场。① 也有学者主张进一步分类处理，即一般人标准与法律人标准并非相互对立，应在一般人标准设定的范围内再由法律人标准予以细化。② 这种主张事实上调和了以上两种主张。

因法律传统、司法运转设计的不同，各国明确性立法判断标准不一在所难免，这对我们具有启发意义。但不难看出，域内外学者基本是从立法论的侧面来讨论刑法规范的明确性，十分强调并依赖立法语言表达的明确性，都主张将刑法明确性的基本标准定位为语言表达得明白确切。如前所述，若仅从立法论角度界定刑法之明确性，其努力十分有限。

2. 空白罪状明确性的解释论标准建立的必要性

刑法解释服务于司法实践。空白罪状的解释活动不仅产出法律规则，而且更关注为司法裁判的正当性提供法理背书。仅从立法论视域的判断标准检视立法的明确性或许对立法完善来说价值突出，但对刑法教义分析来说价值较苍白。因此，非常有必要从解释论视域界定空白罪状明确性的判断标准。在司法实践中，为了提升受规范者的刑罚可预见性，德国联邦宪法法院在2010年的一起背信罪合宪性裁定中，已将刑法明确性要求延伸适用于刑法解释，赋予刑事法院将刑法明确化的共同任务。③ 而我国台湾地区"司法院"的违宪审查实践对刑法明确性判断的解释论标准体现得最为显著。鉴于罪刑法定原则司法化的需要，将明确性原则发展出一种解释论判断标准已是理论及实践大势所趋。④ 相应地，空白罪状明确性判断的解释论标准的形成具有重要实践意义。

首先，强调罪名、罪状、法定刑的清晰、明白无误固然正确，但刑事立法的明确性不限于或不等同于立法语言的具体详尽，不代表法律条款不允许有抽象规定或不确定概念存在，事实上这既不可能也无必要。基于立法语言的明确性要求与对抽象概念、空白要素等必要的容忍形成天然的自相矛盾，终致立法论角度上的明确性判断意义有限，在此无须赘述。在此背景下，空白罪状、兜底条款、规范性构成要件要素等的合理性也无须重复论证。立法层面明确性判断的尽头是解释论的价值场域，由解释论方法或路径发挥作用。

---

① 姜涛：《刑法解释的基本原理》，法律出版社2019年版，第271-276页。
② 吴永辉：《不明确的刑法明确性原则》，载赵秉志主编：《刑法论丛》（第3卷），法律出版社2018年版，第287页。
③ 薛智仁：《刑法明确性原则之新定位：评介德国联邦宪法法院之背信罪合宪性裁定》，载《台大法学论丛》2015年第2期，第599页。
④ 姜涛：《基于明确性原则的刑法解释研究》，载《政法论坛》2019年第3期，第95页。

换言之，立法论视域下对空白罪状明确性的检视只是完成了该空白罪状必须符合明确性原则的第一步审查，其是否完全符合明确性原则还需要接受进一步的司法化审查，这是更高层次的要求。

其次，立法字面上的法只是静态的"明确性"，实践化、司法化是检验法律是否正当合理的唯一标准。从明确性原则的可预见性功能出发，立法判断标准并不能为刑法规范对象预见何种行为被刑法明确禁止提供充足、有效的参考。易言之，立法刑法学视域下的刑法明确性注重对空白罪状立法语言表述的精确性要求，这种立法论的标准不能涵盖影响受规范者理解可能性与预测可能性相关的其他诸多要素，如违法性认识、故意或过失等责任要件，而这应该是借助司法审查的解释论视域下判断标准的可以作为之处。空白罪状需要在实践中发展出相关教义，关注其实际运用效果，保障并检验司法裁决的正当性。而各国的实践也表明，其刑事立法明确性标准最终在实质上或正裹挟着解释论标准前行，解释论标准的实践已远远走在了理论之前。

最后，解释论意义上空白罪状明确性判断标准的终极意义或实践化功效在于：在空白罪状与法律的明确性要求之间，经司法审查的努力，对于必要的容忍范围内相对不明确的空白罪状规范，可通过刑法解释的方法予以明确，树立相应解释规则或形成教义，以便相对明确其内涵；通过规范的解释方法无法予以明确的空白罪状规范，不能随意作类推解释，并提醒立法机关做及时的修、改、废工作。总体上为司法活动参与主体解释或确认空白罪状规范条款的效力提供可行的法律规则。总之，该判断标准的意义不仅为检视现有立法并指导未来立法，更面向未来可能的司法审查制度。

第四章　空白罪状明确性的解释对象之一：补充规范

空白罪状中补充规范立法明确性努力的尽头是解释论开展的接续场域。补充规范既面临寻找、遴选、变更等自身内部问题，也产生衔接适用、规定冲突等外部问题。在这些问题的解决与抉择中，教义与规则不断被形塑，其明确性也得以同步释放。

本章的主要任务在于：通过对我国刑事立法中补充规范现状的梳理与秉性分析，结合我国当下的实际情况，证成补充规范在法律位阶视野下的取舍规则以及空白罪状与补充规范衔接适用中的交互限制规则。此外，通过进一步论证补充规范变更的实质，"顺理成章"地明确其在司法中应有的"溯及力"效果。

一、补充规范的类型及其适用规则

空白罪状的补充规范存在多元的分类标准。结合其显著的规范特征及实操性功能，在此，从补充规范法律位阶的视角，考虑其选择适用规则问题。

（一）补充规范的基本类型

从中外刑法中规定的空白罪状来看，各国在补充规范的类型表述上不尽相同。譬如，《德国刑法典》第85条第1款第2项规定：某一社团，因违反宪法秩序或违反各国人民间相互理解的思想而无可辩驳地被禁止，或者被无可指责地确认为此种被禁止的社团的替代组织，处5年以下自由刑或罚金刑。犯本罪未遂的，也应处罚。第107条c规定：故意违反保护选举秘密的规定，使自己或他人获知某人如何选举的，处2年以下自由刑或罚金刑。第145条a规定：在行为监督期间，违反第68条b第1款所述特定的指示，使处分的目的受到危害的，处1年以下自由刑或罚金刑。本行为非经行为监督机构的告诉（第68条a）不得追诉。另有第319条第1款规定以及如前所述，1954年

《德国经济刑法》第 1 条第 1 项的规定等。① 《日本刑法典》第 131 条规定：在外国交战之际，违反有关局外中立之命令的，处 3 年以下惩役、禁锢或者 30 万元以下罚金。② 在《意大利刑法典》违警罪中，第 698 条（不交出武器）规定：违反主管机关依法发布的命令，不在规定的期限内交出所持有的武器或弹药的，处以 3 个月至 9 个月拘役或者 123 欧元以上罚款；另有第 699 条（非法持有武器）等类似规定。③

从上述规定可以看出，其他国家刑法中的补充规范在效力级别上同样不拘一格。有关补充规范的类型以效力级别的视角观之，至少包括法规、命令、法律、规定、禁令、指示，甚至技术规则、要求、秩序、某种思想等。例如，日本的补充刑罚法规是基于在下位法律中具体、个别的特定授权，其补充规范是其他命令、行政处分。④

就我国补充规范的立法而言，涉及内容相当广泛，包括金融、税收、环保、医药、交通、安全生产等方面。常常被作为空白罪状前置法的补充规范主要有《商业银行法》《矿产资源保护法》《森林法》《野生动物保护法》《道路交通安全法》《产品质量法》等，其下各种实施细则、条例等更是数不胜数。详而论之，以大致的明确程度为标准，可以将我国《刑法》中的补充规范大致分为以下三类：

（1）立法明确规定为"国家规定"，如《刑法》第 137 条、第 163 条、第 185 条、第 186 条、第 190 条、第 222 条、第 225 条、第 234 条、第 285 条、第 286 条、第 288 条、第 338 条、第 339 条、第 344 条、第 350 条、第 355 条、第 389 条、第 393 条、第 396 条、第 405 条等，其大致范围已由我国《刑法》第 96 条进行了相对明确的规定。

（2）部分刑法分则的空白罪状指示了相对明确的参照规范的大致范围，如《刑法》第 126 条、第 128 条"违反枪支管理规定"，第 133 条"违反交通运输管理法规"，第 139 条"违反消防管理法规"，第 142 条之一"违反药品管理法规"，第 159 条"违反公司法"，第 228 条"违反土地管理法规"，第 230 条"违反进出口商品检验法"，第 244 条之一"违反劳动管理法规"，第 322 条"违反国（边）境管理法规"，第 331 条"违反国务院卫生行政部门的有关规定"，第 332 条"违反国境卫生检疫规定"，第 325 条、第 327 条"违

---

① 《德国刑法典》，徐久生译，北京大学出版社 2019 年版，第 76 页、第 95 页、第 116 页、第 225 页。
② 《日本刑法典》，张明楷译，法律出版社 2006 年版，第 152 页。
③ 《最新意大利刑法典》，黄风译注，法律出版社 2007 年版，第 253-254 页。
④ ［日］大谷实：《刑法讲义总论》，黎宏译，中国人民大学出版社 2008 年版，第 49 页。

反文物保护法规"，第329条"违反档案法"，第330条"违反传染病防治法"，第340条"违反保护水产资源法规"，第341条"违反狩猎法规""违反野生动物保护管理法规"，第342条"违反土地管理法规"，第342条之一"违反自然保护地管理法规"，第343条"违反矿产资源法"，第345条、第407条"违反森林法"，第432条"违反保守国家秘密法规"，第435条"违反兵役法规"等。

（3）尚有一部分空白罪状仅笼统规定了参照规范为法律、规章制度、规定等，是何领域的法律规范仅从立法文字上并不可知。例如，《刑法》第131条、第132条"违反规章制度"，第134条"违反有关安全管理的规定"，第135条之一"违反安全管理规定"，第165条、第166条"违反法律、行政法规规定"，第253条之一"违反国家有关规定"，第262条之二"违反治安管理"，第297条"违反法律规定"，第405条"违反法律、行政法规的规定"，第442条"违反规定"等。后两类补充规范中包括"规定""法规""法""规章制度"等不同位阶的法律。

事实上，就第一类"国家规定"而言，并不比第二类补充规范更为明确，只不过《刑法》第96条以立法解释的方式将这类补充规范的法律位阶作了限定。第二类补充规范为法官"找法"提供了大致方向，但需要注意的是，这类补充规范往往并非专指某一项立法规范。例如，纵使指示"相当明确"的《刑法》第329条第2款擅自出卖、转让国有档案罪中的档案法、第345条第2款滥伐林木罪中的森林法，并非专指《档案法》和《森林法》，也并非有些学者认为的，"明确规定了'违反《森林法》的规定'"，[①] 至少还分别包括了《档案法实施办法》和《森林法实施条例》。其理由在于，一是在原刑法典条文中并没有专指《森林法》的书名号；二是《森林法》的确需要《森林法实施条例》进行补足，且后者由国务院发布，借鉴《刑法》第96条的规定，理应与前者一起构成《刑法》第345条第2款的参照规范。再如，《刑法》第341条野生动物犯罪中，"情节严重"是重要的罪量要素，野生动物及其制品的市场价格通常在考量之中。这意味着，除《野生动物保护法》和《国家重点保护野生动物名录》外，国家发改委价格认证中心颁布的《野生动物及其产品（制品）价格认定规则》及《农业部关于确定野生动物案件中水生野生动物及其产品价值有关问题的通知》《捕捉国家重点保护水生野生动物资源保护费收费标准》等均可能成为该类犯罪认定中参照的规范。[②] 《野生动

---

① 冷远鑫：《空白罪状补充规范的范围界定》，载《辽宁警专学报》2013年第2期，第13页。
② 广东省汕头市中级人民法院（2017）粤05刑终180号刑事裁定书、广东省广州市中级人民法院（2015）穗中法刑一终字第1065号刑事裁定书等。

物保护法》第 24 条第 1 款规定禁用非法工具、非法方法进行猎捕；第 2 款规定"前款规定以外的禁止使用的猎捕工具和方法，由县级以上地方人民政府规定并公布"，直接表明禁用的具体猎捕工具与方法需要参照相关司法解释或更低位阶的其他规范性文件。例如，最高人民法院《关于审理破坏野生动物资源刑事案件具体应用法律若干问题的解释》，原林业部、公安部、国家体委《关于狩猎使用小口径步枪管理问题的几项规定》等。此外，也离不开对原国家林业局发布的《人工繁育国家重点保护陆生野生动物名录》《引进陆生野生动物外来物种种类及数量审批管理办法》，甚至《森林公园管理办法》等法律规范的参照。

第二类补充规范普遍涉及其他行政法规。比如，《刑法》第 340 条涉及的补充规范包括国务院办公厅关于加强野生动物保护的各种答复、批复、函、通知、通报、指示、通令等。单纯从该条"违反保护水产资源法规""狩猎法规""违反野生动物保护管理法规"的文义解释出发，还包括农业部、原国家林业局等发布的关于野生动物审批、许可证管理办法、收容救护管理办法、野生动物疫源疫病监测防控管理办法等部门规章。第三类补充规范的不明确程度显而易见，不但所参照规范的所处领域在立法字面上无法读取，"法律、行政法规""规章制度""规定"等补充规范的表达，同样意味着其法律位阶不清，不仅法律、法规，连企业、行业甚至单位的规章制度都可能是空白罪状参照的对象。

我国台湾地区空白罪状的形式同样种类繁多，[①] 这的确为空白罪状的适用带来诸多不便：一方面加重了法官在案件事实与规范对应间的"找法"负担；另一方面为民众的守法带来不便。就"找法"而言，抽象法律与个案事实相对应的过程中之所以离不开法官的"发现法律"活动，是因为在法律众多的现代社会，法官需要从中寻找、发现可以赖以解决案件的法律，并填补个体化的具体案件与共性法律之间的缝隙。而从何处发现法律，本质上是法官法源的理论问题。[②] 通常来讲，法官应首先在制定法、经认可的习惯及国际条约等正式法源中寻找断案依据，其次在特别情形下从非正式法源中寻找。[③] 具体到空白罪状适用的前提，法官的法律发现活动更为复杂且重要。

[①] 蔡圣伟：《不知所"错"——关于空白构成要件填补规范的错误》，载《月旦法学教室》2015 年第 156 期，第 28 页；吴重光：《空白刑法之研究（一）》，载《法务通讯》2016 年第 2785 期。

[②] 陈金钊：《司法过程中的法律发现》，载《中国法学》2002 年第 1 期，第 56 页。

[③] 陈金钊：《司法过程中的法律发现》，载《中国法学》2002 年第 1 期，第 59 页。

(二) 补充规范遴选的位阶规则

1. 理论聚讼

在上述第一类补充规范中,《刑法》第 96 条将"国家规定"的范围从法律规范的制定主体上作了明确立法解释。但第二类、第三类补充规范是否同样受《刑法》第 96 条的约束在学界一直未有定论。不过单就个别司法实践来看,采取了二者相异说。例如,在《最高人民法院、最高人民检察院关于办理侵犯公民个人信息刑事案件适用法律若干问题的解释》(法释〔2017〕10号)第 2 条中直接表明了司法解释者"违反国家规定"与"违反国家有关规定"不同的立场。从法理学角度看,空白罪状中对参照规范的表述包括"法律""规定""法规""规章制度""法令"等类型,它们在制定主体、程序、效力及适用范围等方面不尽相同。在我国法律渊源体系中与之对应的法律形式也多种多样,即法律、行政法规、部门规章、地方性法规、地方政府规章等。① 有观点认为,确定空白罪状中构成要件的参照规范包括法律、法规、规定、规章制度、管理规定等。② 也有观点进一步认为,对此应做区分理解,在刑法分则第二章中,其前置法规除特别情况外,一般包括规章、制度、规定等,在刑法分则第三章、第六章中,其前置法规的适用一般比照《刑法》第 96 条来认定。③ 或认为,在特定情形下,地方性法规、规章及规章制度也可以作为补充规范,但排除习惯和惯例。④ 还有观点认为,空白罪状的补充规范不宜包括地方性法规和规章;⑤ 以及民族自治条例等也不应在"国家规定"的范畴之内。⑥ 若认为单位的规章制度可以成为空白罪状的补充规范的话,就违反了罪刑法定原则;⑦ 或者说,"非法"之"法"不能采取广义的"法"概念,否则,就彻底颠覆了罪刑法定原则。⑧ 持相反意见的观点认为,除法律、

---

① 陈金钊:《法理学》,北京大学出版社 2002 年版,第 154-155 页。
② 刘树德:《空白罪状——界定·追问·解读》,人民法院出版社 2002 年版,第 31 页。
③ 陈荣鹏:《三方面理解"违反规定"准确适用空白罪状》,载《检察日报》2017 年 12 月 24 日第 003 版。
④ 贺宽:《论我国刑法中的空白罪状》,华东政法大学 2007 年硕士学位论文,第 27 页。
⑤ 冷远鑫:《空白罪状补充规范的范围界定》,载《辽宁警专学报》2013 年第 2 期,第 14 页;参见莫晓宇:《空白刑法规范的机理、功能及立法安排分析》,载《社会科学家》2004 年第 2 期,第 67 页。
⑥ 陈兵:《空白罪状适用的规范性解释——以前置性规范为中心》,载《西南政法大学学报》2014 年第 2 期,第 97-98 页。
⑦ 王峻平:《责任事故犯罪构成要件之比较》,载高铭暄、赵秉志:《刑法论丛》(第 7 卷),法律出版社 2003 年版,第 319 页。
⑧ 罗翔:《刑事不法中的行政不法——对刑法中"非法"一词的追问》,载《行政法学研究》2019 年第 6 期,第 76 页。

法规外，企业、事业单位等制定的规章制度以及作业中形成的操作习惯、惯例均可以作为空白罪状中的补充规范。①

基于法律保留原则及立法授权等原因，以上观点对法律、行政法规作为空白罪状的补充规范不存在疑问，甚至个别刑法条款直接明确了前置法规为法律、行政法规（如《刑法》第405条），争议的焦点基本集中于空白罪状未明确的前置补充规范应否包括部门规章，地方性法规，规章，规章制度，尤其是状如《刑法》第131条、第132条中的"规章制度"是否包括企事业单位内部制定的规章制度、操作习惯等。

2. 司法实践掠影

实践最能反映理论的展开情况及理论之需。不妨将以下案件作为观察标本，得以窥见司法实践中空白罪状补充规范的司法化情形。

案例一：齐某某重大飞行事故罪案。② 2010年8月24日晚，齐某某担任机长执行河南航空E190机型飞机哈尔滨至伊春定期客运航班任务。20时51分飞机从哈尔滨太平国际机场起飞，21时10分飞行机组首次与伊春林都机场塔台建立联系，塔台管制员向飞行机组通报着陆最低能见度为2800米。按照河南航空《飞行运行总手册》的规定，首次执行某机场飞行任务应将着陆最低能见度增加到3600米，但飞行机组没有执行此规定，继续实施进近。21时33分50秒飞行机组完成程序转弯，飞机高度1138米，报告跑道能见，机场管制员发布着陆许可，并提醒飞行机组最低下降高度440米。按照中国民用航空局《大型飞机公共航空运输承运人运行合格审定规则》的规定，当飞机到达最低下降高度，在进近复飞点之前的任何时间内，驾驶员至少能清楚地看到和辨认计划着陆跑道的目视参考，方可继续进近到低于最低下降高度并着陆。21时37分31秒飞机穿越最低下降高度440米，但此时飞机仍然在辐射雾中，飞行机组始终未能看见机场跑道，未建立着陆所必需的目视参考，未采取复飞措施。21时38分08秒飞机坠毁。事故共造成41名乘客和3名机组人员死亡，14人重伤，29人轻伤，8人轻微伤，1人未做伤情鉴定，直接经济损失达30891万元。被告人齐某某因违反航空运输管理的有关规定，违规操纵飞机实施进近着陆，致使飞机坠毁，构成重大飞行事故罪。

案例二：何某敏违规出具金融票证案。③ 2013年1月，时任九江银行某支行行长的被告人何某敏，违反《九江银行法人授权管理办法》的规定，擅

---

① 汪红飞：《论空白罪状补充规范的范围——以重大责任事故罪为视角》，载《太原师范学院学报》2006年第6期，第55-57页。
② 参见黑龙江省伊春市中级人民法院（2015）伊中刑一终字第2号刑事裁定书。
③ 参见江西省高级人民法院（2016）赣刑终196号刑事判决书。

自以九江银行某支行的名义向外出具 6000 万元的借款保函。法院认为，九江银行（2012）15 号发布的《关于下发〈九江银行授权管理暂行规定〉的通知》，证明九江银行实行统一法人体制下的总分行授权管理，法定代表人代表九江银行总行进行授权，由负责人代表受权人接受并行使授权，受权人应在授权范围内从事经营管理活动。何某敏作为九江银行某支行的行长，其管理权限系由九江银行内部管理规定决定。被告人违反《九江银行法人授权管理办法》的规定，未经授权擅自以九江银行某支行的名义出具借款保函的行为已构成违规出具金融票证罪。

案例三：冯某其等人非法狩猎案。① 2019 年 12 月，被告人冯某其、冯某强、郭某涛于禁猎期内，在禁猎区山上多次设置电网猎捕野兔。一审人民法院认为，被告人冯某其等人在禁猎区、禁猎期内，使用禁用的方法进行狩猎，破坏野生动物资源，情节严重，其行为均已构成非法狩猎罪。

在案例一中，齐某某违反的具体规范为河南航空《飞行运行总手册》和中国民用航空局《大型飞机公共航空运输承运人运行合格审定规则》的相关规定。其中，《大型飞机公共航空运输承运人运行合格审定规则》为交通运输部发布的部门规章，第 121.1 条目的和依据中指明"……根据《中华人民共和国民用航空法》和《国务院对确需保留的行政审批项目设定行政许可的决定》制定本规则"；《飞行运行总手册》是依照《大型飞机公共航空运输承运人运行合格审定规则》以及各项运行管理规章，参照国际民航组织各类文件，在总结了公司大量运行实践经验，综合各类管理文件和管理资料的基础上完成的；是供飞行员使用的最基本的运行手册，收录了公司的飞行运行政策、标准和程序；叙述了公司的运行和安全管理体系、各个运行岗位的职责，以及包括正常情况、不正常情况和紧急情况的各种操作程序，明确界定了各运行部门之间的协调关系和各执行层面向管理层面的报告制度。《飞行运行总手册》由河南航空有限公司制定印发，当属于企业规章制度。《民用航空法》《国务院对确需保留的行政审批项目设定行政许可的决定》《大型飞机公共航空运输承运人运行合格审定规则》是《飞行运行总手册》的制定依据，后者是前者的进一步细化，且不得与前者相冲突。

在案例二中，被告人违反的具体规范为《九江银行法人授权管理办法》，明显属于该银行内部制定的规章制度与业务规则。对于被告人的行为是否构成违规出具金融票证罪有进一步商榷的必要。事实上，在被告人上诉期间其

---

① 参见河北省邯郸市中级人民法院（2021）冀 04 刑终 22 号刑事判决书。

辩护人曾明确提出被告人的行为虽然超出单位内部规定行使职权，但尚不足以构成犯罪。其向法庭提交的原中国银行业监督管理委员会景德镇监管分局（景银监复〔2001〕1号）《关于九江银行某支行开业及支行高管人员任职资格的批复》文件，明确了九江银行某支行的业务范围包括担保，同时九江银行某支行的金融许可证也能够印证担保属于九江银行的营业范围之内，而被告人作为九江银行某支行行长同时也是其法定代表人，法定代表人在法人的业务范围之内行使职权并未违反任何规定，其行为不构成违规出具金融票证罪。出庭检察员对此的回应为："本罪的违规当然包括违反金融机构的内部规定。"法院的判决仅仅指出行为人违反了《九江银行法人授权管理办法》（以下简称《管理办法》），认定构成本罪，认可了检察院的公诉意见。①

在案例三中，该判决书证据部分明确标注，根据《邯郸市人民政府办公厅关于划定陆生野生动物禁猎区和规定禁猎期的通知》记载，邯郸市行政区域范围内为陆生野生动物禁猎区，全年禁止猎捕陆生野生动物。换言之，本案证明被告人属于在"禁猎区、禁猎期内，使用禁用的方法进行狩猎"的关键证据为该市人民政府办公厅所发布的通知。而该市人民政府办公厅所发布的通知显然不是"国家规定"，也不属于地方政府规章，若该通知是规范性的，至多是一个规范性文件。

综上，在以上司法实践中，企业内部规章制度、一般性规范性文件作为空白罪状的补充规范，其正当性与合理性如何？

3. 本书观点

笔者认为，我国空白罪状中对补充规范范围的明确解释应分类考虑。第一，对于立法条文中明确表述"违反国家规定"的空白罪状的补充规范，应受《刑法》第96条立法规定约束，即"国家规定"的制定主体限定为全国人民代表大会及其常务委员会以及国务院，而不包括国务院各部、委员会制定的部门规章等，同时参考最高人民法院《关于准确理解和适用刑法中"国家规定"的有关问题的通知》（法发〔2011〕155号）中的规定。② 第二，对于第二类、第三类补充规范，从我国法律位阶的角度而言，限定为法律、行政法规、地方性法规、自治条例和单行条例、国务院部门规章和地方政府规章范畴，不宜再向较低位阶处的其他规范性文件扩展。而对非全国范围内适用

---

① 参见江西省高级人民法院（2016）赣刑终196号刑事判决书。
② 最高人民法院《关于准确理解和适用刑法中"国家规定"的有关问题的通知》（法发〔2011〕155号），以国务院办公厅名义制发的文件，符合以下条件的，亦应视为刑法中的"国家规定"：（1）有明确的法律依据或者同相关行政法规不相抵触；（2）经国务院常务会议讨论通过或者经国务院批准；（3）在国务院公报上公开发布。

的地方性法规、自治条例和单行条例以及地方政府规章的适用尽量少用、慎用。第三，在特殊情形下，基于有利于行为人、排除刑罚的考虑，习惯（法）也应成为补充规范的渊源。第四，在各补充规范之间仍然遵循上位法优于下位法、特别法优于普通法等一般适用规则。

（1）"国家规定"。

对于"国家规定"，应作狭义解释，严格限定在《刑法》第96条之内，只能为最高立法机关、最高行政机关作出的规定，而不宜将国务院部门规章、地方性法规、规章甚至习惯等纳入其中。尽管有不少学者对此有异议，例如，我国《刑法》第96条"国家规定"中包含的国务院规定的行政措施、发布的决定和命令并不属于行政法规，也不属于《立法法》中所说的法的表现形式或法的渊源，却可以被当作犯罪构成的一个规范要素。按此逻辑，国务院部委所制定的规章等为何就不能被当作犯罪构成的规范要素？[①] 笔者认为：一是现有立法解释已作出明确规定，基于对法律的尊重，不应随意进行扩大解释，否则涉嫌僭越立法权。倘若此类空白罪状的参照规范可以包括部门规章、企业内部各种规章制度等，就没必要再刻意由刑法专条对"违反国家规定"进行解释说明。[②] 二是对于国务院各部委制定的部门规章及其他规范性文件，尽管在内容上也许与其上位法并不相悖，但其制定主体、产生程序及法律效力毕竟与全国人大及其常委会、国务院制定的法律法规有所不同。三是尽管依据我国《立法法》，地方具有部分自主立法权，但此种立法权仅限于在本行政区域内为执行法律、行政法规规定的目的才得以行使。将其强行纳入"国家规定"范畴不仅逻辑上不通，也难以实现各自的立法宗旨。同理，民族区域自治条例亦是如此，更遑论非规范性法律文件"习惯"等。四是对于因立法疏漏而没有相关规定的情况，不能因为有罪认定的惯性思维强行将一些文件归入"国家规定"而作为空白罪状参照的依据。[③] 五是作为刑法解释的维度

[①] 王锡锌：《行政与刑事交叉案件的处理：规则表达与实践展开》，北京大学法学院刑事辩护云课程，2020年5月23日。

[②] 蒋铃：《刑法中"违反国家规定"的理解和适用》，载《中国刑事法杂志》2012年第7期，第34页。

[③] 例如，将党中央、国务院批准，中共中央办公厅、国务院办公厅联合颁发的《关于党政机关县（处）级以上领导干部收入申报的规定》作为《刑法》第395条隐瞒境外存款罪中国家工作人员申报财产参照的内容具有一定的弊病。一方面，上述规定中要求符合情况的人员申报的只是工资、各种奖金、补贴以及福利费用等收入，并不涉及转移在境外的存款。另一方面，符合上述规定的人员完全可以在不违背上述规定的情形下不向国家申报在境外的存款，也就是说符合上述规定的人员根据上述规定的要求进行申报后再转移存款到境外，如此一来就可以在形式上满足上述规定的要求从而巧妙躲过刑法的惩罚。秦新承：《〈刑法〉第395条第2款中"国家规定"的含义》，载《法学》2007年第5期，第128页。

本身，在立法有规定的情形下，理当以立法规定的原义为准据，不应越俎代庖式演绎为法律续造。

(2) 法律、行政法规、地方性法规、自治条例和单行条例、国务院部门规章和地方政府规章。

法律在我国是仅次于宪法的法源，是由国家最高权力机关及其常委会制定的规范性文件。法律规定了社会生活基本、主要的方面，我国的法律分为"基本法律"和"基本法律以外的其他法律"。全国人民代表大会及其常务委员会就特定问题所作出的决定与法律具有同等地位。作为法源的行政法规是指国务院根据宪法和法律制定的各类法规，其效力低于法律，高于地方性法规，是国务院行使行政权的表现之一。行政法规的合法性渊源主要源自《宪法》(第 89 条)。除《宪法》外，我国许多法律授权国务院制定行政法规之权。从法理上讲，以《宪法》为制定依据的行政法为"自主性法规"，依授权法制定的行政法规叫"授权性法规"或授权立法。国务院发布的决议、决定、通知如果是规范性的，其法源地位同行政法规。①

从效力等级角度看，我国的地方性法规分为两个层次：省级人大及其常委会制定的地方性法规；以及省、自治区政府所在地的市和经国务院批准的较大的市、设区的市的人大及其常委会制定的地方性法规。自治条例、单行条例是我国民族自治地方的自治机关的人民代表大会制定的地方性法规。无论将自治条例、单行条例的法律地位作何解释，与地方性法规相比，三者均具有适用范围的地域性。

从"规章"概念本身来讲，其类型十分丰富。既存在国务院各部委制定和发布的部门行政规章，也存在各省、自治区、直辖市的人民政府和省、自治区的人民政府所在地的市，以及国务院批准的设区市的人民政府制定和发布的地方行政规章。除此之外，日常生活中还存在大量的企事业单位的规章制度。

基于法律、行政法规本身就符合法律专属性原则或授权立法的规定，其已成为空白罪状补充规范的主要类型，理论及实务界对此并无疑义，本书不再赘述。从效力范围而言，除国务院部门规章在全国范围适用外，地方性法规、自治条例和单行条例以及地方政府规章均具有地域性。反对将法律、行政法规以外的法律渊源作为空白罪状补充规范的学者，其主要理由在于，定罪量刑事关重大，将犯罪构成要件交由其他法律法规来规定，与罪刑法定之

---

① 周永坤：《法理学——全球视野》，法律出版社 2016 年版，第 54 页。

法律专属性原则相背离。① 应当说这种观点不无道理。毕竟，地方性法规、自治条例、单行条例和地方规章等具有强烈"属地管辖"色彩的法律规范，与在全国范围内有效力的刑罚权相比，其不利于受管理者的可预见性显而易见。但基于现实，采取极端态度一概将其排除在补充规范范畴之外并不可行。法律、行政法规固然有作为补充规范的合法性与合理性，但因与适用范围之广相匹配的抽象性、稳定性，且限于立法体量及某些领域的专业性无法进行事无巨细的规定，导致其局限性也很显著，需要由其下位法对法律规范的进一步实施具体化。比较而言，部门规章等相对灵活，在适应社会需求时可更方便快捷地进行修改，某种程度上而言更"接地气"，为法律规范与案件事实的有效对接提供了现实路径。譬如，许多具体的技术类标准为法律法规的具体实施提供了全方位的技术支持。总之，法律、行政法规更多提供的是规范层面的操作框架，直接依据法律、行政法规，很多司法实践很难开展。以司法实务的侧面检视之，其位阶丰富、层次多元化实属迁就现实的选择。

不妨再从补充规范司法化的实践谈起。以其中争议较大的补充规范法律渊源中能否包括"规章"（尤其是企事业单位的规章制度）作为重点探讨标的。回看以上已决案例。案例一：齐某某重大飞行事故罪案。我国《刑法》第131条重大飞行事故罪之"航空人员违反规章制度"的规定中，标明本罪的犯罪主体为特殊主体——航空人员，补充规范——规章制度，该规章制度显然不同于法律或行政法规，说明规章制度作为空白罪状的补充规范具有实定法根据，从文义或体系解释的方法出发，均可以得出肯定结论，否则至少罔顾了"违反规章制度"的立法事实。事实上，即便是坚持将我国空白罪状的补充规范限定于法律与行政法规的学者观点也具有不彻底性，其指出"并不一定在任何时候排斥行政规章的适用"。② 显然，在全国具有普适性效力的规章制度在此处没有异议，但前述认为将单位规章制度作为空白罪状补充规范违反了罪刑法定原则的观点才是"规章制度"面临的真问题，即单位的规章制度能否纳入空白罪状补充规范的范畴。

案例二：何某敏违规出具金融票证案。本案中的管理办法若违反《商业银行法》《银行业监督管理法》《外资银行管理条例》等法律法规的内容，或辩护人所述为真，或管理办法擅自提高了有关标准，抑或与九江银行相同性质的其他地方银行与之规定相异，则判定被告人构成违规出具金融票证罪的合法合理性何在？正是体现了一些学者所述"超出国民的预测可能性""与民

---

① 罗翔：《刑事不法中的行政不法——对刑法中"非法"一词的追问》，载《行政法学研究》2019年第6期，第75页。

② 吴允锋：《经济犯罪规范解释的基本原理》，华东政法大学2008年博士学位论文，第95页。

主性的要求相违背"的担忧,①明显与罪刑法定之自由保障精神不符。这对我国司法公平公正及法律权威的损害是不可想象的。

案例三：冯某其等人非法狩猎案。《刑法》第341条第2款非法狩猎罪中违反狩猎法规的内容至少明确了包括违反"禁猎区、禁猎期或者使用禁用的工具、方法"进行狩猎的行为类型，但如何确定"禁猎区、禁猎期或者使用禁用的工具、方法"需要相应的"狩猎法规"加以规定。依据我国地理环境广袤复杂的客观实际，在全国范围内对此作出统一规定的确不切实际，但该市人民政府办公厅所发布的通知并不在全国范围内具有普遍效力。与此类似的情形很多，比如，在另一起非法狩猎案件中，关于被告人捕猎方式是否属于"禁用的方法"问题，在判决中使用了当地"林业局办公室关于地笼捕鸟有关问题的复函"这一书证。②林业局办公室关于这一问题的复函是否具有规范性尚不可知，如果是，也至多算是一个规范性文件。显然，若以此"不为众人知"的规范性文件为证据，根本无法保障民众得以预见其行为之可罚性，其后果也是令人担忧的。事实上，这的确在司法实践中遭遇过辩护人异议。比如，一起非法采矿罪案涉嫌类似情景，辩护人提出当地市水利局"无权作出禁采期和禁采区公告"的反驳。③

以上判决显示，法律、行政法规的具体实施离不开地方性法规、自治条例和单行条例、部门规章和地方政府规章的具体化。但问题在于，司法实践中似乎对空白罪状补充规范中单位规章制度持认可态度。在我国早期最高人民检察院相关司法解释中，也曾将企事业内部的规章制度，甚至民众确信的操作习惯、惯例包括在个罪的补充规范之中。④但这种做法值得进一步深思。

基于立法文本中存在"规章制度"的现实，作为空白罪状补充规范的"规章制度"应作限缩解释，仅限于国务院部门规章和地方政府规章，不应泛化为包括各单位规章制度等法律渊源之外的"规章"。显然，规章制度需要做刑法的实质解释，而与日常生活意义上的规章制度相区分。否则，诚如前面持反对意见的学者们所言，带来的负面效应是显而易见的。我国的单位、企业可谓不计其数，任何一个公司或企事业单位基本都制定了自己的规章制度，具体内容各异，这意味着规章制度的制定主体极富多元性，且内容琐杂不一。行政违法性的判定在行政犯的构成要件中起着重要作用，若对作为刑事违法性判断前提的"规章制度"不加取舍，作为受规范约束的公民动辄可能获刑，

---

① 彭鹏：《论行政犯前置规范的适用规则》，湘潭大学2020年硕士学位论文，第11页。
② 参见徐州铁路运输法院（2020）苏8601刑初71号刑事判决书。
③ 参见九江市浔阳区人民法院（2018）赣0403刑初600号刑事判决书。
④ 郭晶：《刑事领域中行政犯问题研究》，华东政法大学2008年博士学位论文，第86页。

这是不可思议的。同时，由于这类规章制度规定的内容良莠不齐，极可能出现同一行为在类似单位里因规章制度的不同而带给行为人完全不同的结局。易言之，单位规章制度作为空白罪状补充规范面临的最大问责可能在于：制定主体、具体内容、公示范围等具有明显的局限性、随意性，同一领域内的若干规章制度不一致将导致司法的不统一。客观上存在针对同一行为，不同企事业单位的规章制度可能有着不一致的法律标准与要求，则同一行为可能在此单位属于违法行为而在彼单位并不违法，不同适用标准将导致司法不公正的风险。同一行为因规章制度的杂乱无章或随意性而导致在 A 单位合法而在 B 单位违法的情形，无法确保民众基本的预见可能性，导致可能遭受刑罚的随意性。

事实上，在案例一中，按照河南航空《飞行运行总手册》的规定，"首次执行某机场飞行任务应将着陆最低能见度增加到 3600 米"的技术规则，是依据交通运输部中国民用航空局《大型飞机公共航空运输承运人运行合格审定规则》这一部门规章的相关规定进行的规定。与其说被告人违反了河南航空《飞行运行总手册》这一单位规章制度，毋宁说违反了交通运输部的部门规章。同理，在案例二中，就具体违规出具金融票证罪而言，除上述司法实践外，理论中也不乏将本罪中的规定解释为包括"银行或其他金融机构内部制定的规章制度与业务规则"在内的观点的倡导者。诚如一些案件中的观点：当单位的安全生产管理规定严于国家的安全生产管理规定时，若行为违反单位的管理规定但尚未达到违反国家的规定标准时，刑法分别评价的结果不具有妥当性。[①] 在案例三中，由当地政府发布公告或通知几乎是全国各地确定当地禁猎区、禁猎期的通行方式，但具体是以地方性法规的形式还是由政府办公厅以通知、公告的方式发布则事关重大。若作为非法狩猎罪的补充规范适用，则至少应达到政府规章的法律位阶才比较合适。以本书的立场观之，三起案例的补充规范适用存在理论缺陷，无论是出于行政犯认定时对行政不法的重要参考引出的法律专属性检视，还是刑法对"保护受规范者可预见性"最基本的功能追求，都理应将单位规章制度驱逐出补充规范的范畴，或法院至少找出明确的正式法律渊源以上的补充规范依据。

总之，影响补充规范选择的主要因素有二：一要有利于本条刑法规范目的的实现；二要有利于受规范者的可预见性。简要归纳如下：

第一，尽管认为单位规章制度成为空白罪状的补充规范违反了罪刑法定原则的观点，产生了对法律专属性的侵犯，以及将行为违反补充规范的行政

---

① 冷远鑫：《空白罪状补充规范的范围界定》，载《辽宁警专学报》2013 年第 2 期，第 14 页。

违法直接等同于刑事不法的误解;① 但在空白罪状中,作为刑事违法性判断前提的行政不法对刑事不法具有较大影响。之所以将法律渊源之外的其他一般性规范文件排除在外,就是因为考虑到影响定罪量刑要素的严肃性。

第二,之所以地方性法规、自治条例和单行条例、地方政府规章等适用范围带有"属地原则"的补充规范应当少用或慎用,是因为这类法律规范毕竟不是在全国范围内公布并适用的规定,容易带来司法实践中的"同案不同命",或 A 地人去 B 地可能遭遇规范"陷阱"。又或者,前文中有学者赞同将单位内部规定其至工厂的操作习惯等纳入补充规范的观点,② 就本书看来,若该规定或操作习惯是相关上位法的具体化时,事实上被参照的规范仍是符合本书位阶观点范畴内的上位法;换言之,此时的规定或操作习惯与其说是本书所述的补充规范范畴的上位法而被视为"一体化",毋宁说是被视为对补充规范范畴的上位法的违反;若该规定或操作习惯与相关上位法相悖时,或者上位法对此并无规定但引发的法益侵害着实严重时,引入该内部规定或操作习惯为补充规范的做法势必会与上位法相冲突,或行僭越立法权的"漏洞填补"之实。此时,妥当的处置路径应当是倒逼上位法的修改或完善,而非直接以该内部规定或操作习惯等为参照。

第三,梳理学者对补充规范中是否采取广义的"法"的反对与赞同意见的分歧,本质上是处理事物应然与实然范式的必然结局。从补充规范司法化的实践可以看出,空白罪状补充规范暂时离不开对广义的"法"的依赖,而理想主义情怀中的法适用主张对绝对罪刑法定主义的尊重,选择限定在"法律、行政法规"这一狭义"法"的范畴。立足当下实际,出于理想与现实的调和,本书选择温和的做法,采取现实主义进路下广义的"法",以向全国人民代表大会常务委员会和国务院备案的为限。易言之,"法律、行政法规"相对广泛的适用范围是以其抽象性为代价的,从法律实操性的刚需而言,取广义的"法"实属现实的不得已。

第四,本书立场选择的规范支撑在于,《立法法》第 2 条明确规定了我国的"法":法律、行政法规、地方性法规、自治条例和单行条例、国务院部门规章和地方政府规章。笔者赞同空白罪状的补充规范选择与《立法法》的规定保持一致,通过检视其适格性,在利益衡量中维护刑法的人权保障机能。

---

① 空白罪状承载的行政犯中,行政不法仅是刑事不法的前提,不能由该前提直接得出刑事不法的结论,这将在本书后面章节展开论述。结合刑法的规范保护目的,行政犯刑事违法性的判断具有自身独立性。

② 汪红飞:《论空白罪状补充规范的范围——以重大责任事故罪为视角》,载《太原师范学院学报》2006 年第 6 期,第 55-57 页。

（3）习惯（法）。

在特殊情形下，基于有利于行为人、排除刑罚的考虑，习惯（法）也应成为补充规范的渊源。"作为表达了一般法律信念的习惯的非正式的非成文法，大多时候被称为习惯法，也是法律秩序的一个组成部分。"① 即便承认规章制度为补充规范的学者，一般也将之限定在法律规范之内，当然排除习惯与惯例。习惯与惯例的变易性不利于法之安定性，并不具有法定的强制力，也不是正式的法律渊源，此为多数学者将其排除在空白罪状补充规范范围之外的主要原因。

纵使对习惯能否作为法律渊源持保留意见的学者，也提出在构成要件符合性、违法性、有责性等阶层判断时，经常会依据习惯而行，这是习惯补充刑罚法规的机能体现。并认为，当某一刑罚法规失去其具体妥当性之时就是其失去其习惯法上的效力之时。② 笔者深以为然。笔者认为，就强调人权保障优先的入罪而言，不宜将习惯、惯例等视为补充规范的渊源，或称之为消极的补充规范，但在出罪的角度而言，将其排除在补充规范之外并不能维持人权保障的刑法机能及处罚的妥当性。换言之，罪刑法定原则限制的是对行为的入罪，而非行为的出罪。③ 罪刑法定原则的根本精神实质上就是有利于被告人的精神，倡导对国家权力的过度行使进行限制的理念。④

例如，在我国《刑法》第341条规定危害珍贵、濒危野生动物罪中，关于"非法"猎捕、杀害国家重点保护的珍贵、濒危野生动物的行为，在实践中出现基于打猎、祭祀等地方风俗习惯或传统民族文化的情形。对此行为域内外司法机关有不同反应。我国司法实践显示，基本上不会因此影响定罪，且在量刑上是否酌情从轻也做法不一。⑤ 即习惯或惯例并不属于本罪的补充规范。在我国台湾地区，自1972年起，全台实施禁猎政策，陆续颁布了"国家

---

① ［德］冈特·施特拉腾韦特，洛塔尔·库伦：《刑法总论Ⅰ——犯罪论》，杨萌译，法律出版社2006年版，第51页。
② ［日］大谷实：《刑法讲义总论》，黎宏译，中国人民大学出版社2008年版，第52页。
③ 陈兴良：《入罪与出罪：罪刑法定司法化的双重考察》，载《法学》2002年第12期，第33页。
④ 刘宪权：《刑法基本原则和理论问题》，智拾网"刑法理论与实务前沿问题"系列直播课，2021年7月29日。
⑤ 例如，云南省昭通市中级人民法院（2016）云06刑终152号刑事裁定书显示，辩护人提出，被告人"系少数民族，久居深山，有打猎的习俗"，请求减轻处罚。但二审法院认为"原判在量刑时已作了考虑"，并未影响定罪的成立。广东省韶关市中级人民法院（2017）粤02刑终345号刑事裁定书中，上诉人称"打猎是当地人的生活习惯"，被告人法律意识淡薄，其主观恶性较轻，请求从轻处罚；二审法院认为，"生活习惯、家庭情况及法律意识淡薄非法定从轻量刑情节，不予采纳"。当然，这也可能会涉及对禁止错误等问题的综合考虑，需要进一步探讨。

公园法"（1972 年）、"文化资产保护法"（1982 年）、"野生动物保育法"（1989 年）等相关法令，严重抑制了原住民族的传统狩猎活动，① 引发了我国台湾地区学者对原住民族狩猎文化与野生动物保护之间冲突的持续讨论。② 但自 2012 年 6 月 6 日台湾地区"行政院"农业委员会与"行政院"原住民族委员会共同制定"原住民族基于传统文化及祭仪需要猎捕宰杀利用野生动物管理办法"以来，存在不少当原住民族基于非营利目的捕杀野生动物时被除罪化的判例。③ 在拥有众多原住民族人口的澳大利亚、加拿大，将此绑定于原住民土地所有权法源之上的原住民狩猎权加以处理，使得问题的探究更加深入。因此，因地域文化、民族结构等具体情况的差异，民族风俗习惯应否成为空白罪状中的补充规范很值得进一步研究。而本书基于上述理由——它不是对可罚性进行规定或者扩张，更多是在有利于行为人时才出现，④ 在"有利于行为人、积极出罪"这一相对狭窄的范围之内，赞同习惯、惯例应成为空白罪状补充规范的渊源，而并不相悖于罪刑法定原则。

（4）在各补充规范之间仍然遵循上位法优于下位法、特别法优于普通法等一般规则以及法益同一特别规则。即在空白罪状补充规范的解释中，除上述"国家规定"的法定性、严格的效力范围衡量以及出罪层面上例外考虑习惯（法）外，适格补充规范之间难免存在相互冲突、矛盾的问题。此时，上位法优于下位法、特别法优于普通法、新法优于旧法等是化解冲突、矛盾的一般规则，必要时，同时运用法益同一特别规则。详言之，基于制定主体、程序等的不同，在法律规范之间存在一定的等级地位之分，学界称之为法律

---

① 林长振：《原住民族狩猎权之立法规定及司法问题》，载《台湾原住民族研究学报》2014 年第 4 期，第 22 页。

② 我国台湾地区不少学者对此展开过讨论。例如，王皇玉：《文化冲突与台湾原住民犯罪困境之探讨》，载《台湾大学法学论丛》2007 年第 3 期；王进发：《由原住民狩猎文化看国家与部落间之规范冲突及未来因应》，载《台湾原住民族研究季刊》2012 年第 1 期；邱忠义：《法官审判时之认事用法应否考量原住民族之特性？（上）》，载《月旦裁判时报》2014 第 27 期；邱忠义：《法官审判时之认事用法应否考量原住民族之特性？（下）》，载《月旦裁判时报》2014 第 28 期；林孟玲：《从原住民族的文化权内涵评原创条例——以国际法观点出发》，载《中正财经法学》2015 年第 10 期；吴志强：《寻求原住民族基本法与野生动物保育法间规范冲突的缓冲地带——以"违法性意识之可能性"的视角浅析》，载《东吴法律学报》2015 年第 2 期，等等。

③ 我国台湾地区"最高法院"104 年度台上字第 243 号刑事判决，原住民为小米祭活动猎捕山羌符合"野生动物保育法"除罪化要件而判决无罪；台湾地区"花莲地方法院"105 年度原诉字第 74 号判决指出，"如果山羌、山羊属于原住民族之传统食物，则亦会成为文化权保障的一环"，换言之，"非营利行为之自用"则系传统文化的一部分，"原住民族之文化实践并非必然以祭仪方式表达，即使在饮食、起居的日常活动中，亦可理解为文化之实践"，据此认为本案系基于传统文化之猎捕，不在"野生动物保育法"处罚范围内。

④ [德] 冈特·施特拉腾韦特，洛塔尔·库伦：《刑法总论 I——犯罪论》，杨萌译，法律出版社 2006 年版，第 52 页。

位阶。依据我国《立法法》第 87 条、第 92 条、第 94 条、第 95 条等规定，在宪法、法律、行政法规、地方性法规、规章、其他规范性文件之间存在法律效力依次降低的关系。当不同法律规范之间的规定产生冲突时，应以位居在前者的规定为准，同一位阶之间的规定冲突时，交由相关机关或立法机关决定；而同一机关制定的法律规范中，特别规定与一般规定不一致的，适用特别规定；新的规定与旧的规定不一致的，适用新的规定。

对补充规范的选择除适用前述补充规范的效力位阶规则外，也可以从法益保护角度进行把握。详言之，当多个补充规范满足了效力位阶规则仍然在彼此之间存在矛盾、冲突时，可以进一步判断各补充规范与空白刑法条文所保护法益是否具有同一性，从中选取与刑法保护法益相一致的补充规范来填补空白罪状，即所谓法益制约补充规范范围的法益同一规则。[①] 显然，法益同一规则更能进一步发挥其筛选机能。例如，赵某某非法持有枪支一案存在全国人大常委会发布的《枪支管理法》、国务院发布的《人民警察使用警械和武器条例》、公安部发布的《枪支致伤力的法庭科学鉴定判据》及《公安机关人民警察佩带使用枪支规范》等填补规范。有学者认为，由于非法持有枪支罪的主要保护法益为公共安全，故这其中以维护枪支管理制度为主的《枪支致伤力的法庭科学鉴定判据》不适合作为本罪的补充规范。这种观点从问题思考的角度而论并非无可取之处。

（5）本书结合我国当前的实际，从实用主义的立场出发，对补充规范的法律渊源放宽到了部门规章，乃至非全国范围内适用的地方性法规、自治条例和单行条例以及地方政府规章；同时也主张，在各补充规范之间遵循上位法优于下位法、特别法优于普通法等适用规则。尽管，选取规则因其灵活更具适用性，但从更有效的操作机制角度来看，为避免不合法、不合理的规范内容被适用，建立对补充规范的合宪性、合法性审查制度迫在眉睫。如此一来，补充规范的正当性与合法性得到了保障，空白罪状带来的损害罪刑法定原则的质疑也将得以缓解。

二、空白罪状与补充规范的衔接及解释规则

采用空白罪状的本体刑法条款与补充规范在刑事责任衔接问题上因各自在犯罪行为、犯罪主体、犯罪对象等方面规定的各异，二者并非都能完全重合，在衔接适用中，出现了二者在构成要件规定上的基本对应、扩大、限缩乃至"落空"关系。当附属刑法规范中存在"过剩"的构成要件要素时，刑

[①] 涂龙科、秦新承：《空白罪状补充规则的适用》，载《法学》2011 年第 10 期，第 154 页。

法认定该罪时是否需要将此多出的要素纳入本罪的犯罪构成要件？当存在多于本体刑法所列举的行为类型时，对这些行为类型是否可以定罪量刑？而彼此对应"落空"时又该如何处理？从刑法理论的既有梳理看，主流观点认为应以本体刑法的规定为主，补充规范中附属刑法条款的规定仅有象征性意义。这一理解合理与否尚有进一步商榷的必要。问题的起点在于，空白罪状与补充规范的衔接适用规则尚未得到达成共识的合理性证成并予以明确。

法律的寻找是空白罪状指涉性立法文本衍生的额外适用工作。空白罪状承载的行政犯在实践中面临"找法→明确具体的犯罪构成要件→进行违法性判断"的适用步骤。作为违法性判断的前提，找法工作需要结合空白罪状的具体情形开展；犯罪构成要件的确定则要迂回到空白罪状与补充规范的具体衔接中发现。从现有类型看，部分空白罪状指示了大致明确的补充规范范围，如《刑法》第329条"违反档案法"、第330条"违反传染病防治法"、第343条"违反矿产资源法"等；有的则更为笼统，如"国家规定"及大量的"××规定"所指是何领域的法律规范仅从立法文字上并不得知，需要结合本罪的规范目的、《刑法》第96条的立法解释条款以及补充规范的取舍规则等进行综合判断。而前述司法裁判引发的未竟问题正是源于后两个适用步骤。

（一）空白罪状与补充规范的衔接类型

空白罪状与补充规范的衔接类型大致存在以下五种：

第一种类型：本体刑法规范中采用空白罪状对某种不法行为进行了规定；补充规范中也有关于某种不法行为的具体规定，同时存在"情节严重构成犯罪的，依法追究刑事责任"之类的条款。此时，补充规范中以违法行为该当于某个具体犯罪的构成要件，或该刑法条款规定的要件已涵摄该附属刑法规范中基本违法行为的构成要件。例如，《刑法》第341条非法狩猎罪的犯罪构成要件基本涵盖了《野生动物保护法》第45条、第46条规定的一般违法行为样态；非法狩猎罪与《野生动物保护法》等法律规范中"构成犯罪的，依法追究刑事责任"的规定基本实现无缝衔接。另有与此相近的情形，在附属刑法规范中看似增加了个别构罪要件，但增加部分在刑法条款中有同样的规定，因此与前述情形本质上并无二致。例如，《进出境动植物检疫法》第42条规定："违反本法规定，引起重大动植物疫情的，依照刑法有关规定追究刑事责任。"其中，比一般违法行为增加的"引起重大动植物疫情的"要件，在《刑法》第337条妨害动植物防疫、检疫罪中有"引起重大动植物疫情的，或者有引起重大动植物疫情危险"的规定与之呼应。

第二种类型：本体刑法规范中采用空白罪状对某种不法行为进行了规定；

补充规范中也有关于某种不法行为的具体规定，同时在"情节严重构成犯罪的，依法追究刑事责任"之类的条款中规定了与刑法条款不同的构罪要素的情形。比如，前述在傅某某等非法采矿罪一案中，《矿产资源法》第39条、第40条比《刑法》第343条第1款中就非法采矿行为的要件多出了"拒不停止开采""拒不退回本矿区范围内开采"的规定。

第三种类型：本体刑法规范中采用空白罪状对某种不法行为进行了规定；补充规范中也有关于某种不法行为的具体规定，但没有"情节严重构成犯罪的，依法追究刑事责任"之类的条款。

第四种类型：本体刑法规范中采用空白罪状对某种不法行为进行了规定；补充规范中没有关于这种不法行为的具体规定。

第五种类型：补充规范中对某种不法行为进行了规定，同时存在"情节严重构成犯罪的，依法追究刑事责任"之类的条款；但本体刑法规范中没有对这种不法行为进行规定。

（二）司法适用中的类型化处理

从理论争鸣及实践运行看，以上五种情形中刑事违法性判断结局并不相同。

第一类情形为采用空白罪状的本体刑法条款与补充规范的刑事责任条款基本相吻合。从本质上讲，由于空白罪状规定的犯罪构成要件已涵摄或"完全覆盖"了对应附属刑法规范中的违法行为要件，尽管看起来"依照刑法的规定处理"貌似体现了"刑法判断"的独立性，但由于二者要件的重合性，更应称之为规范竞合。

在这类情形中，对空白罪状与补充规范中构成要件"对应"的把握是关键。这在"法律概念的相对性"中体现得尤为明显，[①] 应注意结合实际案情对相关概念进行恰当地扩大或限缩解释。在胡某某等非法转让土地使用权一案中，[②] 该案中的"倒卖"并未在土地管理法律和法规中涉及，而刑法却将该行为作为构成该罪的客观行为要件，并设立倒卖土地使用权罪罪名，显然说明了刑法空白罪状中对客观行为的认定不能拘泥于行政法律法规个别条款的表述，而应从整个立法精神去理解，即《刑法》中对土地"非法转让"应做广义理解，其含义应包括该案中的"非法出租、非法抵押"等。土地"非

[①] "法律概念的相对性"指相同概念在不同的法律规范中各有不同的含义，但这种制定法技术的矛盾并不违反法律秩序的统一性。[德]卡尔·恩吉施：《法律思维导论》，郑永流译，法律出版社2004年版，第199页。

[②] 参见辽宁省盘山县人民法院（2018）辽1122刑初111号刑事判决书。类似案件参见河北省邢台市中级人民法院（2017）冀05刑终105号刑事裁定书。

法出租"是包含于"非法转让"中的一种形式,刑法意义上的"非法转让"具有更广泛的含义,虽跟行政法律法规中的"非法转让"有紧密联系,但并不完全相同。从《刑法》第 228 条非法转让、倒卖土地使用权罪罪名及客观行为的表述看,刑法与行政法律法规看似没有完全对接,但此案中将倒卖行为作广义的理解具有合理性。不同法域间存在对同一行为类型的归纳、表述方式、表述习惯不同的现象,体现了法秩序统一原则下不同法域在法律概念上的"和而不同"。当然,在这种类别的刑法自主判断中,应特别警惕"概念的相对性"被以偷换概念的方式错误推演或类推。

在第二类情形中,附属刑法规范规定了不同于刑法条款的构罪要件要素,彼此之间在构罪要件对照上存在扩大或缩小关系。譬如,前述傅某某等非法采矿罪一案涉嫌的非法采矿罪中,《矿产资源法》中"拒不停止开采""拒不退回本矿区范围内开采"的要件规定即不同于非法采矿罪的犯罪构成要件,事实上限缩了非法采矿罪的涵摄范畴,但《矿产资源法》第 39、40、41、43、44、47、48 条中均存在"……依法追究刑事责任"的类似规定,是典型的附属刑法规范。尤其第 39 条、第 40 条的规定,形成非法采矿行为的行政违法与刑事犯罪之间衔接的规范依据,也为区分二者之难埋下立法之伏笔。根据《刑法》第 343 条第 1 款的规定,非法采矿罪在客观方面主要表现为三种形式:①无证采矿的行为。即在没有经过法定程序取得采矿许可的情况下擅自采矿的行为。②虽持有采矿许可证,但违反采矿许可证上所批准的采矿区域、范围和权限,擅自越界进行采矿的行为。③虽持有采矿许可证,但在禁止性开采地区采矿的行为。《矿产资源法》第 20 条规定了六类禁采区域。容易忽略的是,这三类非法采矿行为以"违反矿产资源法的规定"为共同的前提。从行政违法与刑事犯罪衔接的角度看,《矿产资源法》第 39 条在列举完包括此三类非法采矿行为样态在内的行为后,在分号之后规定"拒不停止开采,造成矿产资源破坏的,依照刑法有关规定对直接责任人员追究刑事责任"。第 40 条同样在第二类非法采矿行为的规定中,在分号之后规定"拒不退回本矿区范围内开采,造成矿产资源破坏的,吊销采矿许可证,依照刑法有关规定对直接责任人员追究刑事责任"。《矿产资源法》这两条规定至少说明,非法采矿的三类违法行为只有在"拒不停止开采""拒不退回本矿区范围内开采"时,才有追究刑事责任的可能。

如果把《刑法》第 343 条第 1 款规定中的"未取得采矿许可证擅自采矿"理解为对该条文中"违反矿产资源法的规定"的具体化,即行为人行为违反《刑法》"未取得采矿许可证擅自采矿"规定的同时也违反《矿产资源法》的规定,进而认为无须再进一步证明行政机关对行为人作出过行政处罚,则等于将本条中"违反矿产资源法的规定"虚置化，此条采用空白罪状的意义将不无疑问，或实属画蛇添足。横向对比其他空白罪状，印证其立法设计的初衷莫不是将犯罪构成要件的空白部分委任给其他法律规范或制度来填充，若删除空白罪状标识性表述"违反××（法规）"类部分，犯罪构成要件仍然完整的话，这种立法设计存在本身倒成了最应被论证的问题。因此，让人不得不怀疑这种解读的合理性。是故，要么承认这种解读是一种误解，要么承认空白罪状在本条中的运用不合时宜。

再如，1998年12月29日修订的《兵役法》第62条第1款规定"……战时逃离部队，构成犯罪的，依法追究刑事责任"。① 1998年12月29日修订的《刑法》第435条第1款规定："违反兵役法规，逃离部队，情节严重的，处……"显然，《兵役法》明确规定战时逃离部队的才有构成犯罪的可能，同样限缩了逃离部队罪的入罪范围。非战时逃离部队的是否应作为犯罪处罚，最高人民法院、最高人民检察院于2000年12月5日发布了《关于对军人非战时逃离部队的行为能否定罪处罚问题的批复》："军人违反兵役法规，在非战时逃离部队，情节严重的，应当依照《刑法》第435第1款的规定定罪处罚。"即实务部门的主张使《兵役法》的限缩规定不起作用。就此，有学者指出，非刑事规范中的附属刑事责任条款对于判定某一行为是否构成犯罪没有价值，即附属刑事责任条款对于判定行为是否构成犯罪具有无涉性。② 而笔者认为此批复实为刑法禁止的目的性扩张，有待再斟酌。从法律规范效力位阶上讲，该批复对《兵役法》予以限缩也有违法理。再以《著作权法》第53条为例，该条所表述的行为类型与《刑法》第217条侵犯著作权罪规定的行为种类不尽相同，不管是二者的新法内容还是旧法内容，均未达到基本的全面对应。比如，《著作权法》附属刑法规范第53条第5项规定"未经许可，播放、复制或者通过信息网络向公众传播广播、电视的"行为，在《刑法》第217条中未被列举。总的来讲，《著作权法》中列举的行为类型超出了刑法侵犯著作权罪规定的行为类型。就此，是只有二者规定吻合的行为类型才能作为犯罪处理，还是在非刑事法律规范中规定的行为只要附加了刑事责任条款，即可按照刑法对之进行定罪量刑实存争议。多数学者采纳了前者，认为"依法"定罪是指依据刑法，若刑法无相关规定，附属刑法规范中的相关规定也

---

① 目前《兵役法》相对应的第67条已将"战时逃离部队"的限缩要件删除。
② 涂龙科：《论经济刑法解释的独立性》，载《政治与法律》2011年第5期，第49页。

只有形式上的宣示意义，①并建议全国人大常委会就此问题作出立法解释；②也有部分学者认同后者，认为附属刑法规范是对本体刑法条款的补充，是立法者扩大了原来规定的外延。③

针对第三类情形——当空白罪状所指示的补充规范中仅有相应的违法行为规定、没有附加刑事责任条款时，能否将本体刑法中规定的相应不法行为认定为犯罪，学者之间分歧纷呈。大部分学者认为，"追究刑事责任通常并不需要基础性法律规定刑事责任条款，但可能也有例外"，"不依赖于非刑事法律法规是否具有'追究刑事责任'这样的规定"，④附属刑法规范中有无刑事责任条款不应成为犯罪认定的当然前提；⑤否则会不当缩小刑法的规制范围；部分学者立足于刑法的谦抑性原则或附属刑法的限缩机能，对此持相反观点。⑥赞同不要说的学者通常提及最高人民法院 2000 年 4 月 28 日通过的《关于审理扰乱电信市场管理秩序案件具体应用法律若干问题的解释》及"用互联网发布足球博彩信息牟利情节严重构成非法经营罪"的司法实践进行佐证。⑦

该"用互联网发布足球博彩信息牟利情节严重构成非法经营罪"的裁判要旨依据的司法解释涉嫌僭越了立法权，值得进一步商榷。事实上，这种诠

---

① 陈甦：《析"构成犯罪的，依法追究刑事责任"》，载《人民法院报》2005 年 8 月 10 日第 B01 版第 2 页；吴允锋：《非刑事法律规范中的刑事责任条款性质研究》，载《华东政法大学学报》2009 年第 2 期，第 44-48 页；涂龙科：《论经济刑法解释的独立性》，载《政治与法律》，2011 年第 5 期，第 48 页。

② 孙运英、邵新：《浅议"构成犯罪的，依法追究刑事责任"》，载《法学评论》2006 年第 4 期，第 158 页。

③ 陈兴良：《刑法新罪评释全书》，中国民主法制出版社 1995 年版，第 38 页。

④ 周宜俊：《经济违法行为的刑法介入研讨会纪要》，引自游伟：《华东刑事司法评论》（第 7 卷），法律出版社 2004 年版，第 305 页；张绍谦：《试论行政犯中行政法规与刑事法规的关系——从著作权犯罪的"复制发行"说起》，载《政治与法律》2011 年第 8 期，第 45 页。

⑤ 肖中华：《经济犯罪的规范解释》，载《法学研究》2006 年第 5 期，第 60-62 页；冷远鑫：《空白罪状刑法条款的司法适用问题研究》，西南政法大学 2013 年硕士学位论文，第 29 页等。

⑥ 王作富、刘树德：《非法经营罪调控范围的再思考——以〈行政许可法〉若干条款为基准》，载《中国法学》，2005 年第 6 期，第 145 页；游伟、赵运峰：《经济犯罪"入罪"问题研究》，载《法律适用》2012 年第 1 期，第 94 页；马春晓：《非法经营罪的"口袋化"困境和规范解释路径——基于司法实务的分析立场》，载《中国刑事法杂志》2013 年第 6 期，第 44 页。

⑦ 最高人民法院 2000 年 4 月 28 日通过的《关于审理扰乱电信市场管理秩序案件具体应用法律若干问题的解释》（法释〔2000〕12 号）（以下简称《解释》）中，将第一条规定的非法经营行为按非法经营罪追究刑事责任；但根据国务院 2000 年 9 月 25 日发布的《电信条例》第 59 条的规定，《解释》中第一条规定的行为并未附有刑事责任条款，即未被纳入附属刑法。实务部门在具体个案的裁判中认可了该司法解释的观点。参见周强、朱妙：《用互联网发布足球博彩信息牟利情节严重构成非法经营罪》，载《人民法院报》，2005 年 2 月 21 日。

释已被新的司法实践改写。在顾某非法经营一案中，被告人顾某在未取得房地产开发企业营业执照和商品房预售许可证的情况下，以商品房名义对外出售，销售房屋，在法院一审、二审中均被认定犯非法经营罪。经法院再审，撤销了一审判决和二审刑事裁定，宣告原审上诉人顾某无罪。① 法院认为：①《房地产管理法》第68条规定的法律责任中并未涉及犯罪与刑罚。国务院颁布的《城市房地产开发经营管理条例》第39条、建设部颁布的《城市商品房预售管理办法》第13条规定的法律责任均属于行政处罚，不涉及刑事犯罪。②《刑法》第96条关于"国家规定"的规定，明确将部门规章中的违法行为排除在犯罪构成之外。③《刑法》第225条中"违反国家规定"是认定非法经营罪的前提，是立法设立的空白罪状。非法经营罪具有违反行政法规、触犯刑法的双重违法行为。认定是否构成非法经营罪时，应当运用国家规定的行政法规中确定的禁止性规定、构成犯罪的条款补足该罪构成要件。凡在行政法规中明确规定"构成犯罪的，依法负刑事责任"的，根据规定具体条款指向的犯罪类别，并且由行政执法机关将案件移送司法机关处理的，才可以依据刑法具体条款定罪。本案中，顾某对房屋的销售没有预售房许可证是客观事实，但《城市商品房预售管理办法》是部门规章，而非"国家规定"。《房地产管理条例》属于"国家规定"，但在法律责任一章中并无明确的指向性条款和非法经营罪进行结合，亦无法构成完整的犯罪构成要件。而运用这些条款，则必须运用"国家规定"的行政法规中确定的禁止性条款，补足《刑法》第225条空白罪状第4项兜底条款的犯罪构成要件，必须符合罪刑法定原则。④适用《刑法》第225条第4项"其他严重扰乱市场秩序的非法经营行为"时，有关司法解释未作明确规定的，不能在已有司法解释的规定外任意作出认定。本案中，原裁判认定顾某在未取得房地产开发企业营业执照和商品房预售许可证的情况下，将4套房屋以商品房名义对外出售的行为违法。但是，相关房地产管理法律法规并无追究刑事责任的条款。因此，不能作为犯罪行为追究其刑事责任。

本案中，法院的裁判说理可谓鞭辟入里，尤其在第1项、第3项依据中，明确表达了空白罪状因相对应的附属刑法规范欠缺刑事责任条款而导致定罪量刑之不能的立场，笔者深以为然。窃以为，换个角度讲，此时不算是空白罪状与补充规范的对接问题，而是"违反国家规定"中本就不包括本案案情这一情形，但原审法院许是出于感觉本案被告人行为终究"不对"，因袭"有罪推定"的习惯将非法经营罪"口袋化"的结果。本质上是司法过程中做不

---

① 参见江苏省高级人民法院（2019）苏刑再3号刑事判决书。

当扩大解释、涵摄的错误，非法律规范衔接问题。但总体而言，本案的判决规则值得深思，事实上是附属刑法"刑罚处罚后果"反向限缩空白罪状的体现。①

也许有人会说，对于诸多自然犯，在行政处罚条款中也并未全部写上"情节严重时，追究刑事责任"的附加条款，为何对行政犯有此特别的要求，进行限缩入罪？这里，既有我国刑法典采用了自然犯与法定犯一体化立法体例的原因，②也与自然犯和法定犯的犯罪构造不同、违法性认识难度不同有关。在行政犯大量采用空白罪状的立法背景下，直接的禁止内容与制裁规定相脱离的刑事立法模式事实上已经大大增加了受规范者的刑罚可预见难度。因此，对于某一行为类型，当刑法典作出处罚规定而相应"补充规范"规定中未有"刑罚处罚后果"的衔接性规定时，如若坚持刑法典的规定优先对该行为类型进行刑罚处置，则不但国民行为的可预测性遭到损害，也会进一步增加行政犯立法条款设定的随意性。

在第四类情形中，本体刑法规范采用空白罪状对某种不法行为进行了规定，但其指示的补充规范并未对此行为进行规定。即对于空白罪状的规定，在补充规范中找不到相关规定进行填补，空白罪状绝对落空。譬如，《刑法修正案（九）》增加了《刑法》第253条之一侵犯公民个人信息罪中明确规定了"违反国家有关规定"的构成要件。在出售、非法提供、非法获取公民个人信息的行为没有"国家有关规定"先行规制的情况下，刑法是否可以直接以侵犯公民个人信息罪进行规制等，均属于此类情形。这种矛盾谓之"目的论矛盾"，③终究是行政规范法益没有被上升为刑法法益的立法供给断裂问题，解释论对此无能为力。通常认为，刑法对犯罪的这种规定由于不符合刑法明确性原则而无意义，相关行为应作无罪化处理。④当然，这里的补充规范未作规定的情况，与第一类情形中由于法律概念的相对性导致不同概念可能已经涵摄了相同内容的情况应作严格区分。

在第五类情形中，附属刑法规范对某种不法行为有规定，但本体刑法没有空白罪状的相关规定。与第四类情形相比，此为附属刑法规范的绝对落空。

---

① 孙运英、刘树德：《罪刑法定视野下附属刑法的追问》，载《中国检察官》2006年第9期，第34页。

② 张明楷：《自然犯与法定犯一体化立法体例下的实质解释》，载《法商研究》2013年第4期，第47页。关于法定犯与行政犯的定义不同学者有不同看法，持相同说的为主流观点；由于不影响本书的研究主题，故本书采二者相同说。

③ ［德］卡尔·恩吉施：《法律思维导论》，郑永流译，法律出版社2004年版，第204页。

④ 冷远鑫：《空白罪状刑法条款的司法适用问题研究》，西南政法大学2013年硕士学位论文，第30页；肖中华：《经济犯罪的规范解释》，载《法学研究》2006年第5期，第62页。

准确而言，这里排除了第二种情形中附属刑法规定的行为类型范围大于空白罪状，仅特指单个附属刑法规范规定的情形在空白罪状中均找不到对应的情形。韦尔策尔（Welzel）常被引用的一句话："威胁法无明文规定不处罚这个基本原理的真正危险，不是来自类推，而是来自不确定的刑法！"从裁判规范的角度来说，这种情形下刑法适用界限的不明确同样违反了法律明确性原则。① 因此，这种不法行为因欠缺与本体刑法规定之间的"联结"且附属刑法规范自身无法胜任对罪与刑规定的明确性要求而只能做无罪处理，理论及实践对此并无争议。

（三）附属刑法规范价值的回归

针对以上不同情形的不同见解，源于对刑法的独立判断以及"附属刑法是不是刑法"等关联问题的不同认识，梳理学者们近年来散落在各自论证主题中的共识可知，刑法的独立判断即刑事违法性的独立判断，意指刑事不法不从属于民法、行政法的不法判断，在犯罪构成的认定中应进行自主的独立价值判断。司法机关应从刑法目的出发独立判断补充规范在刑法中的价值，而不能将依据行政法律、法规所做的结论直接作为定罪量刑的根据。② 司法裁判中"罪刑法定所指的是刑法本身"，进而排除适用附属刑法中犯罪构成要件内容的裁判，明确表达了"附属刑法不是刑法"的观点。前述第二类情形中认可这一观点的学者同样强调附属刑法规范仅有宣示意义，"依法"定罪是指依据刑法进行定罪，故而主张刑法判断的独立性。

法院裁判的支撑性理由通常是"罪刑法定所指的是刑法本身"，是否构罪应以刑法为依据。这种观点本身并无问题，笔者亦赞同"罪刑法定所指的是刑法本身"，刑法的确是独揽"罪"与"罚"的决定权，此为罪刑法定原则的核心命题，这从我国《宪法》及《立法法》关于设定罪与刑的规定中均能找到相应的法条依据，也表明了法院在罪与罚问题上对刑法自主判断、专享刑罚权的立场拥护。问题的关键在于：

（1）刑法独立判断不等同于个罪的犯罪构成要件是否充足只能单独直接依据刑法典中的刑法条款做司法裁量。换言之，基于成文法的局限性，刑法的适用不能在刑法典的自给自足中完成，需要依赖其他法律规范进行补充适用。否则，状如空白罪状、规范性构成要件要素等立法元素均丧失存在法理。

（2）罪刑法定中的"刑法"除包括刑法典和单行刑法外，附属刑法是否

---

① 张明楷：《刑事立法模式的宪法考察》，载《法律科学（西北政法大学学报）》2020年第1期，第60页。
② 张明楷：《正确适用空白刑法的补充规范》，载《人民法院报》2019年8月8日第5版。

在其内？有学者认为包括附属刑法，① 但大多数学者认为不包括附属刑法，否则就可能违背了法定性原则。② 笔者认为罪刑法定之"法"应当包括附属刑法：一是如果仅仅因为附属刑法对罪与刑的规定不完整而否定其刑法属性，则同理采用空白罪状的本体刑法规范本身也因"罪"与"刑"的分立而无法成为刑法条款。二是规定犯罪行为的刑法条款重要的是"罚"的性质的不同，而附属刑法规范在"罚"上明确标示了"刑事责任"这一核心要素；如要改进，也是从改进刑行衔接不畅、明确竞合时解释、加强附属刑法规范密度等方面入手，但附属刑法本身的性质或属性不应被影响。

（3）从我国行政犯罪现行依附型立法方式而言，由于附属刑法只规定了具体的犯罪构成，仍然要依靠刑法典的规定才能对不法行为完成定罪量刑。但综合来讲，附属刑法在此的"依附性"并非等同于毫无积极功能，仍然需要刑法典与附属刑法共同作用才能完成对行政犯罪的定罪处刑。

（4）这里很有必要对附属刑法规范仅具有宣示意义进行检视。纵然，附属刑法规范因"没有刑罚不为罪"被贴上"无效条款"的标签，③ 但据此证成的附属刑法规范就是宣示条款的简单化逻辑应予摒弃。其一，中国及德日刑法理论均承认附属刑法与核心刑法一样属于刑事法范畴。④ 但在司法适用中，学者们一方面承认犯罪的成立会受到非刑事法律规范的"影响和制约"，另一方面却又认为非刑事法律规范追究刑事责任的表述对认定犯罪"并无实质性意义"，⑤ 则这种"影响和制约"及附属刑法规范归属于刑事法体系的实践价值何在？如果是指刑法与附属刑法规范之间关于不法行为的行为类型对照，而当二者规定的行为类型不同时，刑法又完全不受其"影响"，那么这种对照的实质仅剩下"有"、"没有"、是否吻合，仅本书上述第一类情形才可以"对号入座"，其实是不当缩小了附属刑法规范的应有价值。准确而言，这种理解的实践优势并不突出，可见本书后面详述。其二，当空白罪状对应的非刑事法律规范规定了追究刑事责任的不同构罪要件时，好比在非刑事法律规范中设立了带有自身价值判断的入罪"栅栏"，具有独立的"属地管辖"

---

① 陈兴良：《刑法适用总论》，法律出版社 1999 年版，第 25 页。
② 冷远鑫：《空白罪状刑法条款的司法适用问题研究》，西南政法大学 2013 年硕士学位论文，第 21 页。
③ 周光权：《法定刑研究》，中国方正出版社 2000 年版，第 8 页。
④ ［德］乌尔斯·金德霍伊泽尔：《刑法总论教科书》（第六版），蔡桂生译，北京大学出版社 2015 年版，第 13 页。
⑤ 吴允锋：《非刑事法律规范中的刑事责任条款性质研究》，载《华东政法大学学报》2009 年第 2 期，第 43 页。

权。符合一定效力位阶要求的附属刑法规范,[①] 是犯罪构成要件的组成部分,空白罪状中的补充规范与本体刑法应相互释明、双向"救赎",强调本体刑法的单向"霸权"或独立的刑事违法性判断的法理依据不足。是故,尽管附属刑法规范因自身明确性不足而丧失其刑法独立判断的价值,但不能由此一并遮蔽或否认其全部价值。

此外,有一种类似情形值得注意:补充规范对相应的犯罪行为并无具体构成要件的补充或描述。譬如,《水产资源繁殖保护条例》第15条规定:"……对严重损害资源造成重大破坏的,或抗拒管理,行凶打人的,要追究刑事责任。"严重损害资源造成重大破坏,或者抗拒管理行凶打人的行为根据具体情形,可能认定为故意伤害、故意毁坏财物、妨害公务等不尽相同的犯罪,故在此条款中并不存在具体的犯罪构成要件,只是粗略地指出了犯罪化倾向的框架,也缺乏相对明确的刑法条款与之对接。严格来讲,其不是附属刑法,理解为在此情形下提醒追究其刑事责任的注意规定较为妥当。因此,在具体案件中,该类规定并无参照价值,应由刑法根据具体案情进行完全独立的判断。

总之,是否承认"附属刑法是刑法"将导致空白罪状与补充规范在衔接中的刑事违法性判断是刑法规范内部的判断还是不同法域间的刑法独立判断的不同理解,从而影响不同结论的得出。而本书在坚持"附属刑法是刑法"的立场上,取前者之理解,即提倡空白罪状中刑法独立判断的交互限制。

(四)空白罪状与补充规范的交互限制规则

处理空白罪状与补充规范的衔接问题,除立法上的努力,关键在于建立二者之间有效衔接的解释教义。什么是空白罪状中刑事违法性判断的交互限制?其适用的前提如何?其实行的正当性何解?这都需要从理论上给予合理定位。

1. 违法性判断交互限制的基本内涵

在采用空白罪状的刑法规定与补充规范的衔接适用中,若要对不法行为进行定罪量刑,首先要厘清二者在构成要件上的关系,尤其是当二者在构成要件的设定存在差异时。换言之,当刑法规定与补充规范的刑事责任条款在构成要件上基本吻合时(即前述第一种情形),再进一步结合刑法自身的规范保护目的对犯罪的认定进行独立的刑事违法性判断;当二者存在构成要件的规定差异时,宜先区分二者在构成要件规定范畴上的扩大、缩小乃至"落空"

[①] 附属刑法规范应满足一定的适用条件,对此,不同学者有不同观点。此问题颇有价值,因不是本书讨论重点,不再展开。

关系。当存在扩大或缩小关系时（即前述第二种情形），对不法行为构成要件的理解应以二者中的缩小规定为准，再经由刑法的价值取向进行限缩解释。详言之，当本体刑法规范规定的构成要件范畴小于补充规范刑事责任条款的规定时，直接以本体刑法规范规定的犯罪构成要件为依据进行定罪量刑；当本体刑法规范规定的构成要件范畴大于补充规范刑事责任条款的规定时，应以补充规范刑事责任条款规定的要件为刑事犯罪构成要件的准据；当相互"落空"时（即前述第三、四、五种情形），刑法不宜对其中的不法行为作出刑事不法评价。此即空白罪状与补充规范在刑事违法性判断中交互限制之含义。

行文至此，空白罪状与补充规范的衔接类型及违法性判断结局基本明朗。对此可以表5呈现如下：

表5：空白罪状与补充规范衔接情形及处理意见对照表

	空白罪状针对不法行为	补充规范针对不法行为	当前处理意见	本书意见
情形一	有相吻合的规定	有相吻合的规定	依本体刑法规定，追究刑事责任	依交互限制规则，追究刑事责任
情形二	有不同的规定	有不同的规定	依本体刑法规定，追究刑事责任	依交互限制规则，追究刑事责任
情形三	有规定	有规定，但缺少"情节"句	多数意见：可追究刑事责任；少数意见：不可追究刑事责任	依交互限制规则，不追究刑事责任
情形四	有规定	无规定	不追究刑事责任	依交互限制规则，不追究刑事责任
情形五	无规定	有规定	不追究刑事责任	依刑法独立判断，不追究刑事责任

注："情节"句，指"情节严重构成犯罪的，依法追究刑事责任"之类的条款。

不难看出，刑事违法性判断交互限制的本质或理论根基是罪刑法定精神的继续，从其下位原则——刑法明确性原则出发，应有利于人权保障对入罪做限缩解释的立场；其直接依据来源于对"附属刑法是刑法"之立场的肯定，从而归属于刑法规范内部的矛盾冲突解决规则。对空白罪状中违法性判断之交互限制规则的适用需要注意如下几方面：

第四章 空白罪状明确性的解释对象之一：补充规范

（1）该交互限制以存在空白罪状为适用场域，解决的是刑法规范之内的矛盾冲突。其一，就我国实在法的实际而言，以经济犯罪为例，尽管大部分经济犯罪采用了空白罪状的立法设计，但并非全部如此。没有采用空白罪状的本体刑法条文，在规定相应不法行为的非刑事法律条款中没有附加刑事责任条款时，单独依据刑法规定进行定罪量刑，并不违反法秩序统一原理。① 本体刑法与非刑事法律规范针对值得处罚的同一不法行为都作了规定，与法律竞合有几分貌似，但不以刑法与其他部门法之间存在条款规定上的"联结"为前提，此时进行刑法的独立判断具备充分自洽的法理。这是典型的不同法域间的违法性判断竞争，与本书指涉语境不同。其二，空白罪状应遵循立法便宜、社会变迁的设计初衷，其参考补充规范是一种必然和必须。对刑事违法性判断交互限制的提倡，以二者之间存在条款规定上的"联结"——空白罪状为前提，目的是为解决采用空白罪状与补充规范刑事责任条款之间的"对接"问题。由于二者之间在条文规定上存在不同程度的呼应与勾连，不得不考虑各自的作用范围。基于对"附属刑法是刑法"之立场的肯定，二者的冲突归属于刑法之内的矛盾冲突，此为违法性判断交互限制的形成空间。

（2）该交互限制区别于行政犯罪的从属性。空白刑法规范在解释上依附于行政法规定。易言之，刑事违法性判断对行政违法性判断具有依附性，行政犯的成立以成立行政违法性为前提。② 这完全由行政犯罪行政不法、刑事不法的双重违法属性决定。③ 空白罪状中刑事违法性判断的交互限制属于第一性的问题，即只有优先解决了刑法之内的犯罪构成要件问题，才有必要进一步考虑不同法域之间违法性判断竞争引起的行政犯罪的从属性。④

一言以蔽之，刑事违法性判断的交互限制与不同法域间刑法的独立判断具有不同旨趣。尽管学者目前针对行政犯违法的判断存在违法一元论、违法

---

① "只要明确法秩序统一的底线是违法判断的不对立而非完全一致这一点，行为什么时候进入刑法评价的视野，罪与非罪的界限如何明确化、清晰化等问题就可以在刑法范围内独立地展开。"简爱：《从"分野"到"融合"刑事违法判断的相对独立性》，载《中外法学》2019年第2期，第448页。
② 张绍谦：《试论行政犯中行政法规与刑事法规的关系——从著作权犯罪的"复制发行"说起》，载《政治与法律》2011年第8期，第44页。
③ 刘艳红、周佑勇：《行政刑法的一般理论》，北京大学出版社2020年版，第4-14页。
④ 当然，该"从属性"也具有相对性，并不能抹杀刑事违法性判断的相对独立性，此为法秩序统一原理语境下的重点研究问题。

相对论等观点的激烈交锋，① 但学界主流观点认为，从维护法秩序统一的角度出发，基本是在讨论刑事不法与民事不法、行政不法之间的从属性问题，讨论刑事不法的判断是否以后两者为前提，进而引发刑法独立判断的思考。换言之，刑法的独立判断以不同法域间的违法判断为背景。无论是违法一元论、相对论还是多元论，都是刑法独立判断倡导适用的核心场域。而本书要证立的问题言说背景有所不同，并非完全是不同部门法之间相互衔接时需要考虑的法秩序统一问题，也非讨论不同不法判断的相互前提，而是在与判断行政不法或民事不法无涉的前提下，对于附属刑法条款规定的犯罪构成要件如何与刑法规定"对接"的问题。例如，非法采矿罪司法适用中的上述问题，不是非法采矿罪的成立是否要经由行政不法的前置性确认这一不同法域间的命题，而是本罪刑法与补充规范中刑事责任条款规定不一致的矛盾问题。显然，二者分属不同的问题域。《刑法》与《矿产资源法》均为法律，在法律位阶上并无从属、高下之分，② 不能以"上位法优于下位法"，也不宜用"新法优于旧法"的规则去化解其间的矛盾。要解决二者之间法律规定的竞争，显然不能指望这些在逻辑上并不为当然，甚至在理论上也碰到困难的规则。③ 至少，《矿产资源法》中的构罪要件规定不应被理所当然地随意"抛弃"。

此外，如前所述，空白罪状中刑事违法性判断的交互限制既不是指本体刑法规范无条件依附于附属刑法责任条款，也不是指附属刑法责任条款无条件依附于本体刑法规范。而意指，受罪刑法定之刑法明确性原则制约，刑事违法性的判断从属于本体刑法规范与附属刑法责任条款构成要件规定的"交集"。即空白罪状违法性判断应作以空白罪状与补充规范中构成要件规定"交集"为基础的判断。

---

① 我国学者中有的持缓和的违法一元论，如于改之、于冲及台湾地区学者王容溥等；有的持违法相对论，如张明楷、王昭武、付立庆、简爱等。当然，在同一阵营的归类上，也因具体观点的进一步不同存在不同意见。于改之：《法域冲突的排除：立场、规则与适用》，载《中国法学》2018年第4期；于冲：《行政违法、刑事违法的二元划分与一元认定——基于空白罪状要素构成要件化的思考》，载《政法论坛》2019年第5期；王容溥：《法秩序统一与可罚的违法性》，载《东吴法律学报》2008年第2期；张明楷：《避免将行政违法认定为刑事犯罪：理念、方法与路径》，载《中国法学》2017年第4期；王昭武：《法秩序统一性视野下违法判断的相对性》，载《中外法学》2015年第1期；付立庆：《积极主义刑法观及其展开》，中国人民大学出版社2020年版；王骏：《违法性判断必须一元吗?》，载《法学家》2013年第5期；简爱：《从"分野"到"融合"：刑事违法判断的相对独立性》，载《中外法学》2019年第2期。

② 当然，本书中的附属刑法并非指一切非刑事法律中规定刑事责任的条款，而限定为由立法机关在经济法、行政法等非刑事法律中附带规定的刑事责任条款，即只存在于非刑法的法律中。

③ ［德］卡尔·恩吉施：《法律思维导论》，郑永流译，法律出版社2004年版，第201页。

2. 价值重申

提倡空白罪状中刑事违法性判断的上述交互限制规则，不仅仅是一种逻辑自洽的需要，在法律适用中利益"权衡"时也存在正向效益，如下数端：

（1）有利于校正空白罪状与补充规范的现有规范矛盾。固然，在其他法律中直接规定有关犯罪构成要件与法定刑，将附属刑法实质化，[1] 是解决空白罪状明确性问题的不错尝试，但完全无视当下的立法安排，不仅附属刑法条款的尴尬显而易见，也终归有"掩耳盗铃"的嫌疑。从法律渊源看，不少刑法条款直接源于行政法规。如前所述，在补充规范与空白罪状对接中，除第一种情形外，第三、四、五种情形中的相互"落空"形成了隐性的立法矛盾。在第二种情形中，这种规范矛盾展露得一览无遗。诚如上述对非法采矿罪的分析，依据《矿产资源法》的规定，对于已构成一般违法开矿的行为，如果没有被要求"退回本矿区范围内开采"但情节严重时，依据该附属刑法条款来看，并不存在构成犯罪行为的可能；然而依空白罪状规范来看，却有构成非法采矿罪的极大可能，造成同一行为在刑法上"同时被禁止和被允许"的规范矛盾结局，即所谓的"碰撞漏洞"或称"冲突漏洞"。[2] 若不承认刑事违法性判断的交互限制，则陷入刑事法体系内各说各话的局面，立法倒成了彼此客套的摆设，制定法似乎成了任意的陈述。同时在客观上否定了单行刑法、附属刑法并立的多元刑事立法体系，形成刑法典事实上的无端"傲慢"。

"法秩序并非法条的聚合，而是由许多规范体构成。"[3] 认识规范背后的法律价值判断，不能孤立地考察该规范。真正理解法条的作用范围，不单单是从个别法条与其所属规范体出发，有时还必须由其与其他规范体以及各个规范体之间的关系出发。不承认空白罪状刑事违法性判断的交互限制，等同于人为地加剧了我国附属刑法"附而不属"的定位。而行政执法、刑事司法的衔接因规范衔接的落空而沦为法治口号；"附而不属"将再添新伤——立法规定甚至难比象征性立法，何况象征性立法本身就是遭受批评和竭力要避免的现象。

也许有人认为，及时地修改法律即可改变现状，无须由解释论替代。比如，就非法采矿罪的具体适用而言，要么修改《矿产资源法》第39条、第40条，删除刑法责任条款中"拒不停止开采""拒不退回本矿区范围内开采"的规定；要么删除《刑法》第343条第1款中"违反矿产资源法的规定"，不

---

[1] 张明楷：《刑事立法模式的宪法考察》，载《法律科学（西北政法大学学报）》2020年第1期。

[2] 黄茂荣：《法学方法与现代民法》，法律出版社2007年版，第396页。

[3] [德]卡尔·拉伦茨：《法学方法论》，黄家镇译，商务印书馆2020年版，第336页。

再采用空白罪状的描述方式。笔者认为，尽管这种删除、修改条文的做法可能较轻易地解决了问题，但随着时间、环境的变化，同样问题在改变表现形态后或其他条款中仍会出现。毕竟，"头痛医头脚痛医脚"这种扬汤止沸的方法终究作用有限。"在'法这个事物'中的确有一些固有的问题存在"，① 制定法的改动不能使一些固有的问题消失。相反，在社会发展导致补充规范不断变迁的背景下，刑法解释的功能使得人们有可能在对法律安定性与正义的需求之间进行折冲樽俎，而相对滞后、被动的修法补救显得并不可取也不值得向往。法律解释应当基于一种克制性的解释模式，对"法的统一"起维护作用，"维护法的无冲突性和法的安定性，以及对各项规范之相互冲突的意旨做出公正且能够最大限度地促进各有关利益的协调"。②

（2）保护受规范者的刑罚可预见性。刑罚可预见性是公民自由的基础，而法律的明确性是切实保障路径。众所周知，罪刑法定原则特别要求立法的明确性。其目的除恪守立法权不被僭越或篡夺外，还能更好地保障受规范者的刑罚可预见性。若法律条文本身如此容易被"误解"，则正是法律共同体应当勠力而为之处。毕竟，"法律不是陷阱，随时蛰伏在暗处等着无知大意的猎物上门"③。正是出于对基本人权的保障，约翰·洛克宣称，"法律的目的并不是废除或限制自由，而是保护和扩大自由"④。这在美国刑法中体现得更为突出。比如，美国的罪刑法定原则发展出了宽宥原则（Rule of Lenity）等内容。⑤ 该规则规定，当联邦刑事法规出现歧义时，法院应采取有利于被告的解释。换言之，当法律规定了模糊不清但还未违宪而需要宣告无效时，采取有利于被告的解释立场。⑥ 这种利益维护倾向颇富借鉴意义。但存疑有利于被告原则在我国刑法学界通常是在事实存疑而非规范存疑时适用。⑦ 在行政犯大量采用空白罪状的立法背景下，直接的禁止内容与制裁规定相脱离的刑事立法模式事实上已经大幅增加了受规范者的刑罚可预见难度。若没有明确的附属

---

① ［德］卡尔·拉伦茨：《法学方法论》，黄家镇译，商务印书馆2020年版，第309页。
② ［德］齐佩利乌斯：《法学方法论》，金振豹译，法律出版社2009年版，第61页。
③ 许宗力：《论法律明确性之审查：从"司法院"大法官相关解释谈起》，载《台大法学论丛》2012年第4期，第1690页。
④ ［美］E. 博登海默：《法理学：法律哲学与法律方法》，邓正来译，中国政法大学出版社2017年版，第301页。
⑤ 又称严格解释原则，或从宽解释原则。车剑锋：《美国刑法中的罪刑法定原则内涵辨正及其启示》，载《武陵学刊》2017年第1期，第81页。
⑥ Shon Hopwood, Clarity in Criminal Law, American Criminal Law Review, Vol. 54, No. 3, 2017, pp. 695-750.
⑦ 张明楷：《"存疑时有利于被告"原则的适用界限》，载《吉林大学社会科学学报》2002年第1期。

刑事责任条款，补充规范就无法发挥其裁判指引功能，选择性执法就在所难免。①

换言之，当空白罪状与补充规范对犯罪构成要件的规定出现方枘圆凿，罔顾任一方的规定都会损害受规范者的合理预见性，这在某种程度上也背离了一般社会观念，与其说违反了法律明确性原则，不如说违反了比例原则，侵害了民众自由权利。而取其规定的"交集"，显然具有合理性。

（3）避免有损于经济刑法中的自由保障与适正处罚。法规范除包含具有法律效力的规则，还调整特定的社会关系、社会进程及行为模式。作为正确理解法律的前提条件，前理解的重要性不可忽视。尤其对于法官，在不断质疑乃至修正自己"前理解"的程序中进入理解法律过程的话，至少在多数案件中能够提供一种"可接受的"答案。② 采用空白罪状立法技术的行政犯罪大多数属于广义的经济刑法范畴，该类犯罪行为不仅影响社会管理秩序，同样影响社会经济的发展。在经济刑法中，国家以维持社会秩序为目的控制公民行为为内容的刑法功能，以保障包括罪犯在内的公民权利和自由为目的控制作为统治力量主体的国家本身为内容的刑法功能，两者之间的紧张关系有时会表现得更加尖锐。③ 本来经济刑法中的规则从一定的政策观点出发，早已脱离了传统道德伦理的制约，与自然犯存在截然不同的违法性认识难度，比较容易发生违法行为。在行、刑与行、民界限原本就模糊不清的当下，受规范者极易发生误信行为。在民事经济交往活动中或经济行政管理过程中，因活动范围使然，行为人对经济法律规范的了解与熟悉应远超过对刑法的了解。当补充规范中的刑事责任条款与刑法典规定发生冲突而选择适用刑法典且刑法典的处罚范围较大时，势必不利于受规范者的权益保护，侵蚀他们的法感情。与此同时，选择无视刑事违法性判断的交互限制，无疑扩张了经济犯罪的处罚范围，从保障经济活动自由的角度来看也不可取。司法裁判不是单纯的逻辑游戏，而是一种趋向于符合正义的合理结论的目的性行为。

总之，刑、行交织的表象并非意味着法律适用中务必首先进行不同法域意义上的刑法独立判断，空白罪状中违法性判断的关键在于首先进行刑法规范之内的构成要件再确定。当空白罪状与补充规范关于构成要件的规定基本吻合时，继续进行不同法域间刑事违法性判断；当二者规定不同时，构成要件的再确定首先受二者规定"交集"的约束，在此基础上才可能涉及不同法

---

① 罗翔：《空白罪状中刑事不法与行政不法的规范关联》，载《中国检察官学院学报》2021年第4期。
② [德]卡尔·拉伦茨：《法学方法论》，黄家镇译，商务印书馆2020年版，第270-272页。
③ [日]曾根威彦：《刑法学基础》，黎宏译，法律出版社2005年版，第5-6页。

域间的刑法独立判断。交互限制规则从总体上缩小了刑法的规制范围，激活了刑法人权保障优先的功能，同时避免了刑事诉讼程序的不当启动而在总体上增加国家司法资源的投入。整体而言，空白罪状中违法性判断的当前主流观点及司法实践的裏赞并非萧规曹随、不刊之论，其意义应不断被调整、扬弃，在持续的实践中宣示新的内涵。要注意的是，鉴于我国当下的行政犯罪立法模式，在法律的立、改、废中务必注意刑法典与补充规范的联动，以保障空白罪状与补充规范中刑事责任条款的有效衔接。"法学关心的不仅是明确性和安定性，还致力于在细节上逐步落实'更多的正义'。"[①] 在维持现行法律规范的前提下，对空白罪状中违法性判断的误读进行纠偏，对刑事违法性判断的交互限制规则的提倡实属必要。

三、补充规范的变更及司法中展现的效果

补充规范的变更本质上属于事实变更还是法律变更抑或有其他的可能性？该问题的答案直接影响空白罪状中补充规范发生变化时的法律效果。我国的案件判决一定程度上表达了司法界采用法律变更说的立场，但对这种"理所当然"态度的学理证成显然还不充足。

（一）补充规范的变更及说理竞争

补充规范的修、改、废在空白罪状的适用中实属常见，作为参照规范的前置性法规的变更往往与刑法不具有同步性。例如，这在野生动物犯罪中就很常见，主要是由于《国家重点保护野生动物名录》《濒危野生动植物种国际贸易公约》附录等补充规范中有关被保护的具体野生动物具有流动性。例如，过去作为"四害"之一的麻雀，随着其数量的大幅减少，现在已成为国家保护动物；依据2021年调整的《国家重点保护野生动物名录》，螺蛳（特定种类）成为国家二级保护动物；相反，我国"国宝"大熊猫尽管仍然是国家一级保护动物，但依据2016年9月世界自然保护联盟（IUCN）在《濒危物种红色名录》中的调整，其濒危等级已从"濒危级（EN）"调整成了"易危级（VU）"。易言之，大熊猫这一物种已经不是狭义上的濒危动物了。这既不利于民众可预见性，也引发空白罪状在此情景下适用规则的建立问题。由于空白罪状刑法规范的特别结构，其补充规范的变更事实上会影响刑法空白罪状规范所涵摄犯罪的认定结果，对法律正确地适用意义重大。

对空白罪状补充规范变更的定性关联到对"刑法变更"概念本身的理解，究竟只是单纯指刑法的法律规定本身发生变更（即形式的法律变更意义），抑

---

① [德] 卡尔·拉伦茨：《法学方法论》，黄家镇译，商务印书馆2020年版，第253页。

或是法律规定虽未有任何文字变动,但其适用的范围因其他法律发生变化,而使得其得以适用的对象与范围随之发生变更(即实质的法律变更意义)时才属于本概念之含义?对此,各国学者及实务界看法各异,总体上存在事实变更与法律变更的不同看法。

1. 事实变更说

对补充规范变更定性影响体现最为直接的当属我国台湾地区,这与我国台湾地区实体法规范的支撑不无关系。我国台湾地区"刑法"第2条第1款规定:行为后法律有变更者,适用行为时之法律。但行为后之法律有利于行为人者,适用最有利于行为人之法律。显然,在我国台湾地区如何界定空白罪状之补充规范的变更性质,直接关系到该条法律规定的适用。虽有明文规定,然而法律变更是否包括空白罪状之补充规范的变更,我国台湾地区的理论界与实务界存在不同看法。依所谓大法官会议见解,台湾地区"刑法"第2条所称法律变更,乃是指法律的处罚规定有变更,并非指空白罪状的补充规定发生变更。[①] 换言之,这种观点认为,空白罪状的补充规范变更并无适用台湾地区"刑法"第2条的空间,该条仅限于刑罚法律的变更。这一立场为我国台湾地区实务界的稳定看法,并被更多的判决襄赞。当然,我国台湾地区实务界也存在不同看法。譬如,在"司法院"大法官会议释字第103号解释不同意见书中指出,所谓法律,无论是从文理还是法理上看,均非专指有关处罚规定之法律而言,而宜包括关于构成要件之法律在内。盖在文理上,该条(指我国台湾地区"刑法"第2条第1项)既未定为"行为后处罚法律有变更……",而仅泛称"行为后法律有变更",已不容任意缩小解释,排除关于构成要件之规定,于该条所称法律之外矣。换言之,刑法中的构成要件与处罚规定是一体的,不容割裂解释。但此处理解本条所指的法律时,专指有关处罚的规定,置其中关于构成要件的规定于不顾,事实上已不符合法理阐释。

综上,在事实变更说看来,所谓的法律有变更,专指刑罚法律有变更的情形,刑罚之外法律或行政法规的变更,应认为事实变更而非法律变更。这样看来,空白罪状之补充规范的变更因其并非刑罚法律本身的变更而被看作事实变更。持这一观点的学者最担心的是,如将补充规范变更当作法律变更,

---

① 参见台湾地区"司法院"大法官会议释字第103号解释。但此见解在实务上仍有争议,对于非纯粹刑罚法律的变更,是否亦属于法律变更之见解,虽然大法官会议释字第103号解释采取否定见解,但仍有持肯定论者,参见该号解释不同意见书;另实务上也曾出现不同见解,见"最高法院"台非字第137号判决(该号判决嗣后于1987年6月2日遭"最高法院"刑庭会议决议,基于避免与大法官会议释字第103号解释冲突,加以推翻)。是以实务认为只要非属刑事制裁法律规定的变更者,均非属"刑法"第2条所称之法律变更。

则刑罚权掌握在行政机关手中，难免流弊甚多，也与罪刑法定原则背离。我国台湾地区学者郑健才、陈朴生等均持事实变更说。

2. 法律变更说

基于罪刑法定主义，原则上法律变更不得溯及既往，但若新法有利于行为人时，则适用变更后之法律。在我国大陆及台湾地区刑法适用中均有此教义。法律变更说为我国台湾地区刑法学界的通说，该说认为，决定法律有无变更的关键，在于改变部分是否具备规范性，必须变更部分无规范性才算事实变更。而用以填补的补充规范变更时，足以影响刑法处罚的范围，自有规范性而为法律变更，故当然可以适用我国台湾地区"刑法"第2条从新从轻原则。其主要理由在于，补充规范对空白罪状而言，居于解释填补地位，若无补充规范，则空白罪状的规定无从实现；补充规范是犯罪构成要件的一部分，其本身与犯罪构成要件具有等位价值，补充规范的修正或废止足以影响可罚行为的范围或法律效果。我国台湾地区"刑法"第2条第1项之"法律变更"是指在行为人原来的具体行为事实之中，一切有关其犯罪成立要件与刑罚程度之法的实质内容发生了有利于行为人的变更。因为若不是法律上有关可罚性的成立要件与刑罚程度之实质内容发生有利于行为人之变更，则显然对于行为人原来的法律地位根本不产生影响，此当然无所谓"轻""重"之别，对于行为人而言，究竟适用"新法"或"旧法"并无差别。因此，当相关的补充规范被废止、删除或限缩其禁止的范围时，则表示此等补充规范已改变其原来较为严格的标准，这样的改变使得空白刑法之禁止内容发生了有利于行为人之实质变更，故而应属于台湾地区"刑法"第2条第1项之"法律变更"。① 这本质上是将空白罪状之补充规范的"法律变更"认定，从第2条第1项规范保护目的角度限定在了"有利于行为人"的范畴之内。

《德国刑法典》第2条第3项与我国台湾地区"刑法"第2条第1项规定相类似，同样是在处理刑法上时间的效力问题："行为终了时有效之法律在判决前变更的，适用处刑最轻之法律。"有德国学者同样认为，在空白刑法中，从轻处罚的认定不是刑罚本身被修改为从轻，而是补充规范的修改促成了行为人的处罚从轻。② 补充空白构成要件之法规范，依照德国当前学说与实务一致的看法，均认为其组成犯罪构成要件之内容应视为整体的实质刑法的一部分，因此，学说上便有人主张，与犯罪构成要件有关联之法

---

① 吴耀宗：《"刑法"第2条第1项"法律变更"之研究》，载《台湾本土法学》2000年第13期，第81页。

② [德] 克劳斯·罗克辛：《德国刑法学总论》（第1卷），王世洲译，法律出版社2005年版，第99页。

规范，包括补充空白构成要件之法范，皆属于《德国刑法典》第2条第3项所规定的"法律"，而此等法规范之变更，当然属于该条项所谓的"法律变更"。相对地，学说上也有人认为，并非一切补充规范的变更均属于该条项所谓的"法律变更"，而应加以区别。至于如何区别，说法又不一致。比如，有学者主张，若空白构成要件是在强化、稳固民众对于补充规范之服从，则此类补充规范的变更属于"法律变更"；而若空白构成要件之任务在保护补充规范所追求之特定的规整效应，则此等补充规范的变更并不属之。另有学者主张，唯有"重要的"或"显著的"法律变更才是《德国刑法典》第2条第3项之"法律变更"，其他"不重要的""非显著的"法律变更并不包括在内；至于所谓"重要的""不重要的"或者"显著的""非显著的"之区分，则需视空白构成要件之保护目的、攻击方向在根本上是否受到影响而定。换言之，如果补充空白构成要件之法规范的变更足以造成空白构成要件之保护目的与攻击方向之改变，则此等补充规范之变更乃是所谓的"法律变更"，反之则反。①

《日本刑法典》第6条是有关刑罚变更的规定："犯罪后的法律变更了其刑罚者，适用处罚较轻的法律。"这也是由于修改法律，行为时法和裁判时法出现差异的情形。从接受适用的行为人利益出发，承认新法具有溯及力。有日本学者同样认为，只要空白刑法中补充规范的变更能引起犯罪构成要件发生变化或刑罚法规自身发生变更，都属于变更刑罚。②《日本刑法典》第6条规定中的"法律"自然是包括狭义的法律、政令以及命令。该学者持法律变更观点的基本理由，依然是按照该法第6条的宗旨——保护行为人的利益出发。

3. 折中说

我国台湾地区有学者持折中说。该说认为，空白罪状之补充规范的变更应区分其变更是否由于事实状态有所变更而决定。详言之，凡空白刑罚法规并非由于事实状态的变更而变更者，其变更即与一般刑罚法令之变更无异，自应受台湾地区"刑法"第2条规定之适用（当属法律变更）；凡是空白刑罚法规之变更，由于某种事实状态有变更，致法定之犯罪构成事实将来不能发生者，则此等变更仍不外事实变更之一种，在变更前成立犯罪的，并不因此受影响。例如，有人于某种流行病猖獗之际，违背关于预防该病所颁布之检查法令，或在某外国交战之际，违背政府局外中立之命令，纵在该流行病消

---

① 吴耀宗：《"刑法"第2条第1项"法律变更"之研究》，载中国《台湾本土法学》2000年第13期。

② ［日］大谷实：《刑法讲义总论》，黎宏译，中国人民大学出版社2008年版，第64页。

灭，或和平恢复，上述法令废止后，始受裁判，仍应依行为时之法令加以处罚，与第 2 条之规定无涉。① 我国台湾地区另有蔡墩铭、杨建华等学者也持这种折中说，其均认为，补充规范之变更若为规定构成要件法律的变更，即属于法律变更；若为单纯事实的变更，则并非法律变更。

（二）补充规范变更的溯及力证成

空白罪状中补充规范的变更之所以在我国同样成为刑法适用中不明确的问题，其根本原因在于刑法文本规定的不明确性。我国现行《刑法》第 12 条有关刑法溯及力之"从旧兼从轻"的规制对象为中华人民共和国成立后且"本法施行以前"的行为。这样的规定至少存在以下两处不明确。一是第 12 条中的"法律"能否包括事实上影响空白罪状适用的补充规范？二是第 12 条中的"本法"是否特指 1997 年修订的刑法典？如果是特指的话，如何处理发生在 1997 年《刑法》发布之后、《刑法修正案（十一）》发布之前实施的行为？如何与事实上同样具有刑罚设置的单行刑法，甚至现行《刑法》第 101 条有关附属刑法规定相协调？从这两处不明确可以看出，对比我国台湾地区"刑法"第 2 条第 1 款的规定，比较我国关于刑法溯及力的规定采用静态的时间表述——"本法施行以前"，我国台湾地区及域外之"法律变更"的规定似乎多些灵活性。综合而论，我国刑法有关溯及力的制度需要进一步完善，而当下则亟须确定如何处理空白罪状中补充规范变更情形下的法律适用问题。不妨先从实务中的处理情况看起。

1. 司法实践立场观察

案例一：于某龙涉嫌非法经营罪一案。② 被告人于某龙在 2002 年 9 月 21 日驾车携带自有及收购所得黄金共计 46000 多克准备运往外市时被抓获。在本案审理中，国务院发布了《国务院关于取消第二批行政审批项目和改变一批行政审批项目管理方式的决定》（国发〔2003〕5 号）（以下简称《决定》），在《决定》取消的第二批行政审批项目目录的第 131 至 134 项规定了黄金收购许可、黄金制品生产、加工、批发业务审批、黄金供应审批、黄金制品零售业务核准等，意味着中国人民银行对黄金的收售许可权被取消，单位或个人收售黄金无须经过中国人民银行批准办理许可证。由此，本案需要参照的行政法规——《中华人民共和国金银管理条例》（国发〔1983〕95 号）（以下简称《条例》，2011 年修订）其相关内容是否仍然有效，关系重大。

对此，一审法院经审理后认为，被告人于某龙的行为已构成非法经营

---

① 韩忠谟：《刑法原理》，北京大学出版社 2009 年版，第 463 页。
② 参见吉林市中级人民法院（2004）吉刑终字第 104 号刑事判决书。涂龙科、秦新承：《空白罪状补充规则的适用》，载《法学》2011 年第 10 期，第 154 页。

罪。其理由在于：虽然国务院下发了国发〔2003〕5号文件，取消黄金收购许可证审批制度，但对于国内黄金市场的发展运行，还有行政法规、政策及相关部门的规章加以规范，不许任其无序经营，《条例》在废止前的其他内容仍然有效。宣判后，被告人于某龙不服提出上诉。二审改判上诉人于某龙无罪。①

案例二：李某庆、李某生非法运输珍贵濒危野生动物罪一案。② 2016年5月末至2016年7月末，被告人李某庆、李某生为了使其共同经营的马戏团更加盈利，在明知其没有办理运输野生动物的相关手续的情况下，使用货车将老虎、狮子、熊、猴子等动物从安徽省宿州市途经河北省沧州市、辽宁省大连市、辽宁省葫芦岛市等地，运输至辽宁省沈阳市浑南区祝家镇祝家屯。经原国家林业局野生动植物检测中心鉴定，二被告人运输的老虎为虎、狮子为狮、熊为黑熊、猴子为猕猴，虎被列为我国《国家重点保护野生动物名录》一级保护野生动物；狮被列为《濒危野生动植物种国际贸易公约》附录Ⅰ或Ⅱ（2016年）中受保护野生动物；猕猴和熊被列为我国《国家重点保护野生动物名录》二级保护野生动物。原审法院认为，被告人李某庆、李某生非法运输国家重点保护的珍贵、濒危野生动物，情节特别严重，其行为已构成非法运输珍贵、濒危野生动物罪。

一审宣判后，两名被告提起上诉。二审期间生效施行的修订后的《野生动物保护法》规定，运输、携带国家重点保护的野生动物及其制品出县境的，无须经政府行政主管部门的批准。二审法院改判上诉人李某庆、李某生无罪。③

在以上两起案件中，其"非法性"的界定与所关联空白罪状中补充规范的变更息息相关。尽管刑法理论上对补充规范以及变更后的补充规范是否属于我国《刑法》第12条规定的"当时的法律"并未展开充分讨论，但至少从这两起案件可以看出，实务部门对补充规范的变更事实上采取了法律适用"从旧兼从轻"的溯及力立场。换言之，司法实践表明，在我国现行刑法框架

---

① 二审法院认为，原审判决认定事实清楚，审判程序合法，但定性不准，适用法律错误。上诉人的行为按照当时的法律构成非法经营罪，但在一审法院审理时，国务院发布的文件取消了中国人民银行关于黄金管理的收售许可审批，导致《刑法》第225条第1项所依据的行政法规——《金银管理条例》发生了变化，其行为按照现在的法律，不存在"违反国家规定"或"未经许可经营法律、行政法规规定的专营、专卖物品或其他限制买卖的物品"的性质，不符合非法经营罪的构成要件，其行为不构成非法经营罪。

② 参见辽宁省沈阳市中级人民法院（2017）辽01刑终126号刑事判决书。

③ 二审法院认为，原审判决认定事实清楚，但依照二审期间生效施行的修订后的《野生动物保护法》的相关规定，运输、携带国家重点保护的野生动物及其制品出县境的，已无须经政府行政主管部门的批准，故二上诉人的行为不再具有刑事违法性，不符合非法运输珍贵、濒危野生动物罪的构成要件，不应认定为犯罪。

下，存在补充规范变更情形的适用空间，实务界事实上采纳了补充规范变更之"法律变更"说。

2. "从旧兼从轻"解释规则的确立

笔者认为，空白罪状的补充规范变更应当明确"从旧兼从轻"的法律适用规则，理由有二。

第一，补充规范是法律的有机组成部分，法律变更说更具有理论优势。在空白罪状的适用上，若无补充规范的补充，受规范者将无从知晓具体的行为规范为何，刑法的行为规范功能无从发挥。事实变更说中所坚持的形式的法律变更概念，使得当空白罪状规范内容发生实质改变，不论是其适用对象还是范围的变化，均无法视为法律变更时，增加了不当限缩"从轻法"机制的可能，甚至有可能发生与禁止的溯及既往原则相抵触的事实。依照现代刑法理论，刑法用语不利于行为人者，宜采用严格解释；有利于行为人者，则宜从宽解释，如此才符合法律保障人权的终极意义。故，事实变更说的立场恐怕难以排除造成法律适用机制发生诸多的混淆。因此，法律变更是一个相对性概念，是针对其所规范对象之适用结构发生改变而言，并非仅局限于文字规定修正这种意义，当其所规范的对象或范围发生改变时，仍应视具体情况判断是否属于法律变更。倘若对于补充规范的变更不视为法律变更，则难以说明刑法的规范对象与范围发生变动时，其意义究竟为何？进而丧失刑法规范与规范对象间的相对应关系。所以，刑法所称法律变更，应包括法规范本身的变更以及实质规范对象与范围的变更，不宜仅从法律规定的形式观察。[①] 从这个意义上讲，补充规范的变更理应属于法律变更，并同时有利于刑事政策功能的发挥。

前述折中说存在的问题是，不合理地割裂了刑罚与事实的有机关联。事实部分规定在刑法典或补充规范中，只是立法之便宜，但事实就是事实，也仅是事实而已，其本质不会因规定在刑法典或补充规范中，就使事实变为非事实，从而在事实变更与法律变更中来回流转不定。至于持事实变更说的学者们担心的使刑罚权落入行政机关操纵的流弊甚多等，更非切中要害之论。空白罪状的立法形式是法律可容许的必然结果，这已在本书开篇部分得到详细论证，与适用法律溯及力条款没有关联。

在肯定补充规范的变更是法律变更的前提下，也存在进一步不同的看法。有学者认为，不区分情形一律采用"从旧兼从轻"原则也不公正；当补充规范的变更属于评价性变更时，应采用该原则；而当其属于技术性变更时，应

---

① 柯耀程：《刑法法律变更与事实变更概念的基本思考》，载《法学讲座》2002年第11期，第5页。

适用行为时法。例如，当行为人偷税后尽管因税制改革其行为已不再具有不法性，但由于税法的变更并非代表国家改变了对偷税行为的否定评价，而只是改善财税政策的技术性变更，因此并不能适用新法除罪。① 这与法国刑法理论中出现的与"目标性规定"有关的变更以及与"方法性规定"有关的变更之区分具有类似性。② 学者对此也提到了德、日刑法理论中的限时法理论，甚至修正后的动机说理论。这种区分比较注重规范的评价性，从理想的状态试图将事实与评价截然剥离。另有学者对此举例进行了针对性反驳，③ 笔者深以为然：补充规范的具体变更究竟是评价性变更还是技术性变更，事实上难以统一认识，案件事实变化与法律评价无法截然剥离。事实与价值到底是一元论还是二元论，这一古老命题对此具体问题也很难简单地获得有效破解。故，笔者认为这种区分学说并不具有实践优势。

第二，补充规范的变更影响应以有利于行为人为价值取向，这与刑法溯及力在根本精神上一致。本书之所以赞同将空白罪状补充规范的变更定性为法律变更，并非仅仅基于我国台湾地区学者以及域外学者们关于法律变更说证成的简单维护，而是根据我国刑法自由保障精神所做的本土选择。从前述司法裁判可以看出，当空白罪状的补充规范发生变更时，司法机关也自发地采用了"从旧兼从轻"原则，这是刑法精神指引下自发或必然的选择。我国《刑法》第12条的规定同样表达了"有利于行为人"的"从轻"思想，这是刑法采用从轻原则的立法论问题，不是空白罪状与非空白罪状本质的差异使然。换言之，从实质的罪刑法定角度而言，使可罚性、可罚性程度受影响的一切要素均可适用溯及力原则。④ 基于人权保障的价值起点，应摆脱传统逻辑论的思考范式转而取向道理论，在刑法溯及力问题上坚持有利于被告人的全面"从旧兼从轻"原则。⑤ 因此，"从旧兼从轻"原则不但适用于新旧刑法的交替，也适用于认定某些犯罪所必须依据的法律规范的变更，这理应包括空白罪状中补充规范的变更。当然，这里变更的补充规范范畴应受到本章"补充规范的适用规则"部分对空白罪状补充规范范畴的限制。

---

① 何泽宏、庄劲：《论空白刑法补充规范的变更及其溯及力》，载《河北法学》2001年第6期，第85页。
② [法]卡斯东·斯特法尼等：《法国刑法总论精义》，罗结珍译，政法大学出版社1998年版，第167页。
③ 杨丹：《论刑法规范的变更及其溯及力》，引自赵秉志：《刑法论丛》（第1卷），法律出版社2009年版，第114-115页。
④ 陈兵：《空白罪状适用的规范性解释——以前置性规范为中心》，载《西南政法大学学报》2014年第2期，第102页。
⑤ 姜涛：《刑法溯及力应全面坚持从旧兼从轻原则》，载《东方法学》2019年第4期。

第五章　空白罪状明确性的解释对象之二：刑行界分

如果说，刑行交织是案件事实的常态；那么，刑行界分则是法律适用的常规难题。刑行界分意指行政违法与刑事犯罪的区分问题。与行、民界分问题处境相同，刑行界分之难是面向实务的法学学者不可绕行却又颇为棘手的顽疾。这种区分的必要性被指涉到诸多领域在具体问题中呈现。譬如，食品安全中的刑行界分，环境保护中的刑行界分，经济安全中的刑行界分等。与这些较低位次的类型思维不同，空白罪状语境下的刑行界分问题更具典型性与问题的提炼性，甚至是刑行界分问题的主要场域。

在本章中，我们首先可以看到一种对空白罪状语境下刑行界分新思路的提倡，突出了务实主义以及知识移植与传承中本土化立场的胜出。解释思维经过在法秩序统一、法益保护、规范保护目的等诸多理论与空白罪状的明确化目的之间来回"往返"、糅合、交互开放后，可以逐渐摸索出空白罪状语境下刑行界分解释的明确性新路径在于建立阶层式解释机制，即以法秩序的统一为解释目标，以法益的解释指导功能为核心，以规范保护目的为解释结论的过滤。尽管在解释论范畴中，法秩序统一、法益保护以及规范保护目的理论三者的关系尚需深究，此处"阶层式"解释机制的提倡仅基于对空白罪状中刑行界分的需要，为解释结论检视的方便做出的次序安排或审查步骤，并非为三者之间"分出高下"，但这种解释机制很显然凸显了各自理论的主要功能，以及对犯罪实质内涵的再次拷问，而刑事犯罪的成立需要通过层层递进的检验也暗合了消极入罪理念。就此而言，这并不影响这一阶层式解释机制的成立与运作。

一、空白罪状语境下刑行界分的阶层式解释机制之提倡

由于补充规范的存在，空白罪状语境下的行政犯罪成立与否（即罪与非罪的界分），补充规范的违反与刑事违法性的充足判断其界限如何，集中体现在行政违法行为与刑事犯罪行为的区分上。何种违法行为只需处以行政罚制裁，何种违法行为应科以刑罚制裁，是一个古老且"导致法学者绝望"的问

题,国内外学者对此莫衷一是,至今未有定论。然而,这一问题又不容回避或忽略。基于民主、法治、福利国家等诸多理念追求,法律一方面须致力于维护公民基本权利,另一方面须对公民的一切社会活动作适度规范,以确保社会整体的秩序安宁。对于这类规范的违反,遂构成刑事不法与行政不法的区别问题。我国行政与司法合一的历史传统,加剧了立法界与司法界对刑事不法与行政不法之界限的模糊性;加上刑罚万能论的传统认知,在立法与司法活动中不自觉地扩大刑罚范围。这事实上非但无助于法秩序的维持,反而衍生诸多弊端。

(一) 传统界分理论

1. 观点聚讼

迄今为止,各国学者关于刑事不法与行政不法的区别问题都曾提出过不同的学说。其中,德国学者对此形成了三类学说:质的区别说、量的区别说和质量区别说,具有较大的影响力。理论上一般认为,这与日本刑法学界中违法一元论与违法多元论的对立大致具有对应性。① 经过学者们的讨论与发展,质的区别说、量的区别说和质量区别说成为解释行政违法与刑事犯罪区分时不可跨越的主要学说。以下举其要者简要叙之。

(1) 质的区分理论认为,行政不法与刑事不法具有质的区别。易言之,两者的差异并非在"较少对较多的关系上",而是在"他物对他物的关系上"。对于二者的本质区别,从19世纪初期至纳粹时期,再到"二战"以后,事实上经历了一定的理论发展。纵使在本学说内部,由于观察侧重面的不同,形成了不同论点,不再详述。一般认为,刑事不法涉及的是具有社会伦理非价判断的良知诚命问题,而行政不法只是对行政利益的侵害而非法益侵害;刑事不法是该当于法定构成要件的行为且具备违法性、有责性,而行政不法不同,至少还"缺少行为人思想上的严重的可指责性"。② 质的区分理论有不少支持者,譬如卡尔·宾丁(Karl Binding)、M. E. 麦耶(M. E. Mayer)、希密特(E. Schmidt)、亚瑟考夫曼(Arthur Kaufmann)等。③

(2) 量的区分理论认为,行政不法与刑事不法在行为性质上并无不同。行政不法不仅对行政利益,而且对受保护的法益都有可能侵害,二者仅在量上高低有别。行政不法所侵害的法益有较低的重要性,比刑事不法在危险程

---

① 孙国祥:《行政犯违法性判断的从属性和独立性研究》,载《法学家》2017年第1期,第49页。

② [德]汉斯·海因里希·耶塞克、托马斯·魏根特:《德国刑法教科书》(上),徐久生译,中国法制出版社2017年版,第86页。

③ 郭晶:《刑事领域中行政犯问题研究》,华东政法大学2008年博士学位论文,第52页。

度上较轻,对受保护的行为客体的影响程度在多数情况下也是较小的。[1] 贝林(Beling)、麦耶(Mayer)等德国学者,意大利、瑞士的一些刑法学者,以及英美法系学者中都有量的区分理论的大量拥趸。[2]

(3) 质量的差异理论是一种折中的见解,该理论认为,行政不法与刑事不法在"核心领域"部分仍有质的差异,如比较严重的杀人、强奸等犯罪行为是通过内涵上的标准来预先确定这种惩罚性;在二者交界的中间地带则属于量的差异。刑事罚与秩序罚各有其核心部分,前者的核心部分是确保公众生活之基本价值,违反的行为属于道德上之非价,而后者并不是非价判断问题;但在中间的灰色地带则属于量的差异,其归属由立法者依现时政策以及立法机关的价值秩序决定。[3] 瑞曼(Rebmann)、罗斯(Roth)、赫尔曼(Herrman)是质量区别理论的支持者与代表。[4]

2. 法理追问

以上三种观点的形成有其必然性,或者在一定语境下具有深刻性与正确性,提供了诸多值得参考的观点与思维依据,不再赘述。但其各自的合理性仍存在再商榷之处。

(1) 关于质的区别理论。本书对此存在的疑问有:一是行政违法行为侵害的不仅仅是行政利益,同样可能侵犯个人利益或文化,如卖淫嫖娼行为等。若依此认为某些行政利益为刑法与行政法共同保护而具有"同质性"时,则恰恰说明行政不法与刑事不法无法再根据"质"的不同进行区分。二是区分一行为是否为伦理行为并不容易。作为判断依据的社会伦理价值,是指当前社会既有的社会伦理价值还是未来可期的应有伦理价值并不清楚;且有无社会伦理非难性本身就属于一种价值判断,既可能出现由量变导致质变的情形,也可能随着时空变幻出现价值迁移、引发社会伦理非价判断以及刑法核心价值领域的变动。[5] 在该理论彰显的非黑即白、二择一之区分思维下,如果仅以须经价值判断的社会伦理非难性概念作为判别刑事不法与行政不法的标准,"恐较不足而可能无法完全适用于现今国家与人民以及人民彼此间多元之互动

---

[1] [德]汉斯·海因里希·耶塞克、托马斯·魏根特:《德国刑法教科书》(上),徐久生译,中国法制出版社2017年版,第87页。

[2] 郭晶:《刑事领域中行政犯问题研究》,华东政法大学2008年博士学位论文,第54页。

[3] 陈文贵:《违反行政义务行为之处罚竞合关系研究》,台北大学2012年博士学位论文,第31页。

[4] 郭晶:《刑事领域中行政犯问题研究》,华东政法大学2008年博士学位论文,第55页。

[5] 洪家殷:《论行政秩序罚之概念及其与刑罚之界限》,载《东吴法律学报》1996年第2期,第77-98页。

关系"。① 换言之，尤其在社会高速发展、价值多元化的当下，能否形成一致的社会伦理价值观尚且存疑。三是认为行政不法是不具备刑事违法性、有责性的行为等于迂回到拷问刑事不法的违法性本质上来，属于循环定义。

（2）关于量的区别说。从我国现行实定法来看，刑法典中大量的"情节严重"等罪量要素的明确规定，以及空白罪状补充规范中"情节严重，构成犯罪的，由司法机关依法追究刑事责任"的规定，似乎都印证了行政违法行为与刑事犯罪仅具有量的差异。我国大陆学者中有该学说的拥趸。比如，持"行政犯定罪机制就是前置法定性和刑事法定量统一"的观点；② 以及我国台湾地区学者也有类似观点：其实一般所称的"可罚的违法性"问题，单纯就是违法性的量差问题而已，与"应罚性""刑罚必要性"无关。③ 事实上就是肯认行政不法与刑事不法之间量的差异的另一种表述。但量的区别理论至少有以下明显偏颇之处：

其一，量的差异理论本质上道明了从行政不法到刑事不法的量变到质变的过程，其前提在于，行政违法是两类不法的基础。但刑事不法的规制行为类型事实上并非一一落入行政法的规制范围之内。以我国《刑法》中的举动犯为例，如《刑法》第103条煽动分裂国家罪、第294条组织、领导、参加黑社会性质组织罪、第295条传授犯罪方法罪，这类行为一旦发生即构成刑事犯罪，并无行政违法或民事侵权或违法成立的空间；包括《刑法》第347条走私、贩卖、运输、制造毒品罪也一样，由于走私、贩卖、运输、制造毒品无论数量多少，都追究刑事责任，也排除了行政违法成立的空间。因此，不能因为在其他部门法中举动犯的行为没有受规制就认为该行为合法，但也不能说因此而在刑法中不能受规制。当然，在此意义上，由于并没有触碰"第一次"的"制裁性规则"，有学者提出"犯罪的二次性违法特征"理论④是否还有商榷的余地呢？与此相应，也并非任何行政违法的量变都能导致刑事不法的结果。比如，吸毒行为、其他单纯违反伦理道德的行为等，这完全是由刑法的规范保护目的所决定的。

其二，从犯罪形态而言，量的区别理论无法合理解释危险犯、未遂犯等问题。尤其是抽象的危险犯，由于缺少结果的发生，无论是在理论层面还是

---

① 陈信安：《再论刑事不法与行政不法之区别（下）》，载《兴大法学》2014年第16期，第194页。
② 田宏杰：《行政犯的法律属性及其责任——兼及定罪机制的重构》，载《法学家》2013年第3期。
③ 王容溥：《法秩序一致性与可罚的违法性》，载《东吴法律学报》2008年第2期，第21页。
④ 杨兴培：《犯罪的二次性违法理论与实践——兼以刑民交叉案例为实践对象》，北京大学出版社2018年版，第90页。

在实证层面都不能令人信服地证立行政不法与刑事不法之间只是量的差异的观点。

其三，有时基于刑事政策的考量，将某些特定行为类型上升为刑事犯罪。例如，《最高人民法院、最高人民检察院关于办理环境污染刑事案件适用法律若干问题的解释》（法释〔2016〕29号）第1条，对我国《刑法》第338条污染环境罪中的"严重污染环境"进行了解释，其中第6项规定的"严重"情形为："二年内曾因违反国家规定，排放、倾倒、处置有放射性的废物、含传染病病原体的废物、有毒物质受过两次以上行政处罚，又实施前列行为的"。此项规定说明，本项所规定情形之所以被以刑事不法论处，并未强调是因本次行为与曾经受过行政处罚的前两次行为有何量的不同；换言之，本次行为并不能和前两次"累加"计算其污染危害，本来也应处以行政处罚，但鉴于该行为主体的主观恶性及防范与打击此类行为的需要，通过刑事政策的渠道将其入罪化。这种对于"累积犯"的刑事规制，与量的区别理论并无必然关联。

（3）关于质量区别理论。在赞同质量区别理论的学者中，有的基本坚守了德国传统理论中"核心"与"边缘"区域质、量区分的差异化。① 有的则发展出质量区别理论的不同新内涵，并非从"区域"这一具象化的划分来理解刑事不法与行政不法之间质与量的不同。比如，从"违法"概念的相对性及行政犯实质解释的角度，赞同质量差异说；② 或者在认可刑事不法、行政不法在质和量上均有不同的前提下，重新阐释了新内涵：行政犯成立的前提是具有一定的法益关联性；行政不服从若具有法益关联性，则有转化为行政犯的可能；并非行政违法的量变结果都是行政犯。③ 这种新内涵的学说，准确指出了二者之间既存在质的不同也存在量的不同的本质；但如何结合法益具体地判断何种情形下成立行政犯，何种情形下不能成立行政犯，仍有意犹未尽之感。

对于质量混合理论的不利理论主要有二。一是从上述对质的区别理论的反思可以看出，在何谓社会伦理、刑法的"核心"与"边缘"区域如何区分等一系列不明确、不稳定的标准之上，质的区别理论适当性不免受质疑。而

---

① 孙国祥：《行政犯违法性判断的从属性和独立性研究》，载《法学家》2017年第1期；王莹：《论行政不法与刑事不法的分野及对我国行政处罚法与刑事立法界限混淆的反思》，载《河北法学》2008年第10期，第27页。

② 罗翔：《空白罪状中刑事不法与行政不法的规范关联》，载《中国检察官学院学报》2021年第4期，第42-43页。

③ 陈金林：《法定犯与行政犯的源流、体系地位与行刑界分》，载《中国刑事法杂志》2018年第5期，第39-42页。

质量区别理论建立在质的区别理论和量的区别理论的基础上,其实是以抽象、不确定的理论来构建、解释另一个抽象、不确定的理论,这对实务操作的帮助委实有限。二是尽管有些不法行为其伦理非价性不高但其社会危害性较大,极易给社会共同生活体带来很高的危险性,对这类行政违法行为有进行刑事处罚的必要。① 这一观点在风险社会的当今意义尤为重大,也正是危险犯等犯罪类型确立的法理之一。当然,对于相当多的犯罪类型,不论是以质的区别理论还是以量的区别理论为论证基础,基本都可以得出大致相同的判断结论。但在疑难案件、边缘案件中,行政不法、刑事不法区分的规则显得极其关键。

  需要说明的是,有学者旗帜鲜明地反对行政不法与刑事不法的区分,不认为不法行为在性质上有差异性,学理上对此以"同一理论"称之。比如,有学者认为,二者都含有法益之侵害或危险,故否认二者区分的意义。在日本,尽管出发点略有不同,但也有提倡不区分行政不法与刑事不法的学者,如平野龙一等。学者 Heinz Mattes 及其妻子 Herta Mattes 在其著作中为"同一理论"提出了有力论证,认为传统上之所以将刑事不法行为与行政违法行为加以对立,是因为在理解法秩序时,主要受将人类作为原始个体之思维的影响所致,即出现有将实际法之秩序与以行政目的为要之秩序加以区分的必要,同时也应基于刑事不法行为与行政违法行为二者本质上的迥异性,而为其分别建构不同的结构内涵,并指出刑事不法与行政不法两类行为样态的差异主要在于:前者以正义作为其最高原则,着重于正义之实现;而所谓行政秩序,与正义无关而仅涉及如福利、外部良善秩序,或其他目的,甚至是并未追求其他非由正义所确定,而仅作为相对于正义而在本质上与其清楚划分之目标的秩序而已。此等行政秩序包括所有显现于法规范形式中具有拘束力之行为规则的法秩序。然而,若将法秩序理解为一种内嵌有正义义务之秩序,则在内容上唯有前者才能建构所谓的法,也因此称其为实际之法秩序,或实质意义之法秩序;而后者,则应将之称为(非经由正义所决定的)行政秩序,也唯有在这个意义上才能主张法秩序与行政秩序二者之间的区分、对立。否则,无法在实质不法中就刑事可罚行为与行政违法行为进行质的区别。② 显然,学者"同一理论"中法之概念与通说中的法有所不同,按其标准,"内嵌有正义义务之秩序"的实际法之秩序"才能建构所谓的法",而行政秩序不经由正义决定。这一角度无疑是新颖的,但笔者认为,一方面,正义与伦理非价性一

---

  ① 李晓明:《行政犯罪的确立基础:行政不法与刑事不法》,载《法学杂志》2005年第2期,第46页。
  ② 陈信安:《再论刑事不法与行政不法之区别(上)》,载《兴大法学》2014年第15期,第208-213页。

样具有历史性,如何区分所维护的秩序是否"内嵌有正义义务"恐怕也有局限性;另一方面,在通常意义上,无论刑法还是行政法的价值均包括了正义。"一个较广泛的共识,即法律理念是法律最高的价值。而此最高的价值则是正义。"① 若舍弃正义作为法的普适价值追求,颇值得再商榷。此外,面对刑罚与行政罚的实在法设计,"同一理论"无论如何都算是回避了司法实践的需要,认可该理论并没有多少针对司法实践的优势可言。

(二) 司法实践思考

除理论上的追问,具体案件事实能否准确定性的实践更让人印象深刻。由于我国刑法对犯罪采取既定性又定量的立法模式,加上行政违法与刑事犯罪在构成要件上的重合性、行政犯独有的违法特征,空白罪状语境下的行政违法行为与刑事犯罪之间的微妙关系以及区分的困难,在以下案件中可窥一斑。

1. 陆某妨害信用卡管理、销售假药撤诉案②

2014 年 7 月,陆某因涉嫌妨害信用卡管理罪和销售假药罪被检察机关起诉。2015 年 2 月 26 日,检察院认定陆某的购买和帮助购买行为不属于销售行为;购买借记卡的行为被认定为我国《刑法》第 13 条"情节显著轻微,危害不大",随后对陆某作出不起诉决定的法律文书和释法说理书。

在本案中,单就陆某代购药品的行为来看,其所购买的是未经批准进入的抗癌药品,从形式上看,依据我国《刑法》第 141 条第 2 款及 2013 年 12 月 28 日发布的《药品管理法》(2019 年 8 月 26 日已修正)的规定,"假药"这一概念在刑法与行政法上具有相同含义,没有作出其他解释的可能性。此外,销售假药罪的构成要件中并未有"情节严重"等类似要求。③ 一方面,从民众朴素的法情感来看,陆某所购"假药"有真实疗效,没有危害身体的危险反而延缓了病情,同时缓解了很多病人的经济困难,给这样的行为定罪的确不符合人们心中的公平正义;另一方面,从形式上来看,其行为的确违反了《药品管理法》的规定,似乎并无出罪的可能。陆某的购买和帮助购买行为除从文义解释的角度分析不属于销售行为外,从刑法保护的法益角度出发,其行为除因违反《药品管理法》破坏了药品监督管理秩序外,并不存在

---

① [德] 阿图尔·考夫曼:《法律哲学》,刘幸义等译,法律出版社 2011 版,第 175 页。
② 陆某因患有白血病需服用名为"格列卫"的抗癌药,此种药品的售价是 2.35 万元一盒。印度生产的一种类似"格列卫"的抗癌药,药效几乎相同,但一盒仅售 4000 元。2004 年 8 月,陆某买了 3 张借记卡,开始从印度为自己及千余名白血病患者购买这种廉价抗癌药。参见 2015 年度检察机关十大法律监督案例之十。
③ 劳东燕:《价值判断与刑法解释:对陆勇案的刑法困境与出路的思考》,载《清华法律评论》2016 年第 1 辑,第 143-151 页。

严重危害人体健康的危险。换言之，从实质解释论的立场出发，尽管其行为貌似符合了刑法的条文规定，但事实上并没有侵犯刑法保护的法益，不具有入罪的正当性。

无独有偶，类似案件仍在不断发生。近日，患儿妈妈因涉嫌"走私、运输、贩卖毒品罪"被不起诉、为患者代购氯巴占涉嫌贩毒案引起热议，[①] 再次印证刑行区分之难，以及解释规则的迫切需求性。

2. 全国首例线上金融信贷产品套现案[②]

被告人杜某在未取得相关金融资质的情况下，与多人共谋串通，在购物网店虚构商品交易，利用某线上金融信贷产品套现，购物平台用户在没有真实商品交易的情况下在购物界面确认收货随即再申请退款，杜某在扣除7%~10%手续费之后将剩余款项转入购物平台用户的网银账户。法院经审理认为，杜某的行为属于未经有关主管部门批准，非法从事资金支付结算业务。某线上金融信贷产品的套现行为与线下利用POS机套现本质相同，虽然没有法律法规和司法解释对该套现行为进行具体界定，但可以参照《最高人民法院、最高人民检察院关于办理妨害信用卡管理刑事案件具体应用法律若干问题的解释》第7条的规定来认定犯罪。杜某被判构成非法经营罪，一审获刑2年6个月，罚金3万元。

本案是在缺乏相关司法解释的情况下进行定罪的判例。对于线上金融信贷产品套现，并没有现行的司法解释进行规定。将线上金融信贷产品套现解释为线下信用卡套现，是扩大解释还是类推解释还存在进一步斟酌的必要。线上"赊账消费"工具近年来如雨后春笋般出现，它们的功能与信用卡产品类似，主要差别在于发行机构不同。信用卡由银行发行，信用卡套现行为破坏了支付结算业务许可制度，危害支付市场秩序和安全。线上金融信贷产品经过央行批准，合法地从事支付结算业务，随意套现同样破坏了支付结算业务许可制度。刑法禁止类推解释，若想将此类行为认定犯罪，必须论证其在扩大解释的范围内。否则，只能作为行政违法行为处理。

在笔者看来，司法解释有无规定是一方面，另一方面需要注意的是，具备形式上的违法性并不等于具备了实质上的可罚性，以非法经营罪起诉的案件大概率是行政违法行为，但是否一定导致犯罪的后果，在认定上应该慎之又慎。

[①] 《男子为患儿代购氯巴占涉嫌贩毒案开庭，检方建议以走私、贩卖毒品罪量刑》，https://www.sohu.com/a/530864756_121019331。

[②] 本案来源于无讼案例网。

3. 案件启示及思考

以上案件的初始裁决在实务中引发汹涌民意或学者热烈讨论的关键在于，判决结果或者与民众心中的一般伦理产生冲突，或者与法律适用技术的原理、规则不符，或者两者兼而有之。

不难看出，我国司法机关在认定空白罪状所承载的行政犯时，有将行政违法与刑事犯罪相混同的这一积弊，与空白罪状在适用中由对补充规范的违反直接得出刑事违法性判断的"恶习"不无关系。从本质上讲，对行政法规范义务的违反不能等同于对刑法上注意义务的违反。换言之，刑法自身的价值与目的评价并检验着空白罪状的补充规范能否确定犯罪构成要件的内容。[①] 实践中的混同恰恰忽视了刑法的这种独立性，存在唯补充规范马首是瞻的喜好。

除此之外，在笔者看来，行政不法与刑事不法的合理界定尤其对经济领域影响深远。首先，减小刑法不当扩大的打击面，避免经济活动中目的正确而方法违规乃至法并不禁止但违反地方管理的行为受到打击，避免损害私权和市场主体的合法经营权利及市场行为积极性。其次，避免以刑事手段代替行政管理，或者依赖司法审判保障市场监管，浪费司法资源，鼓励懒政行为。最后，为利于刑法践行其谦抑性，将经济领域的市场化交给市场。

比较明显的是，在司法人员对案件的处理活动及相关法律文书中，几乎很难"捕捉"到前述质的区别说、量的区别说或者质量区别说等理论在确定案件是行政违法还是刑事犯罪中发挥了直接作用的"证据"。也即是说，一方面，这种理论学说的确在某种程度上揭示了行政违法与刑事犯罪的差异；另一方面，理论学说的可操作性转化仍有较大努力空间，存在理论上的某种"失灵"。

相反，所谓行为的社会危害性这一犯罪最基本的特征，一直是我国刑事法实践中为案件定性"不离不弃"的根据。当然，即便案件事实中的行为具有社会危害性，但情节轻微危害不大的也不构成犯罪。这是从我国刑法理论中实质性犯罪概念，以及罪刑法定原则出发的一种本土化判断思路。换言之，起源于不同历史背景之下的域外理论学说与我国的刑法理论及司法实践存在更为曲折、隐秘的关联，并不能作为直接依据对刑事犯罪与行政违法予以"痛快"的区分，总有隔靴搔痒之感。总之，域外"拿来"的界分理论不但自带部分不能逻辑自洽的缺陷，且有"水土不服"的嫌疑。从行为得以受刑罚处罚是根据其同时具备犯罪的"质"与"量"这一结论而言，毋宁将以上学说作为一种很好的现有理论资源，给我国刑法理论以启发与借鉴。

[①] 陈璇：《注意义务的规范本质与判断标准》，载《法学研究》2019 年第 1 期，第 143 页。

如此一来，很有必要积极寻找新的解释机制或框架性规则来区分空白罪状语境下的刑事不法与行政不法。而立足于我国的理论积累及司法实践的实际非常必要。

(三) 新的解释路径

空白罪状所承载的行政犯是否成立应回归至我国刑法文本关于犯罪的定义、刑法教义关于犯罪的实质解释上来进行判断。在笔者看来，空白罪状参照前置法的条文设计，以及由此关联的刑行衔接问题，都使得若走出在空白罪状语境下行政不法与刑事不法界分的迷思，至少有以下三大问题应该厘清：一是在不同法域间，法秩序的统一是相对的还是绝对的；二是与行政法规相比，如何对刑法的保护法益进行实质解释与价值判断；三是规范保护目的理论如何介入空白罪状的解释发挥必要的限缩功能。

也即是说，在立法确定的前提下，符合空白罪状所描述的形式要件的行为是否具有刑罚规制的必要，事实上是司法适用的自由裁量空间。法律解释的过程，也是价值判断注入与生成的过程，但该解释裁量依据并非可以恣意为之，避免陷入"横看成岭侧成峰"的片面解读风险，而应紧紧围绕犯罪的本质特征以及法的正义、安定性、合目的性等法的理念进行。笔者认为，空白罪状有关刑事犯罪与行政违法区分的解释可以经由以下框架性规则或采取下述阶层式解释机制进路：以法秩序的统一作为解释目标，以法益的解释指导功能为中心，以规范保护目的理论做进一步的解释结论筛选。通过层层递进的三层过滤，达到对行政违法与刑法犯罪区分的明确化。首先，在法秩序的统一视野下，违法性判断具有相对性。空白罪状语境下的行政违法是刑事犯罪成立的前提，但刑事违法性判断具有独立性，不能将对补充规范的违反简单置换为对刑法规范的违反。其次，法益侵犯是犯罪本质的观点应得到维护，没有侵犯法益、单纯违反行政管理秩序等行为属于行政不法，而非刑法的规制对象。当然，有侵犯法益的事实也未必有刑法规制的必需。最后，通过规范保护目的理论，对纳入刑法规制范畴的行为进一步检视，经由刑法独立评价后，剔除出不符合空白罪状规范保护目的的行政违法行为。

必须说明的是，笔者也认为，法秩序统一、法益保护以及规范保护目的理论是对实质违法性的不同表述，在具体内涵上彼此关联，甚至需要相互借力才能够描述清楚。尤其放置在解释论范畴中，对于三者的关系到底是什么这个问题，本书的关联性阐述离真正的答案可能还很遥远，非常值得深入探讨。但本书此处的努力与切入点在于：利用并放大三个理论各自的主要功能，在方法论上分别发挥其对解释结论的规制作用。即使三者之间有重叠、交叉，这种多重审核至少符合了国家慎重行使刑罚权的思想。因此，此处"阶层式"

解释机制的提倡，其目的并非为法秩序统一、法益保护以及规范保护目的理论这三者之间"分出高下"，安排出"阶层关系"，而是基于对空白罪状中刑行界分的需要，对解释结论检视的方便，做出的次序安排或审查步骤。就此而言，笔者认为这并不影响这一阶层式解释机制的成立与运作。

二、法秩序统一对空白罪状解释结论的第一层检视

围绕空白罪状的明确性进行解释论活动并得出妥适结论的时候，保持法秩序一致性是刑法解释学必须面对的重要且首要问题。质言之，作为最严厉的法律，刑法的定罪量刑活动对公民基本权利影响甚大。在为个案裁判或其他法律适用活动时，司法者务必做体系化的思考，维护整体法秩序的一致性。问题在于，在空白罪状明确性的解释活动中，这种法秩序一致性应当如何确保？该"一致性"的内涵与范畴应作何理解？

（一）法秩序统一之理论基础

人类社会进入近现代，基于解决纠纷、维系社会秩序、保障人权的需要，发展出了不同的法律部门，且随着社会发展的日益复杂化，这些法律部门越发呈现出细腻、多元化倾向。尽管法官对具体案件得依照不同的法律部门进行裁判，然其显然不能罔顾整体的法律秩序恣意而为。法秩序的统一性在司法实践中具有重要意义，法官适用具体法律条文进行的裁判，也是在兼顾法律整体秩序下进行的。很显然，在 A 法律部门被允许的行为若在 B 法律部门被禁止，则民众势必对自己的行为不知所措，法律功能面临瓦解的危险。就此而论，这与维持自然界生态平衡与稳定并无二致。

法律秩序的统一性原则由恩吉施首倡，该原则要求消除法律秩序内部的矛盾。其认为矛盾本身是"缺失"，是破坏法律秩序完整性原则的一种情形。[1] 时至今日，法律秩序的统一是刑法解释的目标或前提仍是学界主流通说。换言之，不同法领域之间不存在矛盾、冲突与漏洞，各个部门法之间衔接通畅，共同致力于解决纠纷、维系秩序、保障人权的目标这一积极预设得到了普遍认同。当然，这也是《立法法》孜孜以求的立法效果。

在对具体案件裁判与适用法律时，法官必须进行体系化思考，并保持整体法秩序的一致性。德国学者韦登博格（Wurtenberger）在 1957 年提出，学术研究中存在问题性思考与体系性思考的对立。问题性思考是一种个别性的判断，是具体问题具体分析的方法，而体系性思考具有对抽象性的偏好。二

---

[1] ［德］卡尔·恩吉施：《法律思维导论》，郑永流译，法律出版社 2004 年版，第 197 页。

者都是解决问题的方法，各有利弊，且不能相互取代。① 空白罪状若要通过解释被明确化，至少涉及具体解释结论是否合理以及解释理论内部逻辑的自洽这两个基本问题。显然，这两个基本问题中前者可归入问题性思考，后者则与体系性思考相关。而法秩序的一致性显然是为了保持理论上的整体一致，从而使解释结论更具说服力的必要的体系性思考。因此，法秩序的统一性、违法判断的相对性等抽象理论，成为影响空白罪状解释最基本的问题，成为具有方法论意义的前提。

进一步具体地讲，法秩序统一原理对空白罪状解释的影响在于：当刑法与其他法域评价对象重合时，刑事违法性判断与其他法域评价发生交叉；如果符合犯罪构成要件的行为在其他法域评价中合法，则原则上就不能肯定该行为刑事违法性判断的成立。就此，该原理以法解释学为大前提的姿态发挥了违法阻却功能。因空白罪状势必引发的违法性判断问题与行政违法、刑事犯罪区分问题的天然关联性，必须立足于刑事违法性判断，尤其是空白罪状中违法性判断在整体法秩序中的地位如何进行，这一立足点正是法秩序统一问题。

1. 法秩序统一的观察维度

如前所述，法秩序的统一性是指宪法、刑法、民法等不同法域之间的和谐一致，不存在矛盾与冲突。法律内部若出现超出容忍限度的冲突与矛盾，其后果至少有二：一是落空了法律作为行为规范的指引功能，使民众在法律规范面前对自己的行为不知所措；二是对法律体系的结构造成破坏。

对法秩序统一内涵的解读，正是对"法律是什么、法律应当是什么以及二者间关系的认识与判断"问题的思考实践。② 学界对此存在不同视域：存在论意义上的法秩序统一与目的论意义上的法秩序统一。不同视域将影响后续刑事违法性判断的立场。存在论视域下的法律作为存在的本体，是完美规范公民生活至高无上的存在，其本身应当被信仰；而自洽、融贯的法律体系才得以胜任对公民行为的指引。显然，存在论角度的解读一方面重视法律体系内部、不同法域间矛盾的排除，高度保证公民的行为可预见性，另一方面将法律作为主体性的存在，对法律的社会职能以及适用法律的主体缺少深度关注。与此不同，目的论视野下的法律带有为法律适用主体服务的工具性宿命，并非独立的主体性存在。当不同法域提供不同行为选择时，公民完全可以依据各自世界观自行做出选择。从法律的社会职责及工具性出发，法在实施的

---

① 陈兴良：《教义刑法学》，中国人民大学出版社2017年版，第13—19页。
② ［美］E. 博登海默：《法理学：法律哲学与法律方法》，邓正来译，中国政法大学出版社2017年版，重译本序言部分。

手段与实现的目的之间不应存在无法化解的矛盾,在这种目的论意义上,同样需要法秩序的统一性。通过比较不难发现,两种维度的观察,对法律、法律体系具有不同的认知:对法律是规范还是目的,法律体系到底是二者中谁的集合有不同作答;存在论的角度集中关注法秩序内规范的统一,而目的论的角度提倡对法律背后价值取舍的关注;从事实层面而论,规范矛盾是一种客观存在,这与存在论角度的论证基点明显不同。① 另有学者将学界对法秩序统一的理解归结为两种概观:实然概观与应然概观。② 即如果认为现实中不同法域间并无冲突、漏洞,相互间衔接、配合良好,则法秩序本就处于和谐、统一的状态。实然概观认为,实然状态下统一的法秩序是问题探讨的起点;应然概观认为,法律作为多元利益冲突的产物,法律体系内部的矛盾自然不可避免,立法与司法活动便是积极调和并消除这类矛盾,促进法秩序保有统一、协调的状态,使法规范具有妥当性。换言之,法秩序的统一是追求的目标。这种归结与前述存在论还是目的论角度上的总结并不矛盾,二者都注意到了学界在不同视野下认知的法秩序统一到底是存在于实然意义中还是存在于理想的应然意义中的区别。当然,对法秩序的统一还存在立法的统一与法解释的统一等其他维度的观察,侧面印证这一理论内涵的丰富性及价值所在。

不可否认,无论是存在论与目的论视角,抑或实然与应然概观,构建法律以及法律体系之间的和谐、统一秩序是法律活动致力实现的目标。但观察维度的不同给刑事违法性判断带来的后续影响是,刑事违法性判断是完全被法秩序统一极端裹挟,还是具备一定的独立自主性?详言之,当一行为被民事、行政法域判定为违法行为时,其刑事违法性判断结果是否只能作从属性认定?换言之,不同法域间的矛盾是否应当被容许,在多大程度与范围内应当被容许?正是由此出发,从存在论角度观察法秩序统一,通常倡导比较彻底的违法统一性,不容忍存在规范矛盾;而从目的论意义上观察,则认为法秩序统一具有相对性,并非所有的规范矛盾都不应被容忍。在实然意义上的法秩序统一视角下,多赞同违法一元论,通常将刑法置于从属于民法、行政法的地位,刑事违法性判断自然也就有了从属性;而在应然意义上的法秩序统一立场下,以直面不同法域间客观矛盾的态度,多赞同违法相对论,采用法解释学的进路化解、调和多方冲突与矛盾,以达到法秩序的相对统一。

穿过这些理论的丛林,可以从迷雾中看出空白罪状的明确性与法秩序统一原理的关联性:空白罪状因其特殊的立法设计,无法回避对前置法的参照

---

① 陈少青:《法秩序的统一性与违法判断的相对性》,载《法学家》2016年第3期,第18-19页。
② 简爱:《从"分野"到"融合":刑事违法判断的相对独立性》,载《中外法学》2019年第2期,第435-437页。

适用，对于刑事违法性判断的独立与否问题更加敏感，自然更难置身其外。因此，法秩序统一问题探讨的重要性不言而喻。笔者赞同在目的论意义或者应然意义上探讨法秩序的统一，并非意指现实中的不同法规范不能得出相互矛盾的评价结果这一事实，这将在后面部分加以详述。

2. 法秩序统一的空间范畴

法律体系一有矛盾即构成法秩序中的"体系违反"。体系违反常以"规范矛盾"或"价值判断矛盾"的形态表现出来。① 但即便站在前述目的论意义上的法秩序统一立场，也不可能容忍所有情形的规范矛盾。这其中，我们竭力所避免的规范矛盾基本上来源于两个平行领域：一是不同部门法之间的评价矛盾；二是同一部门法内部存在的评价矛盾。

不同部门法之间的规范矛盾，即同位法域之间的矛盾，常常以行为在 A 法律部门被允许但在 B 法律部门被禁止的情形出现。譬如，民法、行政法、刑法之间对同一行为分别作出互斥的被允许、被禁止、被命令组合。同一法域间的规范矛盾，是指上述矛盾情形在部门法内部发生的情况；由于在同一法域内，这种禁止与不禁止并存时的矛盾比不同法域间的矛盾有时更容易被获知。从中外学者对法秩序统一理论的研究现状来看，其"秩序"探讨焦点主要集中在不同法域之间的法秩序这一语境之下，对同一部门法内部的秩序关注较少。即强调在民、行、刑等不同部门法之间，应达到全体法秩序的和谐融洽；强调在某一部门法中评价为合法的行为，在其他部门法中不应被评价为违法或其他相斥评价。这种传统认识在针对刑事违法性判断的反复思考中遭遇批判。例如，有学者认为，不同法律规范中不存在两个完全相同的法律要件，在此前提下，法律评价结果不一致并不例外；要求高违法性的刑事不法从属于低违法性的民事不法、行政不法具有不合理性；不同的部门法本就在立法价值上相异，在法律适用上同样不应当具有一致性。因此，应对整体法秩序统一进行否定。法秩序的统一不应被理解为不同法域间的秩序的统一，而应理解为同一部门法域内及上位法与下位法之间的法秩序统一。换言之，应执着于避免部门法内部的规范矛盾，努力于部门法内部秩序应然和实然意义上的统一。②

前述否定法秩序统一的观点从否定全体法秩序统一的基础出发，在应然与实然层面进行的论证非常成功。毕竟，在同一部门法内部，一旦出现规范冲突，上位法优于下位法、特别法优于普通法、新法优于旧法等确定冲突规

---

① 黄茂荣：《法学方法与现代民法》，法律出版社 2007 年版，第 394 页。
② 郭研：《部门法交叉视域下刑事违法性独立判断之提倡——兼论整体法秩序统一之否定》，载《南京大学学报（哲学·人文科学·社会科学）》2020 年第 5 期。

范间从属、支配关系的适用规则可以轻松予以化解；而置换在不同法域环境下，除高位阶法律的目的优势尚可得以维持并发挥效用外，特别法优于普通法、新法优于旧法等规则完全失灵。譬如，倘若新颁布的民法典与现行刑法之间产生矛盾，作为同位阶的不同法域，并不能认为后颁布的民法典要优先适用。但在笔者看来，该学者的观点仍然是对刑事违法性独立判断的进一步辅助论证，未必是对整体法秩序统一的否证。该观点对不同法域间的法秩序统一的认知与论证结果与传统理论（除严格的违法一元论外）并无不同，均承认不同法域存在不同的立法价值取向，并由此导致对同一行为评价结果迥异的可能性。或者说，在应然层面上追求的法秩序统一，在实然层面上并不统一。即便在传统法秩序统一理论中，也同样指出了同位阶不同法律部门的目的之间存在无法被序列化的情形；恰恰正是基于此，价值序列的"开放体系"成为法秩序统一性要求的前提。[①] 如果说有区别，该学者明显是努力提倡将所谓的"法秩序"限定在同一部门法内，以便法秩序可以不受因不同部门由于立法价值、法律要件等的不同导致评价效果无法统一的影响，更理想的是在应然与实然意义上达到统一。这或许可以归结为，与传统理论相比，对法秩序统一要求的纯粹程度更高；该观点反映出对同一部门法内部秩序统一的重视与回归，这种重申绝不是对传统理论重心的简单批判，相反价值颇丰，这在本书第四章空白罪状与补充规范的衔接，即刑事法律内部的违法性判断部分得到了很好的呈现与贯彻。再或者将该学者的限定与传统范畴可以用狭义与广义的法秩序来概括，使法秩序成为一个多层次性的概念。

笔者认为，在传统理论中，包括不同法域间以及各部门法域内的广义的法秩序概念仍然应当得以维持，并具有积极意义。首先，事实上，即便在同一法律部门内部，也存在逻辑法则矛盾之外的其他规范矛盾，比如手段与目的之间的矛盾等。再比如，依据最高人民法院、最高人民检察院联合发布的《关于办理寻衅滋事刑事案件适用法律若干问题的解释》（法释〔2013〕18号）第1条第3款的规定，行为人因债务等纠纷实施殴打、辱骂等行为的，一般不认定为寻衅滋事；而依据2019年最高人民法院、最高人民检察院、公安部、司法部《关于办理实施"软暴力"的刑事案件若干问题的意见》第11条第2款的规定，为强索不受法律保护的债务或者因其他非法目的而寻衅滋事的，可以构成寻衅滋事罪。很显然，基于不同的法治环境，前一司法解释与后一司法解释性文件针对同一行为类型的刑法规制后果作出了相互冲突的规定。这侧面说明即便在同一法域内，也同样不可能存在和谐统一的秩序建

[①] ［日］京藤哲久：《法秩序的统一性与违法判断的相对性》，王释锋译，载《苏州大学学报（法学版）》2020年第1期。

构，这是由社会矛盾本就繁复多变、人间烟火并非经由逻辑安排的现实所决定的。故，将法秩序限缩为同一法域内以及上、下位法之间的秩序，仍不能彻底实现法秩序"统一"。其次，传统理论中的法秩序统一理论预设对于全体法律及法律体系的立法与司法价值意义重大，既更有利于公民行为的可预见性，也更有利于整体法律体系的稳定。最后，传统理论中的法秩序统一性并不回避不同法域间上述矛盾的存在，且在违法判断的相对性上达到了越来越深的共识。相反，将法秩序统一的预设局限于同一部门法以及上、下位法律之间并无太多的实践价值。

3. 法秩序统一的作用结局

从以上对刑事违法判断相对性的证立自然地得出，法秩序统一理论并非旨在消融不同法域之间的边界，也并非绝对排斥不同法域对同一行为的共同规制。一言以蔽之，对于刑民交叉和刑行交织的案件，不同法域的规制彼此之间不是绝对的此消彼长的关系；即便是空白罪状中违法性的判断也不全然是行刑、刑民之间排斥、对立的关系。

一方面，肯认违法相对性的法秩序统一并不代表贯通各法域的统一的违法性评价有重要意义。否则，各个法域的边界很可能被淹没或抹杀，刑法、民法、行政法的界限发生重合，事实上仍是存在论层面的法秩序统一认识在作祟。尽管我国有过刑民交织、诸法合一的融合历史，[①] 但这与封建时代高度集权的社会背景不无关系。世易时移，变法宜矣。显然，迎合利益主体多元化的现代法治不可能回归原始的诸法合一格局，需要保留必要的不同法域之间的界限感，以便各司其职。从另一种意义上讲，这正是法秩序统一视野下、坚持违法相对论延伸出的不同法域间的"和而不同"。

另一方面，不同法律领域必要的分立、区分理念与对同一行为共同规制的理念并不对立。一是各个领域的法尽管在规制范围上有所克制，但为构建和谐、统一的法律体系，彼此之间又需要相互配合、关联与影响，而非相互割裂。从它们调整的矛盾有共同的社会基础来看，彼此融合、交叉不足为奇。这种互动有时达到"你中有我、我中有你"的程度。不同法域针对同一行为类型的规制好比不同方法针对同一病人的治疗，有时需要各部门法分别局部治疗某一"病灶"，而有时则需要相互配合治疗。在治疗过程中，各种局部治疗方法并不总是相斥的。从这个角度而论，其本质为法律竞合与法律冲突。二是各个领域的法本身的规范目的与追求的法律效果并不相同，同一行为类型同时承担不同法律效果在不违反"一事不二罚"原则下并不违背法理。责

---

① 钱大群：《唐律与唐代法制考辨》，社会科学文献出版社2013年版，第21-27页。

任聚合在实践中很常见。譬如,一行为被判定承担刑事责任的同时,将被扣押涉案物品、作案工具依法没收的判决比比皆是,① 此即刑法与行政法规对该行为共同规制的结果。

需要说明的是,尽管本书提倡刑行的界分,但并非为得到刑行完全分立的作用效果,而是在维护刑事违法判断相对独立的前提下,同样接纳二者并不相互排斥的共同规制效果,接纳并鼓励二者在保障人权与保护社会之间的良性沟通与对话。这是空白罪状明确性解释路径中的基本立场要求。

(二) 法秩序统一之内涵

当空白罪状中违法性判断的结论与其所参照的前置法的违法性判断结论不一致时,刑事违法性判断结论是否可取,它具有独立性吗?也即是说,不同法域对同一行为类型评价不一致,是否就背离了法秩序统一的原义?从"统一"的反面追问,就需要从法秩序统一的内涵、哪些矛盾为法秩序所不容忍谈起。

1. "合目的性"的统一

恩吉施将法律秩序内部的矛盾区分为以下五种不同类型。② 一是制定法技术的矛盾,这主要表现为不同法域中术语的不统一,多称为"法律的相对性"。例如,在民法与刑法中,"婚姻""占有""近亲属"等具有不相同的含义。基于不同部门法的规范目的不同,这种法概念的相对性已得到普遍认可。事实上,即便在同一法域内,相同概念也未必表现为相同内容或含义。譬如,刑法中强奸罪和抢劫罪的"暴力"含义就不尽相同,前者中的"暴力"因以性的利益侵犯为主被规定在人身权利犯罪中,而性权利依附于人的生命权,故通常不包含直接故意杀人;而后者中的"暴力"因以侵犯财产利益为主被归入财产罪中,同时包含了故意杀人的暴力手段。二是规范矛盾,即数个不同的法律规范对同一法律事实进行调整,并赋予其不同的法律效力,从而导致一行为同时被允许和禁止。这显然让民众无所适从。三是价值矛盾,为两个以上类似案型规定之间的矛盾。从恩吉施所举例中,比较故意杀死孩子与没有杀人故意而直接遗弃刚出生的孩子的基本刑罚规定,对较重的法益侵害行为反而规定了比对相对轻的法益侵害行为更轻的处罚。这类矛盾是制定法表现出的自身价值的不和谐。四是目的论矛盾,指在法规范力图实现具体目的的过程中,设定了一定的实现手段,而作为实现目的的手段在规范缺位时

---

① 参见河北省邯郸市中级人民法院 (2021) 冀 04 刑终 22 号刑事判决书;徐州铁路运输法院 (2020) 苏 8601 刑初 71 号刑事判决书;沈阳市浑南区人民法院 (2020) 辽 0112 刑初 99 号判决书;河南省郑州高新技术产业开发区人民法院 (2020) 豫 0191 刑初 1130 号判决书等。

② [德] 卡尔·恩吉施:《法律思维导论》,郑永流译,法律出版社 2004 年版,第 198-211 页。

产生的矛盾。① 比如,如前所述,在空白罪状与补充规范衔接中,有时会出现二者之间对接的"落空",形成的正是这种目的论矛盾。随着当今立法技术越发严谨,这类矛盾比较少见。五是原则矛盾。这类矛盾出现的原因在于,也许彼此无法共处的、异质的基本思想共同参与了法律秩序的建构。在法律秩序中,合目的性原则、正义原则、确定性原则等最高原则之间的摩擦随处可见,没有哪个原则能被贯彻,而时常需要其中一个原则为另一个原则做出部分或整体牺牲。恩吉施在此特别指出,原则矛盾是高一层次的价值矛盾,与其他价值矛盾一样,也是必须忍受的。例如,在责任刑法与结果刑法之间的冲突就是如此。但对于不同法域间的原则矛盾,则提倡通过"合宪解释"予以解决。

综上,技术矛盾是法秩序可加以容许的矛盾;价值矛盾与原则矛盾在一定程度上也必须忍受,这正是法解释学大展身手的空间;目的论矛盾是立法需要改进、完善的问题;恩吉施认为只有规范矛盾必须排除,即其认为法秩序的统一是以整体法秩序为基础来确定的,属于存在论层面的统一。但违法的一致性在全体法秩序中真能贯彻到底吗?

第一,人类社会总是存在形形色色的矛盾,不同的法律部门在调整各类矛盾的基础上承载着多元化的法目的。法律一方面负责消除这些矛盾,另一方面难以摆脱在规定中对矛盾要素有所体现。因此,就产生了诸如前面"法律概念的相对性"等技术矛盾现象。由于在不同法律部门各自的法目的并不相同,这样的矛盾可以为法秩序所容忍。

第二,法的基本目的是为受规范者提供行为指引,这一理念从目的论角度统一了法秩序,而非单单从形式逻辑上。若承认法秩序具有法律作为实现目的的工具性手段的话,则法秩序的一致性就是目的论的统一性,即不同法域的不同法目的终究还是有着共同的法秩序努力目标。② 应当注意的是,这并非代表同一行为在不同法领域中不可能达到完全相反的法律效果。事实上,民众其实恰恰就是在相互矛盾的规范间做行为选择的。③ 再如,学者们经常提到的在刑法上作为违法阻却事由的紧急避险行为,在日本民法上被评价为因违法而负有赔偿责任,在我国也至少负有补偿责任。依存在论的观点视

---

① 此处的"目的论矛盾"专指恩吉施分类中的"目的论"矛盾,与文中其他"目的论统一"中大多数学者达成共识中的"目的论"含义不同。

② [日]京藤哲久:《法秩序的统一性与违法判断的相对性》,王释锋译,载《苏州大学学报(法学版)》2020年第1期,第150页。

③ 就此,学者列举了日本的"魔术电话"案例,以此说明了人们会在规范间的矛盾之中选择自己的行为。[日]京藤哲久:《法秩序的统一性与违法判断的相对性》,王释锋译,载《苏州大学学报(法学版)》2020年第1期,第153页。

之，民众面对与此相悖的法命令势必茫然无措：要么为避免违反民法规范而自甘承受危险，要么选择回避风险而承担民法规范规定的法律责任。但持目的论的观点则认为，在法目的各异的不同法域内，民众仍然可以在所提供的不同行为选择中依据自己的世界观决定自己的行为。① 这正是法目的整合了整体法秩序。

第三，纵使在目的论层面上讨论，法秩序的一致性也并非对全部的规范矛盾开放。法目的的实现与手段运用之间不得明显背离比例原则的要求，限定了可以容忍的规范矛盾的妥当范围。换言之，如果说存在论层面上法秩序统一的实现是一种静态的平衡，目的论的统一则是在动态的利益博弈中完成的，在这一过程中，若出现法的根本目的对立时，法秩序统一将遭到破坏，规范矛盾将不再被容忍。②

在确立法秩序的统一为合目的性统一而非违法性统一的认知前提下，承认规范矛盾在一定范围内得以被容忍，此为开展空白罪状刑法解释的重要前提。纵然，人们可以带着法律秩序是和谐、关联着的思想整体的信仰，在理想中把法秩序统一作为讨论的起点，但并非按照逻辑安排的人间烟火注定使人们认清现实中的实定法自带种种客体的缺陷与各自的法目的，缠绕着冲突与矛盾，等待立法与司法者将法秩序的统一作为努力的目标。

2. "合法"的统一

在法秩序统一的视野下，关于不同法域间的违法性判断应保持统一，还是可以有区别地加以判断，目前主要存在严格的违法一元论、缓和（柔软）的违法一元论及违法相对论等学说。主张违法判断应在整体法秩序下统一进行的是违法一元论，其中，以是否有违法相对性存在余地又进一步区分为严格的违法一元论与缓和的违法一元论；主张违法判断可以在不同法域间相对进行的是违法相对论。有学者对未能进一步精细周密地区分违法多元论与违法相对论表示质疑，③ 另有学者对此观点做出了回应，指出违法多元论与违法相对论在对法秩序统一的态度上并无本质差异，都肯定了整个法秩序内违法判断的多元性、相对性，在此意义上二者称谓可以互换，被视为同一理论。④ 这些学说的分歧或者对法秩序统一的维护程度基本上可以通过以下两个具体

---

① 陈少青：《法秩序的统一性与违法判断的相对性》，载《法学家》2016 年第 3 期，第 18 页。
② [日] 京藤哲久：《法秩序的统一性与违法判断的相对性》，王释锋译，载《苏州大学学报（法学版）》2020 年第 1 期，第 154 页。
③ 王昭武：《法秩序统一性视野下违法判断的相对性》，载《中外法学》2015 年第 1 期，第 173 页。
④ 简爱：《从"分野"到"融合"：刑事违法判断的相对独立性》，载《中外法学》2019 年第 2 期，第 443-444 页。

问题进行检验：其一，符合犯罪构成要件的行为若在行政法或民事法中被禁止，是否当然地具有刑事违法性；其二，符合犯罪构成要件的行为若在行政法或民事法中被允许，能否承认其刑事正当性。①

严格的违法一元论对这两个问题均作肯定回答，缓和的违法一元论否定问题一而肯定问题二，违法相对论则对这两个问题均作否定回答。申言之，日本严格的违法一元论从法秩序统一的存在论层面出发，认为在某一法域合法的行为不得在其他法域作违法认定，在某一法域违法的行为也不得在其他法域做合法认定。各个法域间在违法性判断上存在"一荣俱荣、一损俱损"的关联。德国严格的违法一元论机能主要在于作为判定违法阻却事由成立的理论依据。总的来说，该说在"民事或行政违法→一般违法→刑事违法"的推演中不但违背了概念不能由一般到特殊的逻辑，更重要的是忽略了因各个法域法目的不同而需要进行具体、实质的违法性判断。② 同时，在实践中贯彻该说不仅明显无视实定法关于如紧急避险等在不同法域予以不同法律效果的明文规定，而且也容易得出不合理的结论，极易模糊不同法律部门的界限与功能，损害整个法律制度的行为规范指引功能。因此，严格的违法一元论逐渐被学者们抛弃。

缓和的违法一元论一方面坚持违法性的判断应在整体法秩序视野下被综合地判断，另一方面同时承认不同法域中违法性的表现形式各异、程度有别，刑法中的违法性从"质"与"量"上需达到"可罚的违法性"。缓和的违法一元论在合法性判断上贯彻法秩序的绝对一致性，但在违法的判断上保留了刑法的独立性。因此，在行政法或民事法中被禁止的行为并不必然具有刑事违法性。也就是说，该说兼顾违法的一般意义与刑法自身目的性的考量，由此"曲折"地承认违法的相对性。

有学者指出，缓和的违法一元论一方面忽略了不同法域间行为类型的区别，混同了前置法的具体违法与一般违法；另一方面从刑法本身出发，突出了刑事违法性的"量"。就此，违法的相对论具有彻底性：直接放弃一般违法的意义，从刑法的固有属性出发，在认同刑事违法与其他不法具有本质差异的前提下，得出其他法域的违法或合法性判断与刑事违法性的判断无关的结论。易言之，刑法上的违法性判断是基于对法益侵害或法益危险的量的判断，

---

① 这两个问题为德国学者提出。［德］克劳斯·罗克辛：《德国刑法学总论》（第1卷），王世洲译，法律出版社2005年版，第397页；对此，我国有学者补充提出了第三个问题：行政法或民事法置之不理的利益，刑法可否对侵犯其符合构成要件的行为进行违法性判断。参见王昭武：《法秩序统一性视野下违法判断的相对性》，载《中外法学》2015年第1期，第171页。
② 陈少青：《法秩序的统一性与违法判断的相对性》，载《法学家》2016年第3期，第22页。

且是刑法的独立判断，而非前置法的预先违法性认定。①

缓和的违法一元论与违法相对论相比，二者并非没有亲缘性。前者之所以加了"缓和"的限定，是因为其尽管主张违法判断的一元性，但从不否认不同法域间违法判断的相对性，这与后者注重刑法的独立性并无分歧，二者均在尝试建立整体法秩序的一致性与违法判断相对性的最佳平衡。主要区别在于，缓和的违法一元论主张违法判断的相对性是以"可罚的违法性"为抓手，通过"一般违法"的上位概念，表明"刑事违法"这一特殊判断必须建立在行政或民事违法的一般违法基础之上的立场。而违法相对论则不然，不再维护一般违法的概念，对具体行为的违法性直接通过各自法领域的具体标准进行判断，从而意味着刑法的违法性判断不必受成立一般违法的前提约束。也即是说，违法相对论对违法判断相对性的承认更加直接、明快。②

违法的相对性在一定范围内得以存在具有合理性，如何在维护整体法秩序一致性的背景下界定违法相对性的存在空间相当关键。再从基本被摒弃的严格的违法一元论检讨起，该说除前述逻辑与实践的失败外，评判行为时只做或合法或违法的二元区分也不无再思量的余地。从全体法秩序来看，规范视野中的行为能被这种二元的法律评价穷尽概括吗？违反法律禁止性规定的违法评价与合乎法律规范的合法评价并不是相同语境下的一对对称。③ 从法理学角度看，尤其在私法领域，存在法律规范既不判定其违法也不提倡其合法的一些行为，或称之"可容许的行为"，即法律规范可容忍的"灰色地带"。如此一来，对行为的评价就存在合法、不合法（针对可容许的行为）、违法等分类的可能性。"法不禁止便自由"的自由即可容许的范围，而不是权利。就刑法本身而言，通常通过消极否定的方式——评价行为违法或不违法而非合法或不合法来完成对民众行为的指引，保护受规范者的行为可预测性。当然，在刑事违法性阶层被阻却违法的行为并不当然在全体法秩序中都被评价为合法，尽管不违法不等同于合法，但前者的外延显然要大于后者。根据刑法教义学的通说，在不法领域内只有"合法的"与"违法的"两项评价。事实上，国外也早有学者提出：在刑法相关行为的评价中，除"合法的"或"违法的"外，有无第三种可能性？该学者给出的答案是，这两个价值范畴是不足够的。一些特定案例中不能以合法的与违法的评价来解决，这一知识并不

---

① 陈少青：《法秩序的统一性与违法判断的相对性》，载《法学家》2016年第3期，第27页。
② 王昭武：《法秩序统一性视野下违法判断的相对性》，载《中外法学》2015年第1期，第174页。
③ 陈景辉：《合规范性：规范基础上的合法观念——兼论违法、不法与合法的关系》，载《政法论坛》2006年第2期。

新颖。① 当面对法律上无解的义务冲突案件时，刑法教义学的通说无计可施。

分析至此可以发现，在整体法秩序中，不同法域间至少在"合法"的认定领域存在交集与重合，这正是法秩序一致性的主场。一言以蔽之，法秩序的统一并非违法判断结论的形式统一，而是合法的统一以及违法的相对性统一。②这也是空白罪状中刑事违法性独立判断得以合理化的理论栖息地。

(三) 空白罪状中违法判断的相对独立性

基于前述法秩序的统一是目的论的统一、合法的统一的论证，违法相对性的合理性得以同步证成，从中也引申出刑法的独立性与从属性问题思考。③从其在整个法律体系中的地位、职能出发，刑法因其保障法的定位而被贴上了从属性标签，其中道理不言而喻。刑法的独立性自希佩尔（Hippel）提出以来，经由许多中外刑法学者的充分辨析，始为绝大多数学者所认同。刑法之所以不从属于行政法、民法等其他法律部门，是因为刑法与其他法律部门在地位上并无高下之分，各法律部门从不同角度、用不同手段规制调整对象。尽管刑法被称为社会的最后一道防线，但不等同于刑法是对已经违反其他法律规范的行为再次进行违法判断，而是依据刑法自身的处罚机制进行独立的违法判断，维护刑法自身目的的实现。当然，从不同法域之间相互配合的意义上说，刑法的独立并不是绝对的，与其他法域之间存在广泛的联系与影响，具有相对性。综上，从这个意义上说，刑法不但具有保障法意义上的从属性，也有自身的独立性。准确而言，刑法的从属性与独立性兼而有之，谓之相对独立性。

有疑问的是，刑法的双重属性对其违法性判断的影响是什么？其中从属性与独立性间的相互关系如何？刑法的属性是违法判断的立论基础，这在违法一元论与违法相对论中体现得较为充分。通过上述两个具体的检验问题可以清楚地看出，缓和的违法一元论在进行刑事违法的判断时承认了行政违法、民事违法是刑事违法判断的前提。这就意味着，该说在违法判断问题上最终选择了刑法的从属性优先于独立性。与此相反，违法相对论学说下的刑事违法判断并不以行政违法、民事违法为前提，而是坚持刑法的独立性优先。笔者认为，刑法双重属性中的从属性是就刑法在整个法律体系中补充性的定位

---

① ［德］阿图尔·考夫曼：《法律哲学》，刘幸义等译，法律出版社 2011 版，第 245 页。
② 简爱：《我国行政犯定罪模式之反思》，载《政治与法律》2018 年第 11 期，第 34 页。
③ 传统观点认为，刑法的从属性或补充性指刑法从属于民法、商法、行政法等其他法律领域，只在其他法律制裁不足以惩治的条件下，才适用刑法。所谓刑法的独立性，指刑法的概念、构成、功能都具有独立性，不属于其他法律领域，自成思想体系。［日］木村龟二：《刑法学词典》，顾肖荣等译，上海翻译出版公司 1991 年版，第 5 页。

而言，是一定范围内从属于整个法秩序的一致性，而非在违法判断时从属于其他前置法。就此意义上而言，违法相对论与缓和一元论相比，明显具有将这一逻辑贯彻到底的优势，因此，笔者赞同违法相对论，在违法判断时，刑法应以维护刑法目的的自主性为中心同时兼顾法秩序的统一，以取得刑法独立性与法秩序统一之间的协调与平衡。这种解释规则在空白罪状中表现更为突出，且意义更为重大。

1. 前置法中的"合法"认定

在空白罪状中，当前置法对行为作出"合法"认定时，该行为不构成刑法上的违法。即刑法对在其他法领域合法的行为积极肯认，无论是违法相对论还是严格的违法一元论都持有该立场。空白罪状对前置法"合法"的判断具有从属性，此类情形是法秩序统一理论的关键"内核"与重要成立场域。可以说，在"合法"领域坚持立场一致是刑法谦抑性的底线，也是目前中外学者取得共识的"最大公约数"。显然，倘若当民法、行政法等前置法认定行为合法，而刑法依然可以判定刑事违法性成立时，则法秩序的统一性根基将土崩瓦解，整个理论预设完全架空、无从谈起，个中道理自是无须赘述。

2. 前置法中的"有效"认定

在空白罪状中，当前置法对行为作出"有效"认定时，刑事违法性从其独立判断的立场出发，依然可以得出违法性成立的结论，这依然不违背目的论层面上法秩序的一致性。事实上，在民事领域中大量存在行为被判定违法但合同被认定有效的情形，或称之为民事有效性与违法性判断的分离。① 譬如，基于私法上鼓励交易的要求，不少学者主张对于无权处分中擅自处分共有物的场合，买卖合同等基础合同仍然有效。② 这样的场景适用并不罕见。例如，行为人基于扩大药品知名度的考虑，与某广告经营者签订了广告合同宣传其药品，在合同条款中设定由广告经营者确定具体的广告内容。后来经查，广告内容存在对药品的夸大与虚假宣传，情节严重，且行为人对合同签订后的广告宣传知情。在本案中，广告经营者所做的广告宣传行为虽然不合法，但是出于履行广告合同义务的目的。就此而论，行为人与广告经营者签订的广告合同本身是有效的，广告经营者的行为从履行合同义务的角度而论并非无效。也就是说，民事法律对法律行为所做的评价是是否具有有效性而非是

---

① 陈雨禾：《论民事、行政有效性与违法性判断的分离——兼谈法秩序的统一性与刑法判断的独立性》，载《四川警察学院学报》2014年第5期。

② 张永：《擅自处分共有物合同的效力设计——基于司法裁判的解释论》，载《政治与法律》2015年第1期。

否具有合法性的评价，其进行的是"有效性"控制，对行为是否违法不具有终局性意义。刑民交叉在此种情形下是行为的民事效力与定罪的交织，与是否有民事违法性不必然相关。其实这种理论认知在司法实践中已经以司法解释的方式得以确认，如最高人民法院《关于审理民间借贷案件适用法律若干问题的规定》（2020年第二次修正）（法释〔2020〕17号）第12条第1款的规定。①

类似情形在行政法领域也存在。我国《行政许可法》第69条、第79条分别规定了因欺骗、贿赂等不正当手段获取可撤销的行政许可及应给予行政处罚的行政许可，统称为有瑕疵的行政许可。在这类行政许可被撤销之前或无法撤销后，其行政许可仍然有效，但其有效性并不能排除其行政违法性。通常来讲，行政法领域的行政许可一般分为两类：特殊许可与控制性许可。前者是基于行为本身的危害性而被禁止，基于利益衡量例外地被许可，如种植罂粟、开设赌厂等；后者指行为本身并无太大危害，多数基于监督管理的需求，经相关部门批准方可实施，如行医资格证、驾驶证、护照等。行政许可与刑事违法性的关联在于：一般认为，特殊许可的出罪功能因有瑕疵而被取消；控制性许可是否受许可瑕疵的影响，有学者认为不影响其出罪功能，也有学者认为应结合具体个案具体分析，不能一概而论。笔者认为，一方面，这种许可的分类标准未必明确，同样存在变动不居的划分区域，总有说不清的许可种类；另一方面，应紧紧围绕刑法的独立性展开分析，即有必要根据刑法自身的法益保护目的进行违法性的认定。若该有瑕疵的行政许可损害了行政法的保护客体，而且侵害了刑法所保护的法益，则该有瑕疵的行政许可应当被剥夺出罪的功能。例如，行为人通过不正当手段取得了种植罂粟的许可证，则尽管该许可证在被取消前具有行政管理上的有效性，但其行为侵害了刑事法律规范所保护的客体，仍然可以构成非法种植毒品原植物罪。类似情形还有非法取得狩猎证、采矿证、经营许可证等行为。

总之，民事或行政法领域内判定的有效，它既可能是合法行为产生的有效评价，也可能是违法行为带来的有效评价。但这里的"有效"显然不等于"合法"，在传统刑法理论视野中，往往将"有效""许可"当作"合法"的同义语。事实上，在空白罪状的语境下，前置法中对行为的"有效""许可"

---

① 最高人民法院《关于审理民间借贷案件适用法律若干问题的规定》（法释〔2020〕17号）第12条第1款规定：借款人或者出借人的借贷行为涉嫌犯罪，或者已经生效的裁判认定构成犯罪，当事人提起民事诉讼的，民间借贷合同并不当然无效。人民法院应当依据民法典第一百四十四条、第一百四十六条、第一百五十三条、第一百五十四条以及本规定第十三条之规定，认定民间借贷合同的效力。

认定并非该行为造成的法益侵害结果或危险本身在前置法中获得了正当化，而是该行为在前置法评价中无法归责于行为人。这种情形可以与刑法中的正当防卫进行类比：正当防卫行为是法秩序得以认可的权利行使行为；但此处的"有效""许可"并非法律授予的权利，相反，是前置法域内必须短期或长期予以容忍的行为。就此角度而言，刑法此时保持违法性判断的独立性有充足的事实基础与理论前提，并不与法秩序统一原理相背离。

3. 前置法中的"许可"认定

在空白罪状中，当前置法对行为作出"许可"认定时，刑事违法性从其独立判断的立场出发，依然可以得出违法性成立的结论，这不违背目的论层面上法秩序的一致性。以我国《刑法》第158条、第159条规定的虚报注册资本罪和虚假出资、抽逃出资罪为例。依据修改后2014年3月1日起施行的《公司法》规定，公司登记制度由注册资本实缴登记制转变为认缴登记制，由此引发了对以上三个罪名存在必要性的大讨论。比如，有学者撰文指出《公司法》规定的这一变动，事实上抽空了这类犯罪的保护客体，建议修正废除这类犯罪。① 与此同时，在实务中出现了因这一规定变动而二审改判无罪的司法实践。

在王某某抽逃出资一案中，省高级人民法院赔偿委员会认为：赔偿请求人王某某被中院一审刑事判决认定构成抽逃出资罪，该判决认定事实清楚，审判程序合法，依据当时的法律规定王某某的行为已经构成该罪。但是在二审期间因全国人大常委会对《公司法》作出修改，将一般公司的注册资本实缴登记制改为认缴登记制，导致《刑法》第159条抽逃出资罪的含义发生变化，故二审法院认为王某某的行为不构成抽逃出资罪，最终改判其无罪。② 在董某、朱某某诈骗、虚假出资、抽逃出资一案中，公诉机关指控董某、朱某某以验资后再转出的方式为上海某贸易有限公司增加注册资本的行为构成抽逃出资罪。二审法院认为，全国人大常委会于2014年4月24日通过了《关于〈中华人民共和国刑法〉第一百五十八条、第一百五十九条的解释》，明确了抽逃出资罪的主体只适用于实行注册资本实缴登记制的公司，上海某贸易有限公司不属于立法解释规定的实行注册资本实缴登记制的公司，故被告人董某、朱某某依法不构成抽逃出资罪。最终准许省人民检察院撤回抗诉，撤销一审判决中成立抽逃出资罪的部分。③

---

① 何荣功：《经济自由与刑法理性：经济刑法的范围界定》，载《法律科学（西北政法大学学报）》2014年第3期。
② 参见河北省高级人民法院赔偿委员会（2016）冀委赔6号国家赔偿决定书。
③ 参见河北省高级人民法院（2016）冀刑终495号刑事判决书。

对于上述立法解释出罪化的做法,得到了持缓和的违法一元论立场的学者的支持。缓和的违法一元论学者认为,刑法将虚假出资、抽逃出资的犯罪化处理与修改后的《公司法》、公司资本制度等已不再适应。从虚假出资、抽逃出资罪设立的社会背景、刑法保护法益、刑事政策等全部发生改变的角度分析,将虚假出资行为作为犯罪处理已不合时宜,也有违刑法的谦抑精神。①换言之,对于上述案例中的行为,学者认为承担相应的民事责任即可而无刑罚的必要性。但若从持违法相对论、坚持刑事违法判断的独立性优先立场而言,废除此三罪并不合适。简言之,刑法设立虚报注册资本罪、虚假出资、抽逃出资罪是基于刑事处罚必要性的考虑,出于对公司资本信息公示制度等法益具有需保护性的定位,②违法相对论的出发点是从刑法独立的规范保护目的出发,而不是从民商法或行政法的违法判断出发。这将在本书接下来有关刑法的法益保护、规范保护目的部分得到更详细的阐述。总之,刑法的谦抑性不等同于对刑法束之高阁,而恰恰是适时地运用。

综上,在法秩序统一视野下,规范矛盾在目的论层面上得以被有限容忍。尽管前置法对刑事犯罪的成立具有重要影响,尤其在过失犯中,空白罪状的补充规范具有推断注意义务以及划定被容许风险边界的机能,③但前置法与刑法的任务泾渭分明,刑法的独立品质应得以维护。基于刑法的自主性,其违法性判断的独立性大于其从属性。

本部分的具体结论是:空白罪状只对前置法"合法"的判断具有从属性,或准确而言保持一致性;其他法域禁止的行为未必为刑法所禁止;其他法域许可的行为或作出有效认定的行为也未必不构成刑法上的违反。换言之,空白罪状中违法判断的方案为:依据前置法"合法"的判断作出从属的"合法"判断;依据刑法规范而非其前置性规范进行独立的违法性判断,确保自身刑法规范目的的实现;在违法"相对"不等于违法"对立"概念的认识下,保证违法相对论程度内的法秩序统一。

三、法益保护对空白罪状解释结论的第二层过滤

空白罪状明确性的解释注定绕不开法益理论。长期以来,中外学者关于犯罪正当化的耕耘可谓卷帙浩繁,其中有关法益理论的成果至少占据"半壁

---

① 卢建平:《公司注册门槛降低对刑法的挑战——兼论市场经济格局中的刑法谦抑》,载《法治研究》2014年第1期,第30页。
② 简爱:《从"分野"到"融合":刑事违法判断的相对独立性》,载《中外法学》2019年第2期,第452页。
③ 陈璇:《注意义务的规范本质与判断标准》,载《法学研究》2019年第1期,第143-153页。

江山"。在学术史上,曾有德国学者提出传统法益概念因太过物质主义或自然主义而应废除的见解,① 目前我国学者中也有全面质疑法益理论价值的类似主张。当下的法益概念与犯罪本质中的法益侵害说正遭受各方学说围困,全面的反思与检讨学潮正摧其锋芒,有降低甚至摧毁法益理论重要性的可能。空白罪状的明确化能否继续以法益理论为基底自然无法挣脱这一学术背景。全面坚持法益概念是一种"不合时宜"还是保持了学术理性,这需要在学术发展及司法实践中获得答案。

通过观察法益学说史,应以辩证的态度肯定法益概念的历史贡献;通过对不同见解中最大公约数的提炼,应在空白罪状的明确化中继续发挥法益的解释规制机能。而如何建构刑法中的集体法益,则是远未完成的话题。

(一) 法益理论的简要回顾

法益概念是如何产生的? 其发展历程如何? 演绎过怎样的命运多舛? 尤其需要思考的是:它缘何不断遭受质疑,又带来了哪些新的问题? 其能否为空白罪状的明确性提供理论支持?

1. 法益概念的历史贡献

刑法的目的(或任务)是什么? 违法性的本质是什么? 这一刑法理论元问题似乎从产生不久就与法益概念拓不开关系。若接受"刑法的任务在于保护法益"这一基本命题,则等同于赞同法益的两个最主要的功能:(1) 体系内含功能,指刑法的应用必须遵循法益原则,即刑法规定的解释与适用应依该规定保护的法益为依据,亦称法益的解释规则功能;(2) 超越体系的功能,指法益概念具有一个位于实证法的实质内涵,使其能借由此内涵来检视实证法设定法益的适格性,易言之,判断可罚性基础及界限的基准,亦称法益的立法批判功能。

《德国刑法典》② 第 6 条 "针对国际法益的国外犯罪行为",第 34 条 "为使自己或他人的生命、身体、自由、名誉、财产或其他法益免受正在发生的危险……要保护的法益应明显大于所造成的危害的法益",第 57 条 "被威胁的法益的重要性"等,多处出现了"法益"用语。《日本刑法典》③ 第 14 条(正当防卫)"为了防卫自己或他人的法益",第 15 条 (紧急避难) "自己或他人的法益面临没有其他避免方法的急迫危难时"等,也出现了"法益"用语。可见,在这些国家,法益属于法定概念。但在我国,法益概念仅为一理论概念,在《宪法》及《刑法》中均未见"法益"术语的使用,而在刑法教

---

① 钟宏彬:《法益理论的宪法基础》,元照出版有限公司2012年版,第99页。
② 《德国刑法典》,徐久生译,北京大学出版社2019年版,第6-28页。
③ 《日本刑法典》,张明楷译,法律出版社2006年版,第115页。

义学中的位置举足轻重并备受争议。

从法益学说史可知,其大体经历了从权利到利益的演化过程。受天赋人权等观念的支配,在18世纪末19世纪初,费尔巴哈提倡的权利侵害说占据通说地位。他确立了刑事审判中的法治国思想,否定落后的封建刑法,主张限制国家刑罚权,将罪刑法定主义思想、法律与伦理相区分的思想纳入刑法理论体系,试图将宗教的、伦理的犯罪驱逐出犯罪圈,防止刑罚的不当扩张。但毕竟并非所有受刑法规制的都可以用权利来解释,从19世纪20年代开始,权利侵害说开始受到批判。① 毕尔巴模(Birnbaum)提出"财"(Gut)侵害说,认为犯罪侵害的不是权利本身,而是权利的对象,是与权利保护相关的财,基本上是指一种具体的对象物。但有学者指出,财概念只是停留在狭窄的领域。其间,黑格尔学派与维也纳学派为法益概念的形成分别作出了自己的贡献。最终,经宾丁(Karl Binding)和李斯特(Franz von Liszt)等人的努力,将法益从具体对象物提升为价值性概念,实现了法益与财的理念的分离。② 宾丁及其支持者认为,法益产生于立法者的价值判断,其内容与实定法必然是一致的。李斯特及其支持者认为,法益产生于生活,是先于实定法而存在的。因此,宾丁及其支持者所讲的法益内容是"是什么",而李斯特等人所讲的法益内容是"应当是什么"。③ 值得注意的是,二战之前,由李斯特等展开的法益概念的精神化倾向,得到了后期新康德主义的进一步坚守与发展,认同法益是根据社会共同体的评价形成的,产生于社会共同体认可的生活价值和文化价值。这一认识使法益的内涵进一步精神化,法益概念丧失了应有的意义。二战后,尽管精神的法益概念仍然存在,但物质的法益概念成为主流学说,尤其在日本,学者们大都强调法益概念的实体化,即法益必须具有可能成为犯罪侵害对象的现实的、事实的基础,或者必须是在因果上可能变更的对象。④ 法益被理解为具体的利益,如人的生命、健康、自由等。

简要梳理可知,法益问题从来都是在犯罪本质或犯罪概念的层次上被讨论的,因此,它在产生与发展道路上,为刑法的暴力干预划定界限、协调道德与法律的调整范畴作出了贡献。

---

① 张明楷:《法益初论》,中国政法大学出版社2000年版,第14-17页。
② [日]伊东研祐:《法益概念史研究》,秦一禾译,中国人民大学出版社2014年版,第41-77页。
③ 张明楷:《法益初论》,中国政法大学出版社2000年版,第51页。
④ 张明楷:《法益初论》,中国政法大学出版社2000年版,第155页。

2. 法益理论是否陷入"四面楚歌"

德国在 1973 年结束的性刑法改革中，把对法益理论的承认推到了历史最高点，但也伴随着对法益理论的反对声音。比如，针对成人间同性恋行为的非刑罚化新处理，反对法益理论的人认为这一不可罚性结局不是因为该行为没有损害到法益，而是因为在人们已经发生变化的观念中该行为不再是不道德的。① 在 1995 年年底召开的全德刑法学教授会议上掀起了新一轮刑法任务之争，刑罚目的是防止法益损害的假设越来越受到批评。其中，罗克辛（Roxin）教授是法益理论的忠实辩护者。他认为，法益不同于具体的行为客体，二者有时是重合的，有时是内容一致但形式不一致，有时是完全不一致。法益是现实的东西，而不是单纯观念上的产物。在这些思考的基础上，可以把法益定义为：所有对于个人的自由发展、其基本权利的实现所必要的，以及建立在这种目标观念基础上的国家制度的功能运转所必要的现实存在或者目的设定。在此应该指出，现实存在和目的设定的区别在于，对于立法者来说，法益并不是预先给定的，而是可以通过立法者创设的。罗克辛教授赞成法益概念是一个批判立法的法益概念，并列出了法益原则具体化的九个要点。② 但反对的观点一直伴随。一些知名作者，如 Stratenwerth、Hirsch、Jakobs 表示，立法评价法益从思考的开端就是错误的，法益的批判立法功能是不可能的。③

我国刑法学界对法益的功能也展开了相当激烈的争论。其中，由刑法的目的引发的"法益侵害说"与"规范违反说"之辩方兴未艾，"法益理论的危机"尤其集中表现在对法益立法批判的功能肯定与否定上。譬如，有学者指出，法益理论曾经在驱逐刑法中的道德性规定时功不可没，甚至可以说在发端于英美的非犯罪化运动中，法益也机缘巧合地发挥了作用。但如今，法益批判立法功能的形成背景已发生变迁，法益概念涵盖力逐渐扩张且日益抽象化、精神化。对立法权的制约应从宪法性规定而不是法益理论中去寻找，其法律依据及理论支撑的缺乏，都表明应放弃法益对立法批判功能的追求，或不应承认法益理论的立法规制机能，而应专注于其解释规制机能。④ 甚至有学者指出，法益可有可无，法益保护原则应当被宪法的比例原则替换，法益

---

① ［德］克劳斯·罗克辛：《刑法的任务不是保护法益吗?》，樊文译，引自陈兴良：《刑事法评论》（第 19 卷），北京出版社 2007 年版，第 147 页。

② ［德］克劳斯·罗克辛：《刑法的任务不是保护法益吗?》，樊文译，引自陈兴良：《刑事法评论》（第 19 卷），北京出版社 2007 年版，第 152-156 页。

③ ［德］克劳斯·罗克辛：《法益讨论的新发展》，许丝捷译，载《月旦法学杂志》2012 年第 12 期。

④ 陈家林：《法益理论的问题与出路》，载《法学》2019 年第 11 期。

原则立法批判功能被期望过高等。① 有学者对此提出针锋相对的意见，指出否认法益批判立法功能是对法益理论的根本性误解，法益的批判立法功能不仅在立法前过滤掉不具备法益侵害的行为入罪，还可以在立法之后检视不当的犯罪化立法。② 有学者在表达的相同立场中，通过细致的论证，力主实质的法益概念不能被比例原则替代。③ 在近期的一次学术讨论中，学者们再次将该论题引入高潮。有学者指出，法益论的作用场域止步于保障刑法规范的目的正当性；法益理论对刑法立法的根据并不具有任何理论贡献。与此相对，有学者提出质疑：即便未来强化比例原则对刑事立法正当性的检验，相对宽泛的比例原则的清晰性也是一个问题；"刑法的正当性来源于刑法规范对人格体义务的确认"的思考视角固然新颖，但义务从何而来等问题均需要进一步思考。④

3. 基本共识

尽管法益理论在我国本土化的过程中从未摆脱过规范违反论学说的各种纠缠，且在域外同样面临种种诘问，但法益理论遭遇的多次大讨论与"危机"，使纵然维护法益理论的学者们意识到，"对法益理论进行真正的拓展，已指日可待了"。⑤ 真理越辩越明。如今，这种中外的反复争鸣至少取得了如下几点被"拓展"的共识性成果。

（1）针对法益被诟病日益抽象化、形式化而丧失立法批判功能的批评，对法益概念再次回归做实体化努力。比如，日本学者松原芳博提倡法益概念的属性为实在性、对人的有用性，须是经验上可以把握的实体；⑥ 我国有学者襄赞此观点，提出实质的法益概念，通过对该法益能否还原为个人的利益及可能丧失哪些利益进行判断。⑦ 但集体法益全部都能还原为个人法益吗？毋宁说并非所有的集体法益都可以还原为个人法益。⑧ 或者直接破除法益的一元论立场，提倡由个人法益与集体法益并立的现代法益观立场。通过证成集体法

---

① 冀洋：《法益保护原则：立法批判功能的证伪》，载《政治与法律》2019 年第 10 期。
② 夏伟：《对法益批判立法功能的反思与确认》，载《政治与法律》2020 年第 7 期。
③ 张明楷：《论实质的法益概念——对法益概念的立法批判机能的肯定》，载《法学家》2021 年第 1 期。
④ "法益概念的内涵与功能"，2021 年 12 月 18 日线上召开的"第二届留德青年刑事法论坛"。前者为陈璇、赵书鸿报告的观点；后者为王华伟、雷志春对此提出的疑问。
⑤ ［德］克劳斯·罗克辛：《对批判立法之法益概念的检视》，陈璇译，载《法学评论》2015 年第 1 期。
⑥ 陈家林：《法益理论的问题与出路》，载《法学》2019 年第 11 期。
⑦ 张明楷：《论实质的法益概念——对法益概念的立法批判机能的肯定》，载《法学家》2021 年第 1 期。
⑧ 陈家林：《法益理论的问题与出路》，载《法学》2019 年第 11 期。

益，不再拘泥于是否能还原为个人法益，而以是否有合宪性的实体性内容为判断标准，进而维护法益批判的立法功能。① 再或者，明确集体法益的核心为维护秩序，个人法益与集体法益间虽然存在此消彼长的关系但并不对立。② 当然，有学者对此的看法为，个人法益与集体法益二者之间是一种包含与被包含关系，集体法益是个人法益的集合体，只有能还原为个人法益的集体法益才具有刑法的需保护性。③ 而如果采用个人法益与集体法益并立的结构，则在二者发生冲突时，无法处理孰优孰劣问题。④

（2）破除法益概念的全能化。刑罚发动的界限的要件，不可能从法益概念自身导出，必须与外在的要件相结合。⑤ 罗克辛教授对此提出"从属性原则是法益保护思想不可或缺的补充"，表达了逻辑一致的观点：限定可罚性的原则并非仅仅是法益侵害或法益侵害危险的客观存在。⑥ 我国学者明确提出应理性看待法益理论，承认其功能的局限性，过高或过低的评价都是对其的误读；法益终归只是入罪的必要非充分条件，反对将入罪的标准全部寄托在法益概念上。⑦ 颇有默契的看法有，对法益立法批判功能的承认并不意味着法益能单独决定是否犯罪化，就算在法益论中找到根据的立法也不能检验立法合理与否。鉴于民众的容忍度，基于法政策抑或刑事政策的立法也往往无法用法益理论来解释其合理性。总之，应反对法益万能主义论。⑧

（3）法益在当下并非一无是处、丧失意义。当前，完全舍弃法益既不合理，也不可行。显而易见，法益的批判立法功能是学者们集中攻击的"火力点"。

其一，通过域内外的争论可以看出，目前暂时没有更好的理论能替代法益理论的地位，或者说法益理论的比较优势依然不可否认。譬如，规范违反说并不比法益侵害说更有优势。在法益侵害说与规范违反说关系还未明确的情况下，法益理论的优势至少在刑法解释场域应得到维护。可以认为，只要以理论发展之初所预定的方式使用法益论，将其射程范围锁定在传统释义学领域（也就是以承认实证法为前提，加以诠释、理解，而不挑战实证法本

---

① 马春晓：《现代刑法的法益观：法益二元论的提倡》，载《环球法律评论》2019 年第 6 期。
② 孙国祥：《集体法益的刑法保护及其边界》，载《法学研究》2018 年第 6 期。
③ 姜涛：《社会风险的刑法调控及其模式改造》，载《中国社会科学》2019 年第 7 期。
④ 雷东生：《刑法保护法益的判断规则》，载《法制与社会发展》2015 年第 6 期。
⑤ [日] 伊东研祐：《法益概念史研究》，秦一禾译，中国人民大学出版社 2014 年版，第 347-348 页。
⑥ [德] 克劳斯·罗克辛：《对批判立法之法益概念的检视》，陈璇译，载《法学评论》2015 年第 1 期。
⑦ 马春晓：《现代刑法的法益观：法益二元论的提倡》，载《环球法律评论》2019 年第 6 期。
⑧ 夏伟：《对法益批判立法功能的反思与确认》，载《政治与法律》2020 年第 7 期。

身),那么,法益概念依然是刑法理论的基石。① 而比较迫切的,应是破除法益全能化的定位。正如一学者精辟地指出,法益保护理论的思考注定是不完美的,因为人间烟火本来就并非依照逻辑安排的。② 同时,针对法益概念模糊、其内涵从未被成功定义的指摘,是否可以换个角度来看待。诚如有些学者所言,法益相对刑法而言就像权利相对私法而论,具有法定性的权利其重要性无人质疑,但权利却一直没有被精确地定义。反观法益,难道就一定非要有精确的定义吗,或者能够被精确定义吗?③ 这是个值得深思的好问题。

其二,学者们在法益的解释规制机能上未见质疑。法益的解释论机能,指犯罪构成要件的解释应以该罪保护的法益为目标,这种制约解释的机能即是其解释论机能。④ 法益保护原则影响刑法释义学,我国刑法分则中规定的具体犯罪正是依据侵害法益进行的分类。同时,根据所保护的法益进行目的解释的原则是主要的解释标准。法益概念在解释学上的意义首先与客观归责理论相关联。当刑法的任务在于保护法益,这种保护只能在立法上,通过处罚对刑法所保护的法益造成风险的行为。一个建立在法益保护基础上的刑法体系对解释学而言,贡献颇多。本书正是基于具有共识的法益的解释规制功能,使空白罪状更趋于明确。

当然,尽管法益概念的解释规制机能在其立法批判功能受质疑时并未受指摘,但显然,这两种功能之间并非无内在关联,只是法益概念实践功能的不同层面的表述。某种程度而言,其解释规制机能从属于立法批判功能,因为从法益的解释机能中并不能得出建构独立法益理论的意义。换言之,法益的意义并非是通过解释被创造出来的。若只是寻找构成要件解释适用的根据,并不需要法益概念,在实证法不过是立法者意志表述的理解下,只需借助法律解释方法理论就可以展开解释。此外,法益解释规制机能的意义在于"使实证法正确地与法益概念相对应,廓清法益概念实践的路径"。⑤ 因此,法益这两种功能中任一功能的实践展开均不可回避法益的基本内涵。

---

① 黄宗旻:《法益论的局限与困境:无法发展立法论机能的历史因素解明》,载《台大法学论丛》2019年第48卷第1期。
② 车浩:《刑法的理念与方法》,"刑法学的邀请"系列公益直播课,2020年3月21日。
③ 夏伟:《对法益批判立法功能的反思与确认》,载《政治与法律》2020年第7期。
④ 张明楷:《法益初论》,中国政法大学出版社2000年版,第216页。
⑤ 周漾沂:《从实证法概念重新定义法益:以法主体性论述为基础》,载《台大法律论丛》2012年第12期,第984页。

其三，就法益被具体质疑之处——空白罪状所承载的行政犯只是对国家行政法规的不服从，即使被认为侵犯了法益，也只是抽象的法秩序，而非具体的法益。① 这里延伸出"秩序"与"法益"的关系问题。从我国现有刑法典的文本出发，《刑法》第13条有关犯罪概念的规定，既包括国有、集体、私人所有的财产等具体利益和权利，也包括国家主权、领土完整和安全、人民民主专政的政权、社会主义制度以及"社会秩序和经济秩序"等抽象形态；刑法分则第三章破坏社会主义市场经济秩序罪、第六章妨害社会管理秩序罪等明确将秩序作为保护对象，且从立法条文数量来看，这两章条文数量占分则总条文数量的一半以上。从立法层面的客观文本出发，不能对此视而不见。笔者认为，从此角度而言，可以将"秩序"理解为一个多层次的概念，不同领域的法从不同角度对"秩序"展开不同层次的保护，对应不同的保护范围与程度。其中，刑法选择核心、重要的"秩序"部分加以保护，并给予保护层次上最后的、手段上最强的保护力度。这也是我国《刑法》第13条规定所展示出来的犯罪概念及其本质所给予的启示。由于秩序并非终极价值，故，刑法所保护的"秩序"尽管具有一定抽象性，但仍可借助"集体法益"的概念将其具体化，即行政犯罪所侵害的秩序是一种值得保护的集体法益。当然，集体法益的内涵与边界将在下一段进行剖析。

其四，法益问题牵涉的是一个宏大而复杂的问题域，非笔者有限的能力所能处理。到目前为止，即便给法益一个比较清楚的概念的尝试，学界都还没有成功，以至于未能清楚地区分何为刑法上保护的对象。但本书并非要放弃法益理论的基本立场，而是基于本书研究的需要，提倡具有解释实践意义的实质法益概念，将法的主体——人作为思考的起点。诚如我国台湾地区一学者所言：个人法益学说中的"个人"，所指的是因内在自由而具有法主体性，且因外在自由而具有现实性者。集体法益应是维护每一个人的抽象法权地位所必须，具有普遍性而不仅仅是"具体——特殊者之聚合"或"表象的可普遍性"。就主体性而言，法益是外在自由领域的具体化条件；就交互主体性而言，法益是对他人的具体诫命；集体法益是法的关系的护卫性体制。②

本书的立场和主张是：就刑法保护的法益而言，从犯罪具有最严重的社会危害性的存在论出发，赞同个人法益与集体法益并立的法益二元论立场。但与前述二元论不同的是，本书提倡以个人法益为中心、严格限制集体法益

---

① 刘艳红、周佑勇：《行政刑法的一般理论》，北京大学出版社2020年版，第233页。
② 周漾沂：《从实质法概念重新定义法益：以法主体性论述为基础》，载《台大法律论丛》2012年第12期，第1017-1033页。

的成立范畴,即以个人法益为主、有限承认集体法益的二元法益观。一方面,刑法以保护人的自由为根本任务和"初心",这无须赘述。另一方面,人的自由又是相对的,并非为所欲为,只能落实在人与人、人与社会甚至人与自然的交往中。为了每个人的自由最大化,维护共同体生活的秩序、规则应运而生,这些为个体自由与安全所需的必要限制或共同前提条件逐渐形成另一种必要的法益——集体法益。这在经济领域中,而且在一些风险预防性质突出的抽象危险犯中体现得尤为明显。比如,我国《刑法》针对资本市场、信用市场等经济领域设立的破坏金融管理秩序罪。再如,我国《刑法修正案(十一)》新增的一些罪名,如以食用普通陆生野生动物为目的的非法猎捕、收购、运输、出售陆生野生动物罪,同样具有抽象危险犯形态。这类罪名或者意图竭力规避可能给整个经济秩序、制度带来的交易风险,或者是为了维护公共卫生安全,很难将其还原为个人法益但又有单独成立犯罪的必要。尤其在当下天灾人祸频出的风险社会,预防性立法具有毋庸置疑的必要性,因此对侵害集体法益的犯罪不以侵害结果的发生为必要也顺理成章。可以说,集体法益无法为个人法益所替代,相对于个人来说,集体法益并不具有可分配性。① 总之,集体法益的产生并非因个人法益不明确,而是该类法益自身的重要性。② 比起个人法益,当犯罪行为侵害的对象不具体、不直接而又有刑法规制的必要时,集体法益的概念存在无疑是合理的。但若不严格限制集体法益成立的范畴,其势必会成为"口袋"性、开放式概念,一切皆可归为集体法益而犯罪化,反而会加重法益概念的空洞化。

需要注意的是,务必将行政管理与刑法的关系厘清,以免刑法完全沦为行政管理的工具。由此推演出,刑法可以作为行政管理的屏障,但刑法所保护的法益显然不能止步于行政管理层面,还需追求行政管理的正当性。因此,有德国学者认为,管理制度、秩序等仅仅称为"伪法益",③ 难以胜任刑法正当化的重任。笔者认为,单纯的管理制度、管理秩序本身,包括执行管理制度的管理活动不应成为刑法所保护的法益,也不应将其随意地归入"集体法益"中而"庇护"一些本不该入罪的所谓犯罪。但如何划定集体法益的边界,避免成为观念构造的产物而滑向泛化或单纯的管理制度、管理秩序,的确是一个值得后续深入研究的问题。

---

① 钟宏彬:《法益理论的宪法基础》,元照出版有限公司2012年版,第250页。
② 姜涛:《新罪之保护法益的证成规则——以侵犯公民个人信息罪的保护法益论证为例》,载《中国刑事法杂志》2021年第3期,第17页。
③ 陈金林:《法定犯与行政犯的源流、体系地位与行刑界分》,载《中国刑事法杂志》2018年第5期,第34页。

本书对此简短的结论为：是否具有法益侵害性仍是判断犯罪成立与否的根本要件与标准，行政犯也不例外。没有与法益产生充分关联的单纯秩序违反或行政不服从的行为，没有对法益造成最低程度的威胁——抽象危险时，均不宜认定为犯罪。在法益二元论的前提下，个人法益指具有实在性、经验上可以把握的人的生存、健康、自由等法主体性现实化的基本权益；集体法益为维护个人法益的实现而存在，以具有通常意义上的严重的社会危害性为消极判断前提。换言之，是否有实质的法益侵害在认定集体法益时具有优越性。此外，承认法益概念存在变动不居的外延边界，在此模糊区域，结合刑法的谦抑性进行利益衡量与判断。

至于个别学者所担心的个人法益与集体法益并立的结构，在二者冲突时无法处理的问题，笔者认为，即便是个人法益一元论也难确保不出现个人法益之间的冲突，比如刑法中的紧急避险情形。何况在整体法律秩序中，出现法益冲突并非罕见之事，通过利益衡量等方法具体问题具体解决已成为常态。

（二）法益的解释机能与空白罪状的明确性

经过漫长的理论跋涉，可以得出法益理论并不"过时"且大有作为空间的结论。法益的解释机能对应空白罪状在补充规范及刑行界分中的不明确，至少展现出以下两方面的明确性机能：一是形成了针对补充规范具有筛选价值的法益同一规则，这在本书第四章相关部分已有论述，此为法益解释功能的小试牛刀，此处不再赘述。二是法益理论对区分行政违法与刑事犯罪具有整体、实质的意义，指导空白罪状解释的实质化。

刑法本着保护法益的立场，竭力维护惩罚犯罪与保障人权的统一。若使得刑法设立的具体犯罪及具体条文的目的得以实现，则对于犯罪构成要件的解释都应符合刑法保护的法益。易言之，对犯罪构成解释的结论务必符合实行行为事实上侵害了该罪所要保护的法益的要求。这意味着对空白罪状的解释当然概莫能外。空白罪状所参照之补充规范的保护法益不同于刑法的保护法益，如果仅是形式地违反了补充规范，法益的解释规制功能如何发挥作用在以下两起涉嫌非法经营罪案件中可以清楚地得以观察。

1. 法益解释实践审视

（1）王某某非法经营再审改判无罪案。① 内蒙古农民王某某被指控在2014年11月至2015年1月期间，未办理粮食收购许可证、未经工商行政管理机关核准登记并颁发营业执照，违法收购玉米卖给粮油公司，非法经营金

---

① 最高人民法院审判委员会2018年12月19日发布的指导案例97号。

额为 218288.6 元，非法获利 6000 元。原审法院认为，被告人违反国家法律和行政法规规定，其行为构成非法经营罪。最高人民法院认为，被告人利用农闲时间收购玉米卖给粮油公司的行为，在粮农和粮油公司间起了桥梁纽带作用，没有破坏粮食流通的主渠道，没有严重扰乱市场秩序，且不具有同刑法规定非法经营罪前三项行为相当的社会危害性和刑事处罚必要性。故指令再审。再审中人民检察院提出的主要意见为，原审被告人的行为虽具有行政违法性，但不具有与《刑法》第 225 条规定的非法经营行为相当的社会危害性和刑事处罚必要性。再审法院亦认为，原审被告行为违反了当时的国家粮食流通管理有关规定，但尚未达到严重扰乱市场秩序的危害程度，不具备与《刑法》第 225 条规定的非法经营罪相当的社会危害性、刑事违法性和刑事处罚必要性，不构成非法经营罪，依法改判王某某无罪。

由于法益在我国并非法定概念，故在司法实践中并没有被提及。但事实上，最高法指令再审的理由及检察院的意见均明确表达了被告人的行为事实上不具有社会危害性的观点。从法益保护的角度分析，市场秩序的违反只是该类行政犯成立的前提条件，破坏了市场秩序就等同于侵害了刑法所保护的法益吗？如前所述，尽管目前学界对刑法所保护的法益仍不能形成一致意见，并给出所谓的"法益"定义，但刑法所保护的法益并非是空洞的、以表面化的规范违反的形象出现，至少要以具备实质的社会危害性为限缩条件，这在前面已有阐述。在本起案件中，被告人的行为违反了 2013 年 7 月 18 日发布的《粮食流通管理条例》（2021 年修订），破坏了粮食流通秩序，在经济行政管理领域具有行政违法性。但在农民卖粮难的客观情形下，被告人行为反而起到了促进卖方与买方的良性互动，没有侵犯刑法所保护的个人法益；由于并不具有实质的社会危害性，并没有侵犯所谓集体法益。因此，从刑法法益保护的侧面而言，王某某的行为理当不构成犯罪。

（2）未经许可用面包车拉送农民工干活构成非法经营罪案。2015 年年底至 2017 年 7 月期间，被告人张某某未经政府职能部门批准，在没有从事出租车客运经营合法手续的情况下，驾驶一辆五菱宏光面包车从事拉客营运，且主要在本市的两个区内进行营运。经查证，张某某进行了为期 15 个月的非法营运，违法所得金额共计 13650 元。当地法院认为，被告人违反国家规定，从事非法营运活动，扰乱市场秩序，情节严重。于 2017 年 12 月判决被告人构成非法经营罪，判处罚金 13650 元。① 此判决一出，在当时引起了不少有关

---

① 《经典判例：未经许可用面包车拉送农民工干活构成非法经营罪》，https://www.sohu.com/a/215165892_654603，访问日期：2021 年 7 月 24 日。其他类似案件参见抚顺市中级人民法院（2017）辽 04 刑终 183 号、宁乡县人民法院（2012）宁刑初字第 369 号等。

判决是否合理的讨论。

在本案中，拉送农民工干活的面包车即所谓"黑车"，是指没有在交通运输管理部门办理相关手续、没有领取营运牌证而以有偿服务实施非法运营的车辆，一般包括提供有偿载客服务的私家小轿车、面包车等小汽车，客车，以及残摩、摩托车、电动车等。我国《刑法》第225条非法经营罪的空白罪状中有"违反国家规定"的前置法违法要求，但在本次判决中法官并未表明本案行为人的行为具体违反了哪些"国家规定"。结合我国《刑法》第96条对"国家规定"的明确规定，以及最高人民法院《关于准确理解和适用刑法中"国家规定"的有关问题的通知》（2011年4月8日发布），对于违反地方性法规、部门规章的行为，不得认定为"违反国家规定"。在本案中，非法营运"黑车"可能涉及的"国家规定"经梳理大致包括以下几种：①《道路运输条例》（2016年2月6日国务院令，以下简称《条例》，2019年修订）；②《无照经营查处取缔办法》（2011年1月8日国务院令，以下简称《办法》，现已废止，被2017年8月23日国务院《无证无照经营查处办法》取代）。根据《条例》第2条和第63条的规定，违反《条例》进行道路旅客运输经营、情节严重的，可构成非法经营罪。根据《办法》第2条和第14条的规定，任何单位或者个人无照经营而情节严重的，依法追究刑事责任。

本案判决将非法营运的"黑车"归类为《刑法》第225条第4项，属于"其他严重扰乱市场秩序的非法经营行为"，其前置规范的选择推定应是依据《条例》或《办法》或二者兼有。事实上，根据当时施行的《道路旅客运输及客运站管理规定》（交通运输部2016年12月6日发布，现已失效，被2020年7月6日发布的《道路旅客运输及客运站管理规定》取代，并于2023年再次修正）第3条的规定，道路客运经营，是指用客车运送旅客、为社会公众提供服务、具有商业性质的道路客运活动，包括班车（加班车）客运、包车客运、旅游客运。其针对的车辆明确为"客车"。根据《汽车和挂车类型的术语和定义》（GB/T 3730.1-2001），客车是指在设计和技术特性上用于载运乘客及其随身行李的商用车辆，包括驾驶员座位在内座位数超过9座。客车有单层的或双层的，也可牵引一挂车。而本案及其他几起类似案件中涉及的均为小轿车或面包车。小轿车标准座位是5位或7位，面包车标准座位是7或8位（均包括驾驶员座位）。综合上述法律法规及相关规范，不难得出如下推论：小轿车或面包车等"黑车"不属于客车；营运小轿车或面包车等非客车，不属于道路旅客运输经营；营运小轿车或面包车等非客车，不在《条例》或《办法》规范之内，不能认定为"违反国家规定"。综上，非法营运小轿车或面包车等非客车的本案行为，不应构成非法经营罪。

2. 法益保护立场重申

上述分析路径主要是利用文义解释的方法，通过对法院判决之可能的补充规范中"道路客运经营""客车"等要素进行剖析，反驳法院将营运出租车的行为错误认定为从事道路旅客运输经营的行为，进而质疑该判决的合法性与合理性。如果单纯从刑法保护的法益角度分析，被告人非法客运的行为仅仅违反了行政法规，从当时的客观环境而言，并未看出对市场秩序造成严重破坏，反而解决了辛苦劳作的农民工从住地到工地通行不便的问题。对比前述王某某案，并以本书个人法益与集体法益并立的立场加以审视，该案中既没有个人法益受到侵犯，也未见集体法益被侵害，将这类行为入罪的确有进一步商榷的必要。故，本书的立场是，行为只是在形式上落入空白罪状的构成要件但未侵犯法益的，不宜作为行政犯罪处理；对空白罪状所承载的行政犯罪应恪守实质的、保护法益的解释立场。

四、规范保护目的对空白罪状解释结论的第三层克制

空白罪状与其他刑法规范如出一辙，乃是规范语言与规范保护目的的统一，前者是后者的载体，且前者的不明确性昭示刑法解释的必要，而后者则揭示刑法解释的意义。详言之，刑法教义学的研究早已表明，法律解释适用的过程绝不是价值无涉的过程，相反，是规范的评价过程，这几乎是所有法学问题研究的起点。诠释学所做的工作就是理性地考量非理性的事物，且诠释学与是非感有关联，这很早就被拉德布鲁赫认识到了。① "所有在法律之泥土上的一切，都是被目的唤醒的，而且是因为某一个目的而存在，整个法律无非就是一个独一的目的创造行为。"② 看来，大师们的认识总是惊人的相似。此外，"刑法并非对物自体之存在状态的简单描述；相反，刑法效力的充分发挥必然以一定的规范目的和社会需要为指南，刑法问题的合理解决也无法摆脱价值评判与规范考量。若某个刑法体系建立在与规范目的毫无关联的现实存在的基础上，那么该体系在规范问题面前必将束手无策"。③ 刑法规范对某一事物的界定和调整完全可以不受该事物本体结构的束缚，而主要依据规范目的和刑事政策的需要进行。当然，这种界定和调整必须以现实和自然的事实或本体结构为出发点和前提，而不能对事实进行歪曲。可见，法学显然不仅仅是一种技术。

这一简单交代的意义在于，当空白罪状指涉的行为对于结果的产生不具

---

① ［德］阿图尔·考夫曼：《法律哲学》，刘幸义等译，法律出版社2011版，第69页。
② 吴从周：《民事法学与法学方法》，中国法制出版社2011年版，第11页。
③ 陈璇：《刑法归责原理的规范化展开》，法律出版社2019年版，第28页。

有必要性,抑或仅具有条件性作用或原因说明的必要性,但以刑罚目的的视角审查有失妥当性时,应当阻却该行为成立犯罪。因此,规范保护目的对空白罪状明确性的判断极富价值,有助于排除由单纯的逻辑推演得出的合法但不合理的解释结论。

(一) 规范保护目的理论的含义及其刑法解释机能

"规范保护目的"的思考方法并非客观归责理论的首创,这种目的性思维在法学方法论中本来就有。但对规范目的的具体探讨,可以溯源至对刑法中因果关系的研究。就因果关系而言,我国传统的结果归责理论是必然因果关系与偶然因果关系说。这其中,必然与偶然的考量相当混乱,经验判断与规范判断、一般判断与具体判断充斥其中,甚至不乏随意、对错难分。这从法学方法论角度而言,不利于因果关系判断中稳定理性的把握,从法律适用来讲,显然不利于公平正义的实现。从历史上看,为克服以条件说、合法则的条件说等学说的缺陷,20世纪30年代,恩吉施进行了行为的危险与危险的实现之区分。到了60年代,德国民法学领域受国外法的影响,开始了规范的保护范围研究。紧接着,一批有影响力的德国刑法学者在刑法学中开始倡导规范保护目的理论,并与恩吉施的上述理论融合后凝结成当今的客观归责理论,使得因果关系问题与归责问题进一步被区分,客观归责理论是典型的规范性、价值论色彩的理论。至此,规范保护目的理论作为客观归责理论的一个下位规则为刑法学者们所熟知。规范保护目的理论意指,尽管行为人侵害了法益,也要进一步探究该法益是否为该规范所保护。如果不是,就否定该行为对被害人造成了危险。[①] 换言之,某种结果尽管已经发生,但若不是由于行为人违反规范引发的规范禁止的风险,不能就此结果对行为人问责。

法律规范目的在于维护整个法律秩序的体系性,法律规范的规定均受目的的支配,所有的解释不得与目的相违背。通过目的解释,法律条文之间的"不完全性"或"不完整性"变得完整畅通且无冲突。[②] 规范保护目的理论在我国得以发展的契机在于,传统归责理论的处罚范围不仅明显不当扩张且标准不清晰,缺乏规范评价的合理介入;尽管客观归责理论自身的优势与面临的质疑并存,但规范保护目的理论作为客观归责的核心无疑合理地缓解了这一问题。规范保护目的事实上是在事实判断、条件判断之后又附加的价值性取舍的过滤机制,避免了结果归属的盲目性与扩大化。即不在"规范保护目

---

① [德]埃里克·希尔根多夫:《因果关系与客观归责——原理与问题》,徐凌波译,载陈泽宪:《刑事法前沿》(第7卷),中国人民公安大学出版社2013年版,第127页。

② 杨仁寿:《法学方法论》,中国政法大学出版社1999年版,第168-169页。

的"范围内的结果,不能归属于行为。在判断行为人是否制造了不被允许的风险时,必然要考虑规范的保护目的,将那些不具有实质可罚性但与法益侵害结果具有条件关系的行为从规范上予以排除。考夫曼认为,在规范与事实之间能够相互对应的基础是事物的本质,[①] 而刑法规范中事物的本质就是规范保护目的。[②] 笔者认为,在刑法解释中存在两类目的解释:一是基于法益的目的解释,二是基于规范保护目的的目的解释。前者侧重于对法条保护法益的确定,但无法确定对该法益某种方式的损害是否属于本法条所防范的类型,后者则能弥补这一缺陷,二者对司法实务来说均不可或缺。因此,规范保护目的理论其实是目的解释方法中限缩解释类型的展开。

1. 规范保护目的的多重含义

一般认为,规范保护目的是指规范在设定人们的行为模式和注意义务时关注的目的如何。经梳理有关规范保护目的的相关资料,发现学者在使用该术语时,其具体含义并不相同,至少运用于三个不同意义:有关法益的规范保护目的、过失犯结果归属意义上的规范保护目的、构成要件意义上的规范保护目的。[③] 其中,中外学者中都有将法益与规范保护目的做相同理解的观点。比如,刑法的目的即法益保护,[④] 构成要件的目的通常被称作构成要件的"法益"。[⑤] 也有将二者作区分的见解:认为法益不是规范保护目的本身,而是其指向的对象。[⑥] 也有学者从法前、法后的法益概念区分对二者等同说进行了反驳。[⑦] 就本书立场,从司法实践的效应来看,采取二者区分说比较适宜。司法实践通常是在行为定性时只考虑法益的重要性,而忽视规范的保护目的,导致随意扩张犯罪成立范围。比如,在王某某非法经营一案中,一审法院依据王某某没有粮食经营许可证等违反《粮食流通管理条例》相关规定为由,在不考虑刑法独立规范保护目的的机械释法下,认定其行为构成非法经营罪。该司法判决之所以引起对法律公平正义的反思,其规范层面的问题主要在于没有考虑刑法及其补充规范——《粮食流通管理条例》各自独立的规范保护目的。"规范保护目的"与"法益"不同,法益是规范的保护对象而非其本

---

① [德] 亚图·考夫曼:《类推与"事物本质"——兼论类型理论》,吴从周译,学林文化事业有限公司1999年版,第87页。
② 姜涛:《刑法解释的基本原理》,法律出版社2019年版,第202页。
③ 马寅翔:《规范保护目的与构成要件解释》,载《中外法学》2021年第2期,第427-429页。
④ 张苏:《以法益保护为目的的刑法解释论》,载《政治与法律》2011年第4期,第99页。
⑤ [德] 英格博格·普珀:《法学思维小学堂》,蔡圣伟译,北京大学出版社2011年版,第71页。
⑥ [英] 安德鲁·冯·赫尔希:《法益概念与"损害原则"》,樊文译,载《刑事法评论》(第24卷),北京大学出版社2009年版,第193页。
⑦ 李波:《过失犯中的规范保护目的理论研究》,法律出版社2018年版,第85页。

身；规范保护目的强调是否保护、如何保护法益以及保护到何种程度。基于法益的目的解释与基于规范保护的目的解释对于刑法来说都不可或缺。① 但法条所保护的法益未必具有规范的需保护性，因此，从维护法秩序统一的目标出发，仅从法益保护的角度厘定刑法的规制范围是不够的，借助规范保护目的的适时探求可以对此进行合理筛选。

过失犯结果归属意义上的规范保护目的正如前面所述，主要是在客观归责理论中作为其下位规则被提及。尤其是在交通肇事罪这一过失犯中，常常利用规范保护目的理论，将不能被违反注意规范保护目的涵盖的行为从中剥离，达到不做任意处罚的目的。比如，一司机在未系安全带的情况下，在一段限速每小时120公里的公路上，以每小时110公里的速度驾车行驶。此时，一行人突然闯入行车道，司机未及时刹车撞死了该行人。经查，若该司机以每小时30公里左右的速度行驶，就能在行人闯入行车道时及时刹车，从而避免悲剧的发生。但在本案中，一是司机以每小时110公里的速度所制造的风险是交通法律规范所容许的，并非规范本身旨在排斥的风险；二是依据《道路交通安全法》第51条规定，机动车行驶时，驾驶人、乘坐人员应按规定使用安全带。此处要求系安全带本身的规范目的是保护驾驶人、乘坐人员自身的安全而非对道路上行人安全的提前预防。因此，并不能对司机以交通肇事罪论处而将行人的死亡结果归责于该司机。

构成要件意义上的规范保护目的也是客观归属理论的规则，罗克辛教授提倡对之与上述注意规范保护目的相区分。② 与注意规范保护目的发生作用的角度不同的是，构成要件意义上的规范保护目的实质上强调的是构成要件的适用范围。譬如，当一定情况下某行为导致了法益侵害事实的发生，若该行为不能被构成要件涵摄，则该行为应排除在犯罪实行行为之外。

综上，细致甄别规范保护目的的三重语境的学理意义重大。其中，有关法益的规范保护目的经司法实践证明对入罪的扩大化约束力不够，如上述王某某非法经营案。但过失犯结果归属意义上的规范保护目的与构成要件意义上的规范保护目的明显都是为了限缩入罪。笔者看来，过失犯结果归属意义上的规范保护目的与构成要件意义上的规范保护目的并不冲突，而是在解决不同问题的语境中规范保护目的分别发挥了不同作用。在不同的具体案件中用于"庖丁解牛"时，恰当利用不同的机能发挥限缩处罚范围的效果。需要警惕的是，法益的规范保护目的可以初步划定处罚的范围，但也存在扩大入罪的风险。这也正是本书将法益与规范保护目的在空白罪状解释中的规制区分

---

① 李波：《过失犯中的规范保护目的理论研究》，法律出版社2018年版，第90页。
② 马寅翔：《规范保护目的与构成要件解释》，载《中外法学》2021年第2期，第429页。

化、分步骤讨论的根本原因所在。当然,由于我国刑法中的空白罪状所承载的行政犯只有较小比例的过失犯形态,构成要件意义上的规范保护目的理论对空白罪状明确性的解释论意义颇为重大。

2. 规范保护目的的"规范"

有学者认为,规范保护目的理论中的"规范"是不明确的,需要从刑法之外去找。尤其在过失犯的认定中,规范保护目的中的"规范"应是刑法之外的特别规定,如《消防法》《道路交通安全法》《道路交通安全法实施条例》等。比如,交通肇事罪等一些过失犯罪明确规定,犯罪成立的前提是"违反交通运输管理法规""违反有关安全管理的规定"等;玩忽职守罪规定的构成要件行为仅仅是"玩忽职守的",刑法本身没有提供任何玩忽职守的注意规范,这只能从刑法之外约束国家机关工作人员职务行为的规定中去找,这些规定可能是法律、行政法规、部门规章等成文的规定,但不在刑法之中。由此导致"规范保护目的"分为两种不同情形:一是刑法之外的注意规范的保护目的(包括超法规的目的);二是刑法典自身规定的犯罪构成要件本身的目的——构成要件保护目的,犯罪构成要件本身传达的规范是较为确定、具体的。有学者对此有不同看法,认为该"规范"就是刑法规范,是刑法分则所规定的具体条文。尽管在理论上把限缩处罚范围的规范保护目的区分为注意规范保护目的和构成要件保护目的,但这一分类只是从不同的角度看待具体法条的结果。前者从事前的角度为行为人提供行为指引,后者从结果不法的角度评判行为发生后的规范效应。规范保护目的中的"规范"应是看得见的、成文的规范,否则根本无从把握、落实规范保护目的的解释功能,根本找不到可以言说的规则,更遑论规则的目的。刑法中的确有些规定不够具体,譬如,存在许多空白规范,对这些空白规范的内容需要到刑法之外去寻找。触犯这样的规范就制造了一个刑法所不容许的风险,行为人也就实施了刑法上的实行行为。但若此处的"注意规范"仅理解为纯粹的刑法之前的规范,不考虑它在刑法上有无意义,违反了这种规范事实上无法构成刑法上的实行行为。例如,当驾驶员在道路上遵守交通规则驾车前行,一行人违反交通规则来到该车前,此时即便前面是绿灯,驾驶员也不能再往前开并撞倒行人。此处的注意规范貌似刑法之前的规范,但其实是在刑法上有意义的规范,其内容隐藏在交通肇事罪的条文之中。[①]

在笔者看来,以上两位学者的观点并无实质冲突,与二人讨论"规范"

---

① 李波:《规范保护目的理论的司法适用》,全国青年刑法学者在线系列讲座之三,2020年6月12日。

目的语境不尽相同也不无关系。前一学者以过失犯为例，认为需要从刑法之外寻找违反的"规范"，强调刑事不法成立的前提是首先违反刑法之外的"规范"，因而绕不开刑法之外的"规范"。后一学者的观点旨在强调，由于刑法必须保持刑事违法判断的独立性，因此，在看似违反刑法之外的"规范"时，该刑法之外的"规范"必须经过刑法规范价值的"过滤"，使其必须满足"在刑法上有意义的规范"这一筛选前提。因此，从这个意义上讲，违反的仍属于"刑法之内"的规范。这刚好与本书关于在法秩序统一视野下，空白罪状与补充规范之间、行政不法与刑事不法判断中，刑事违法性判断的独立立场相一致。一言以蔽之，笔者认为，规范保护目的之"规范"所指应是具体、明确的规范，既包括刑法之外的具体规范，也包括刑法分则所规定的具体条文。详言之，在叙明罪状、简单罪状等普通罪状下，刑法分则规定的具体条文都有自己特定的规范目的，此处的"规范"即是后一学者所称的刑法规范——刑法分则所规定的具体条文。在前述过失犯的情形中，也包括刑法之外的，譬如指明作为义务来源的"规范"；在空白罪状情形中，此"规范"除指刑法分则具体条文外，也包括空白罪状所参照的补充规范。这两类规范具有各自独立的规范保护目的，对刑事犯罪的认定具有共同的"排除性贡献"。只不过，其中的关联在于：刑法之外的规范违反，最终要接受刑法具体条文规范保护目的的检验。即对刑法之外具体规范的违反是对刑法之内具体规范违反成立的前提，前者是后者的必要非充分条件。

3. 规范保护目的的"目的"

目的是隐藏在刑法文本背后秘而未宣的某种价值取向。刑法文本是规范语言与规范目的的统一。刑法规范是具有目的性的规范命令，其承载的政策考量、价值选择、利益折中、利害权衡等均是形成规范的要素，对于犯罪认定的约束意义重大。[①] 因此，规范保护目的对法律的解释具有深远意义，尤其对构成要件的解释。一般来说，刑法解释必须根据法律规范确定的保护目的进行解释，而不能依据日常的理解来解释。法律概念从来不是日常用语意义上纯粹的"观念性概念"，而多数是在规范保护目的及规范间的联系中、在将概念纳入法律规范的保护领域时，"观念性概念"才转变成具有新内涵的特殊法律概念。[②] 规范目的的研究对刑法理论意义甚重，若不能厘清或干脆放弃对

---

① 姜涛：《刑法解释的基本原理》，法律出版社2019年版，第199页。
② [德] 魏德士：《法理学》，丁晓春、吴越译，法律出版社2005年版，第91页。

制定的规范之目的的研究，则刑法理论的学术研究毫无意义。① 规范保护目的之上位概念——"客观归责"概念被指在本质上具有开放性，学者对之见仁见智。② 这意味着在规范保护目的之"规范"清晰的前提下，如若其目的不清晰、不"规范"，在实务中难免会出现大量"大体相同案件未得到大体相同处理"的现象。

规范保护目的中的"目的"为何？其一，该"目的"的主体为"规范"而非司法者或解释者，是体现在前者中的目的而非后者的主观意志；其二，该"目的"受法律条文的约束。就第一项而言，规范保护目的隐藏于"法"——上述规范保护目的的"规范"之中，而非解释或适用人的主观愿望之中，此为"目的"之确定性的基础与空间。就第二项而言，通常立足于规范的条文，从文义解释的方法出发，综合运用历史解释、体系解释、目的解释等解释方法来探求规范目的。以胡某某非法运输珍贵、濒危野生动物案为例，2013年10月初，被告人胡某某路过浙江省庆元县境内时，收购了一只猕猴当宠物喂养。2013年11月21日，被告人胡某某在未办理野生动（植）物运输许可证的情况下，从浙江省东阳市擅自用自己的轿车运输该猕猴前往山西省太原市，途经焦作市中站区焦晋高速西入口处被查获。经河南林业司法鉴定中心鉴定，该猕猴属国家二级重点保护野生动物。被告人胡某某辩称当时遇见涉案的猴子时，猴子是被他人逮着的，其看见猴子受伤可怜，出于好心买下猴子喂养，并给猴子治伤。经有关书证与证人证言证明，被告人所述基本属实。审理法院认为，被告人胡某某无证运输国家珍贵、濒危野生动物猕猴，其行为已构成非法运输珍贵、濒危野生动物罪。③ 通常来讲，非法运输珍贵、濒危野生动物罪的保护法益为野生动物资源。在本案中，判决书并未表明被告人胡某某将猕猴从浙江省东阳市运输到山西省太原市的目的为何。倘若能查明被告人运输猕猴并非为了出售，而是当成自己的宠物正常携带出游，则并不能侵害或威胁珍贵、濒危野生动物资源，若因此而形式化地认定本罪并不妥当。至少要像对非法持有毒品的理解一样，有了贩卖、捕杀等目的，进行目的解释或历史解释的限缩。

当然，若运用通常的解释方法失败，还可求助于比较法学、法哲学等方法寻求立法者认可的刑事政策。其难点在于，规范目的的解释目标历来存在主观主义与客观主义之争。按照主观解释理论的观点，应以立法者关于法律

---

① ［美］道格拉斯·胡萨克：《过罪化及刑法的限制》，姜敏译，中国法制出版社2015年版，第208页。
② 陈子平：《刑法总论》，中国人民大学出版社2009年版，第125页。
③ 参见焦作市中站区人民法院（2014）站刑初字第00089号刑事判决书。

目的及其合目的性的观念更新为标准;按照客观解释论的观点,则是把立法者看作一个代表,必须追求在法律共同体中多数人的正义观念。一般情况下,法律规范产生的历史及其发生史可以为探寻该规范的立法目的提供索引。法律自身的序言、条文上下文等,包括法律规范制定前的背景资料,都隐藏一定法律目的的线索。当这些资料表达多数人的法律政治目标与正义观念时,可以将之作为某一解释结论的支撑论据,但这些标准往往在精准确定法律目的上不能胜任。当我们停留在法律规范的发生史中去寻求立法者意志时,事实上忽视了法律含义与时俱进的时代变迁性。也即是说,当可以清晰地确定有关立法目的及其合目的性的决定与当下主流的社会伦理观念相悖时,主观解释论坚持不偏离立法者意志的观点明显无法维持法的持续性。[1] 而这恰恰正是客观解释论所追求的——追寻法规目的而非立法者意志。换言之,当规范目的在两种解释目标导引下发生异见时,人权保障这一法之最终目的务必得到服从。这一理念决定了刑法解释中对规范之客观目的而非立法原意的追求。[2]

结合我国的刑法典,学者将规范保护目的做进一步有层次的划分:宏观、中观、微观。[3] 宏观意义上的规范保护目的立足于刑法的部门职能、刑法典立法宗旨——惩罚犯罪、保护人民,是刑法的总体目的,整合了整体刑事法律规范的规范保护目的,也确立了刑法解释的基本解释方向。但因其宏观的基本立场,其抽象性显而易见。中观意义上的规范保护目的主要立足于刑法分则中类罪的规范保护目的,与十大类罪名相对应,其规范保护目的也有十种类别的区分,只不过中观层次上的规范保护目的的刑法解释意义并不被认可。微观意义上的规范保护目的包含在刑法总则及分则的具体条文中,对刑法解释的约束机能非常明显。

笔者认为,这种划分的实践价值在于,通常情况下应选择在微观意义上探寻法条的规范保护目的,即立足于具体刑法条文。其法理依据在于,规范保护目的理论主要在于限缩刑罚的处罚范围,比较宏观、中观意义上的规范保护目的,微观意义上的规范保护目的显然在限定范围的依据上更直观、更具体且更具操作性,优势突出。此外,寻找中观意义上的规范保护目的。与上述学者意见不同的是,笔者认为中观意义上的规范保护目的在特定情况下仍然具有解释机能。比如,在探寻规范保护目的的一般教义学方法中,体系解释在某种程度上正是此处中观意义上的解释方法。而宏观意义上的规范保

---

[1] [德]齐佩利乌斯:《法学方法论》,金振豹译,法律出版社2009年版,第71-73页。
[2] 姜涛:《刑法解释的基本原理》,法律出版社2019年版,第203页。
[3] 姜涛:《刑法解释的基本原理》,法律出版社2019年版,第203页。

护目的在统领前两种意义上规范保护目的确立方向上功不可没。总之,刑法中的规范保护目的既包括宏观的刑法目的,也包括类罪及具体个罪之规范保护目的。三者在不同层面上相互配合,共同致力于法规范目的的寻找,为判决的合理性、司法的科学化作出不同贡献。

(二) 规范保护目的与空白罪状明确性的解释关联

规范保护目的理论正是经由补充规范的管道,渗透到空白罪状明确性的解释活动中,校正并限缩其解释结论成立的范围。

1. 规范保护目的理论功能已经普遍化

综合以上分析,不难看出,规范保护目的理论起源于对因果关系的合理限缩与规范廓清。后来逐渐得到了学者们的认可,并运用于过失犯、结果犯与法定犯等领域。有学者敏锐地指出,客观归责理论不仅仅是事实的因果关系理论,同时制约着构成要件行为及结果的选取与判断,所以其同时是构成要件理论。① 这一认识不断成为更多学者的共识。作为客观归责理论的核心——规范保护目的本质上是一个构成要件理论,是一种广义的刑事归责理论。如今,规范保护目的理论已上升至刑法解释学、刑法教义学的体系地位,规范保护目的理论同样对空白罪状的解释具有合理的制约功能。如前所述,从构成要件意义上的规范保护目的出发,具体地判断导致法益侵害事实发生的某种行为能否为空白罪状所描述的构成要件所涵摄。如此,规范保护目的经由构成要件的解释管道进入刑法体系。

2. 规范保护目的与空白罪状之补充规范具有关联性

可以说,空白罪状中的规范保护目的对行政不法与刑法不法的界分意义重大。空白罪状所涉的补充规范是规范语言表达与规范保护目的的统一体,分别对违法行为的类型及意义作出限定。② 一方面,空白罪状中的行政法律规范、经济法律规范等补充规范的选取在一定情形下应当由刑法规范的保护目的来决定。在本书第四章所列举的于某某涉嫌非法经营罪一案中,由于案件审理中《国务院关于取消第二批行政项目和改变一批行政审批项目管理方式的决定》(以下简称《关于行政项目的决定》)的发布,致本案是否构成非

---

① 张明楷:《也谈客观归责理论——兼与周光权、刘艳红教授商榷》,载《中外法学》2013年第2期,第311页。
② 姜涛:《基于明确性原则的刑法解释研究》,载《政法论坛》2019年第3期。

空白罪状明确性的解释论

法经营罪产生了分歧。① 可见，《刑法》第 225 条援引规范的选择对解释结论的影响颇为明显，本案选择《关于行政项目的决定》还是《行政许可法》抑或其他规范工商营业执照管理的法律规范作为补充规范直接成为罪与非罪的分水岭。其中，分清非法经营罪的规范保护目的非常关键。有学者认为，本罪的规范保护目的并非保护《行政许可法》中的工商登记许可制度，而是国家的专卖、专营制度。因此，本案不应认定为非法经营罪。② 也有学者认为，本罪的规范保护目的"是预防未经行政许可的经营活动"。也就是说，国家对一些特别的经营领域实行行政许可制度，只有在取得国家的批准之后才能够实施相应的经营活动，否则就是非法经营，而对于非法经营行为所涉及的领域是否是烟草、盐业等国家专营领域，进而是否需要取得国家的特别行政许可，则属于本罪中的客观处罚条件，而与本罪的规范保护目的无关。"这里的行政许可与没有取得工商部门颁发的营业执照而从事的经营活动不可同日而语。本案之所以不构成犯罪，则是因为依据《决定》，经营黄金无须经过中国人民银行批准，也就是缺乏了客观处罚条件。"③ 两位学者的结论是相同的，其理由显然有一定差异。笔者认为，我国《刑法》第 225 条除第 4 项兜底条款外，从前三项规定来看，第 1 项明确规定"未经许可经营……"，第 2 项规定买卖各类许可证的行为，第 3 项明确规定"未经国家有关主管部门批准非法经营……"，可以看出，本罪"违反国家规定"的类型化行为是围绕"未经许可"展开的，非法经营行为侵犯的是国家的行政许可制度。因此，将本

---

① 一种观点认为，即使在《关于行政项目的决定》发布之后，个人在没有办理任何手续的情况下，擅自经营收购、销售黄金的，仍然构成非法经营罪。理由是《刑法》第 225 条第 1 项所规定的"未经许可"中的"许可"包括工商营业执照，个人未办理工商营业执照而经营黄金的行为，依然构成犯罪。《关于行政项目的决定》发布后，虽然取消了经营许可制度，但对于黄金的经营还在一定的领域限制内买卖，黄金还属于限制买卖物品。相反观点则认为，对于《关于行政项目的决定》发布之后的个人没有办理任何手续而经营收购、销售黄金的行为，不应依照《刑法》第 225 条之规定以非法经营罪定罪处罚。对于《关于行政项目的决定》发布前个人经营黄金的行为，现在审理时，应当依照从旧兼从轻的原则适用法律。理由是《关于行政项目的决定》发布后中国人民银行对黄金的收售许可权被取消，条例中所规定的黄金由中国人民银行统购、统配的规定不再适用，单位或个人收售黄金毋须经过中国人民银行批准办理许可证。个人收售黄金的行为不符合《刑法》第 225 条第 1 项所规定的"违反国家规定""未经许可"的非法经营构成要件，不应以非法经营罪论。如果个人经营黄金没有办理营业执照等相关手续，虽违法但不应由《刑法》来规范，而应根据相关的行政法规予以处理。此两种不同观点转引自王作富、刘树德：《非法经营调控范围的再思考——以〈行政许可法〉若干条款为基准》，载《中国法学》2005 年第 6 期。

② 涂龙科、秦新承：《空白罪状补充规则的适用》，载《法学》2011 年第 10 期。

③ 姜涛：《刑法解释的基本原理》，法律出版社 2019 年版，第 207 页。

罪的规范保护目的理解为防范未经行政许可的经营活动比较合适。① 但这与没有取得工商部门颁发营业执照的经营活动不同，因为前者是表明该经营活动本身未经国家批准或违反国家法律、法规，而后者意图规范的经营活动通常指已经国家批准或并不违反国家专营、专卖制度，只是缺少经登记取得的许可证。故不应将规范工商营业执照管理的法律规范作为参照规范，被告人的行为不构成非法经营罪。本案的二审法院修正了一审法院对被告构成非法经营罪的认定，宣告其无罪。

另一方面，刑事犯罪构成的解释也为空白罪状中补充规范的目的所制约。从规范保护目的理论的学说史回顾可得，规范保护目的属于客观归责理论的子规则，在实行客观归责必须具备的三个条件中，② 规范保护目的被作为"行为制造了不被允许的危险"的一环进行判断。即规范保护目的对行为不法进行约束，若发生的结果不能被规范保护目的的范围涵盖，则等同于没有制造不被允许的风险。诚如一日本学者所见：刑法上的违法性，表面上看是对规范的违反，但本质上是刑法目的决定着其内容。就此角度而言，实质的违法性需经由刑法目的方得以理解。③ 规范保护目的在空白罪状构成要件的解释中如何发挥作用，需要结合空白罪状自身结构的特殊性。空白罪状使用带有指引的"违反××"等表述，决定了在判断一行为是否构成犯罪行为时，必然要判断某侵害结果的发生是否由违反××法律规范的行为所引起。空白罪状与所参照规范在某行为上是否有对应关系，本书在第四章空白罪状与补充规范的衔接部分中做了详尽分析与阐述，存在基本对应、扩大、限缩乃至"落空"关系。虽然论证角度不同，但仍有重复之嫌，故此处不再赘述。简言之，贯彻并沿袭前述逻辑：当空白罪状所参照规范对某行为的违法性无规定时（包括有违法行为规定但缺少刑事责任条款的情形），当然排除该行为的刑事违法性；当参照规范对某行为有规定但具体类型范畴与空白罪状的本体刑法规范规定有所不同时，在刑事违法性判断上遵守本书提倡的交互限制规则。需要注意的是，当空白罪状所参照的法律规范对某行为的违法性作出规定时，还

---

① 提倡不限于传统等价解释的观点认为，立法者在创制非法经营罪时并无明确的目的预设，且可能希望该罪的规范保护范围通过自发方式在司法中生成。本罪除要保障行政许可制度之外，还应越来越多关注对市场调整方式的现实保障。童德华：《非法经营罪规制目的的预设与生成》，载《政治与法律》2021年第4期。笔者认为，这是一个很好的教义学思考取向，但同时在某种意义上也回到法律解释目标的选取这一古老的、悬而未决的争端问题。换言之，需要重新面临解释学中"我注六经"还是"六经注我"的逻辑之难。此问题的价值不言而喻，但本书的研究重心并不在此。基于人权保障价值的偏好和维护刑事法治的初衷，本书是在赞同采用同类解释规则限缩兜底条款的传统观点上，严格解释《刑法》第225条第4项，对本罪的规范保护目的提倡上述观点。

② 张明楷：《刑法学》，法律出版社2021年版，第228页。

③ 山口厚：《刑法总论》（第二版），付立庆译，北京大学出版社2011年版，第101页。

需要具体地判断该规范的保护目的如何。譬如，当驾车人极少量饮酒、车辆悬挂假号牌但并无其他违反交通规则的正常行车过程中，行人的突然急速过马路而被撞伤，此类案件的驾车人违反了《道路交通安全法》第22条、第51条关于禁止饮酒、要求悬挂机动车号牌的规定。可是从规范保护目的作为"制造法所不允许的风险"角度来看，悬挂假机动车号牌与极少量饮酒事实上并未导致其驾车能力及预见与避免交通事故能力的降低，未增加制造行为人被撞伤的风险，并不符合交通肇事罪规范保护目的所要求的行为类型。换言之，行为人在形式上违反了《道路交通安全法》的规定，但行为人的预见与避免交通事故发生的能力并未因违反该法规而被削弱，即《道路交通安全法》的违反本身与行为人预见与避免交通事故发生的能力之间不存在必然关联。因此，该违反交通规则的行为与行人受伤的结果之间不存在因果关系，而是行人的违章造成的侵害结果，不应当将驾车人的行为归入"违反交通运输管理法规"而以交通肇事罪论处。但实践中，在此情景下却不乏入罪的裁判先例。①

综上，在采用空白罪状的犯罪认定中，规范保护目的中的"规范"既包括补充规范，也包括刑法本体意义上的规范。其规范保护目的既有注意规范上的规范保护目的，也有构成要件意义上的规范保护目的。当行为人的行为违反了补充规范中的规范目的时，刑事违法性判断不能就此唯补充规范目的的符合性马首是瞻，还应进一步考察是否违背了刑法本体意义上的规范目的，且后者起终局性作用。也就是说，区分补充规范与刑法的"规范保护目的"十分有必要，不能因补充规范中违法行为的社会危害性较高就得出刑事违法的结论，这在前述案例中已有阐述。毕竟，刑法规范保护目的指引的刑事违法的独立判断最终决定了是否对行为定罪处罚。

---

① 参见广东省廉江市人民法院（2016）粤0881刑初32号刑事附带民事判决书。

第六章 空白罪状明确性的解释论标准及限度

刑法规范的本质是确定性，空白罪状规范当然亦不例外。以空白罪状规范的确定性应对其司法的不确定性，并约束司法中定罪量刑的边界，这是空白罪状司法实践的核心要义。因此，我们尚需从方法论视域并立足于空白罪状明确性的司法维度，探讨其解释的明确性程度、解释限度等问题，从而使罪刑法定原则在空白罪状的解释活动中真正贯彻落实。

本章将论证视野从前述第三章、第四章针对具体问题的聚焦跃升至方法论视域。空白罪状明确性的解释论标准是相对于空白罪状明确性的立法刑法学视域而言，传统见解中主张将立法语言表述的明确性，进而推演至要求空白罪状中补充规范指涉的明确性作为刑法明确性的基本标准，是典型的刑事立法明确性的立法论标准。空白罪状明确性有建立解释论层面判断标准的理论必要，并具备实践功效。与通过释明具体教义与树立解释通则来实现空白罪状在具体问题上的明确性不同，这种解释论判断标准的实践功效在于，对空白罪状是否达到明确性的确认更加合理、规范，从而有利于更好地发挥刑法解释促进刑事立法及时修、立、废等完善工作的进行。事实上，针对刑法解释学意义上的学理判断标准，在我国台湾地区及德国等国家的违宪审查制度实践中已现端倪。就空白罪状明确性的解释限度而言，与其说是空白罪状规范本身的意义限度，毋宁说是空白罪状规范与案件事实间匹配可能性的限度。空白罪状明确性解释的限度从法律方法的角度看，涉及法解释与法续造之间的界分，意味着其只能控制与审查空白罪状明确性的解释结论这一价值决定，而无法生成价值决定。但这足以关系到国民基本人权与自由保障。

一、空白罪状明确性的解释论标准

刑法明确性判断的消极结局在于对立法规定的或修改或废除，刑法明确性判断标准的意义由此不言而喻。诚如本书第四章有关部分所述，提倡并发展空白罪状明确性之解释论判断标准的实践功能在于：使必要容忍范围内相对不明确的空白罪状规范条款通过刑法解释予以明确;将与明确性相背离的含混性规定甄别出来,通过或修改或废除的方式得以明确。

(一) 解释论判断标准的缘起

要探讨空白罪状是否达到解释论层面的明确性,空白罪状明确性之解释论判断标准的建构需要从哪些维度进行考虑?尤其要寻找一个可操作的、相对客观的审查标准,不能不从明确性原则的功能谈起。

如本书第二章所述,在《秦会要》中就可以看出,我国古代先贤早就知道法律明确的重要性及其追求的目的。德国以及我国台湾地区的违宪审查实践为此积累了较多的司法经验。德国通说认为,法律明确性原则的宪法依据是法治国原则,或确切地说,法治国原则下的法安定原则,唯有法律明确,受规范的民众才能预见何种作为或不作为将产生何种法律效果,从而得以事先安排其行为举止。在德日刑法理论中,刑法明确性原则的功能基本被归结为两点:确保权力分立及法治国原则之实现;提升受规范者的刑罚可预见性。[1] 我国台湾地区"司法院"大法官释字第636号解释对这一功能首次进行了明确表述,"基于法治国原则,以法律限制人民权利,其构成要件应符合明确性原则,使受规范者可以预见其行为之法律效果,以确保法律预见告知之功能,并使执法之准据明确,以保障规范目的之实现"。可知,我国台湾地区所谓大法官认为法律明确性原则的"宪法"依据是法治国原则。其功能在于:确保法律预见告知之功能,使受规范者得以预见其行为之法律后果;使执法准据明确,以保障规范目的之实现。毕竟,坚持法律明确性原则的要点在于,"法律不是陷阱,随时蛰伏在暗处等着无知大意的猎物上门"。[2] 不难看出,德日刑法理论与我国台湾地区对明确性原则的功能定位虽具体表述上略有差异,但本质一致,且"宪法"依据一致。均提出法律对受规范者承担预先告知的义务,并避免国家随意扩张执法空间,控制国家权力行使的合理性与可预见性。至此,预先告知与避免恣意执法两大功能对明确性审查标准的提出与完善具有重要意义。这事实上再次强调,法不仅在基本的理论预设中,更是在法实施的过程中,"在全部被造物之中,人所愿欲的和他能够支配的一切东西都只能被用作手段,唯有人,以及与他一起,每一个理性的创造物,才是目的本身"。[3] 人不仅是法学研究的逻辑起点,也是法律实施的最终目的。

---

[1] 薛智仁:《刑法明确性原则之新定位:评介德国联邦宪法法院之背信罪合宪性裁定》,载《台大法学论丛》2015年第2期,第648页。

[2] 许宗力:《论法律明确性之审查:从"司法院"大法官相关解释谈起》,载《台大法学论丛》2012年第4期,第1690页。

[3] [德] 康德:《实践理性批判》,韩水法译,商务印书馆2001年版,第95页。

如此，民众的理解可能性与预测可能性至关重要，法律的明确性要求与关乎司法效果的法律的可理解性、可接受性和可服从性逻辑自洽。当然，可预见性同时关联着刑罚目的——一般预防与特殊预防的实现程度。

域外及我国台湾地区关于明确性的判断标准具有重要借鉴意义。本书第三章对立法明确性的域外判断标准进行了梳理，从中可以看出，刑法明确性判断的解释论标准比立法论标准多出了"可经司法审查"部分。即刑法明确性判断的解释论标准不仅包括受规范者可预见性标准，还包括可司法审查化标准。至于为什么需要可司法审查化标准，这就回到了需要从解释论角度审视刑法明确性的必要性来回答的问题。譬如，单纯立法论的标准并不能将影响受规范者理解可能性与预测可能性的诸多要素全面囊括，[1] 需要司法审查化结果加以填补确认。空白罪状明确性的解释论判断标准与其上位概念的刑法明确性判断的解释论标准具有一致性，不过因着空白罪状的设计，具体判断活动中有其自身的复杂之处。

观察明确性解释的实践可以发现，所谓"明确性三要件"——意义非难理解、且为受规范者所预见、并可经由司法审查加以确认，主要是用来审查法律用语是否明确以及指示适用其他法律规定的指示规定本身是否明确等两种类型。前一类型是明确性原则审查的典型，数量最多；后一类型具有较高的法律专业性与技术性，空白罪状是其中的典型。所谓"意义非难理解"指法律规范的意义容易被理解；"且为受规范者所预见"指受规范者可以预见其所意欲之作为或不作为是否落入法律的概念范畴，进而产生法律所预定的何种法律效果。

有学者精辟地指出，这两个要件都是从受规范之人的角度观察所得出，意义可以被理解是行为可以被预见的前提，因此，这两个要件其实是一枚硬币的两面。受规范者能否预见行为的法律效果最能印证法律意义是否难以被理解，且"意义非难理解"的功能意义不明确，故这两个要件可以合二为一，统称为可预见标准；原第三个要件"并可经由司法审查加以确认"是司法者从法律适用角度观察所得出，指可以经由法律解释的一般方法加以理解、掌握，称之为可司法性标准。应当说，这样归结是精准的。另外，该学者还提出，需要独立出选择性执法标准，以呼应明确性原则避免恣意执法的功能。其理由与担忧在于，若法律规范涵盖过广或欠缺范畴，则变相赋予司法机关选择性执法的机会。譬如，若因非法集会游行大抵会带来"危害国家安全、社会秩序或公共利益"的不利影响，而将"危害国家安全、社会秩序或公共

---

[1] 例如，违法性认识等违法判断事由和故意或过失等责任判断事由等，它们同样对犯罪认定意义重大，且与民众的预见与否关系重大。

利益"植入本罪的构成要件,则主管机关甚至可以基于政治偏好与成见将室外一切集会游行"一网打尽"。① 笔者认为,该标准与可预见标准同样是事物的一体两面,或者由于 A 所以 B。若法律规范本身涵盖过广或欠缺范畴,使民众不知所措且无法预见,将导致司法机关挟带政治抉择、道德评价进行选择性执法的结果。因此,笔者认为该判断标准并无独立存在的必要。

受规范者可以预见标准与可经由司法审查加以确认标准从受规范者与司法者的两个审视侧面,分别对应了刑事法律行为规范与裁判规范的两个侧面,尽管可能有视野的重合、交汇之处,仍不妨碍是相互独立的两重判断标准。或者说,在刑法解释论意义上,空白罪状的明确性判断标准至少要从这两个角度展开。

(二) 可预见性标准

对空白罪状之明确性审查,除必须符合授权目的、内容与范围具体明确外,还须从授权之法律规定中预见其行为之可罚方符合明确性要求。其与其他法律之授权明确性要求的差别,不在于行为人从本体刑法本身即可预见可罚性行为,而在于其授权明确性判断不能只考量便于行政目的的达成,必须考量其伴随着国家刑罚权的决定,故授权目的、内容及范围必须更加具体明确。在此前提下,若仍要额外审查空白罪状是否提供受规范者充分的可预见性,应该是将空白罪状及补充规范合并观察而定,而不是仅以空白罪状本身为据。

本书第三章中已论及在比较视野下,德国、日本、美国等国家及我国台湾地区明确性原则的司法实践中,即便采用一般人标准的国家或地区也出现了向法律人标准挪移的迹象。这带来的疑问是,解释论视域下的可预见是一般人标准的还是法律人标准的?

1. 法律人标准

笔者赞同采法律人标准。如前所述,赞同一般人标准的观点多是认为法律规范是用来规范一般民众的,自然应以一般人的可预见为标准。这种观点固然没错,但从务实的角度来看,一般人标准现实操作性并不强。首先,何为"一般人"? 在司法中不免陷入空泛概念的尴尬。纵使赞同一般人标准的学者,其在衡量因素中也加入了诸如受规范人的专业知识、身份、专业背景等考量参数,以及一般人标准与专业社群标准、一般人标准与公务员标准等宽

---

① 许宗力:《论法律明确性之审查:从"司法院"大法官相关解释谈起》,载《台大法学论丛》2012 年第 4 期,第 1694-1719 页。

严不同的审查模型。① 这本质上都是在勾兑进法律人标准或是调和一般人标准不足的尝试。其次，不符合司法现实。法本意为"定分止争"，裁决往往源于矛盾与争议，尤以疑难、边界案件更需要司法者运用高超的专业智慧加以解决。譬如，域外的违宪审查实践基本就是法律人标准的现实背书。再如，我国空白罪状司法化过程中的不少案件，纵使有明确的法律文本规定，理论及实务界却依然为之争论，并最终交由法官等专业法律人予以解决。这说明，只要疑难案件得以解决而所依据的刑事规范又未被宣布违反明确性原则，就隐晦地证明了法规范只要在法律人标准之下被认可，其就是可以预见的，并推论出法律就是明确的结论。

尽管从负面的角度而论，法律人标准有利于巩固法律人利用词汇垄断所建立的"法律灵媒"地位，有背离法律明确性原则本意的风险，但一般人标准是否就能摆脱陷入民粹主义人权观的危险同样不得而知。任何一种选择都会有相应的风险存在，主张法律人标准也并非赞同职业的法律人将自己的判断凌驾于法律之上，而只是强调法律作为一种社会规制手段的专业性。通常情况下，一般人标准与法律人标准有较大的重合度，或者说法律人标准出于司法效果及公平正义的考量也会了解一般人的预见能力、克制影响中立立场的主观偏好，以一般人标准中的理性因素为基点；基于实操性及司法的本质，最终仍是法律人标准在检视法律明确性并决定其可否预见。

2. 明确性程度

接续的问题是，支撑这种可预见性的明确性程度要求如何。基于上述法律人标准的论证，在探求法律意涵的过程中，专业法律解释方法不可避免，但究竟是何种程度的明确性与可预见性呢？对此，美国最高法院曾在1952年 *Boyce Motor Lines v. United States* 一案中提出过精辟的看法，认为立法不可能做到事无巨细的精确，只能要求其在合理范围内的明确性，对于敢冒险接近法律所禁止之行为领域边缘的人，要求他承担可能已逾越红线的风险并非不合理。英国法官 Lord Morris 在1972年 *Knuller v. DPP* 一案中提出了更为传神的薄冰原则（Thin Ice Principle）：任何人在薄冰上溜冰，不能指望每个可能落水的地点上，都精确地插着一个警告牌。这意味着任何从事冒险行为、游走在法律边缘的人必须自己为行为可能违法的风险买单。而法律只是提醒受规范民众注意，哪些行为已进入薄冰区范围，有冰破落水（被处罚）的风险，即便没有在每一个可能破冰落水之处插上警告标示，也已尽其告知义务，达

---

① 许宗力：《论法律明确性之审查：从"司法院"大法官相关解释谈起》，载《台大法学论丛》2012年第4期，第1708—1714页。

到了明确性的要求。① 笔者赞同这种看法，毕竟在现实中也只能做到如此地步的明确程度，或称之为合理范围内的明确性。以我国《刑法》第 128 条非法持有、私藏枪支、弹药罪为例，其中的"违反枪支管理规定……"尽管并未详细列出具体是何规定，但指明了查找补充规范的方向，且结合该条规定的"非法持有、私藏枪支、弹药"的行为类型描述，受规范民众大致可预见哪类行为为该条所禁止；同时，这类行为仍然可以经司法审查确认其基本范畴，故依然符合合理范围内的明确性要求。

(三) 可司法性标准

"可经由司法审查加以确认"实质上意指立法者的保护目的或所欲禁止的行为可被识别，足以成为法院具体化的框架条件。② 换言之，法律的意涵或经过司法解释，或通过判决，或由法官借助法律解释方法可以加以理解、掌握。刑法的有效实施离不开司法机关将相对不明确之处逐步具体化，将立法者未阐明之义予以挖掘、释放。从这个角度而言，容许抽象立法并留有空白不仅仅是一种立法技术的无奈，也归因于完全可以经司法审查得以"救济"，或毋宁说是解释结果之容许性问题，也正是法官自由裁量权的用武之地。如此一来，在立法刑法学看来不够明确的刑法规范，可经由司法解释、长期积累的司法实践、指导性案例乃至法学学说的通说得以明确或形成教义。例如，《最高人民法院、最高人民检察院关于办理盗窃刑事案件适用法律若干问题的解释》（法释〔2013〕8 号）将《刑法》第 264 条以简单罪状描述的盗窃罪中的"多次盗窃""入户盗窃""携带凶器盗窃""扒窃"等原本并不算明确的立法概念——做了解读。尤其是"多次盗窃"，实在算不上是明确的立法，但"二年内盗窃三次以上"的司法解释一定程度上"补救"了法律应有的明确性。③ 再如，对"扒窃"的理解应围绕其"贴身禁忌"思想基础的法学学说，④ 也得到了该司法解释中"随身携带"规定的呼应。这类司法解释与学说的内容逐渐形成司法实践中的常识与依据，与盗窃罪立法本身已紧密相连，不能不说是司法审查的结果。"若某一条款之目的、内容和范围，可经由司法实务与学说数十年长期的发展与阐明其含义而

---

① 许宗力：《论法律明确性之审查：从"司法院"大法官相关解释谈起》，载《台大法学论丛》2012 年第 4 期，第 1705 页。
② 薛智仁：《刑法明确性原则之新定位：评介德国联邦宪法法院之背信罪合宪性裁定》，载《台大法学论丛》2015 年第 2 期，第 648 页。
③ 但"二年内盗窃三次以上"的解释就具有司法的明确性吗？参见麻爱琴：《"多次盗窃"型盗窃罪之"破坏性"思考》，载《武汉公安干部学院学报》2022 年第 1 期。
④ 车浩：《"扒窃"入刑：贴身禁忌与行为人刑法》，载《中国法学》2013 年第 1 期。

予以确定,则并不违背刑法之明确性原则。"①

空白罪状概莫能外。空白罪状明确性的解释实践比较突出或显性地体现在司法解释、法院裁判及指导性案例中,甚至在法学家的学说观点里等。比如,针对《刑法》第253条之一规定的侵犯公民个人信息罪,《最高人民法院、最高人民检察院关于办理侵犯公民个人信息刑事案件适用法律若干问题的解释》(法释〔2017〕10号)表明了本条中何谓"公民个人信息",何谓"违反国家有关规定",何谓"提供公民个人信息",何谓"以其他方法非法获取公民个人信息",何谓"情节严重",等等,为解读侵犯公民个人信息罪基本厘定了内涵与外延。本书选择空白罪状补充规范的规则以及刑行界分的解释规则等,无外乎都是为空白罪状明确性所做的努力。

目前我国司法审查的本土化方式中不包括违宪审查,但包括刑法解释、发布指导性案例以及法学学说的确认等。这其中,指导性案例的起诉书与判决书、裁判要点与裁判理由都应进行充分说理并具有明确性。当然,在司法路径上,应警惕以解释和判例的方式补救不明确的刑法规范对立法权与司法权权能秩序的侵犯。② 毕竟,刑法明确性必须是以实现权力分立为基础,刑罚可预见性标准的操作不能反过来侵犯明确性原则的权力分立功能。这将在本书后续相关部分详述。

以该两条标准观之,本书对空白罪状补充规范的位阶适用规则、补充规范变更的效力适用规则、空白罪状语境下的刑行区分解释规则等都基本遵循了可预见性标准、可司法性标准。

二、空白罪状明确性的解释约束

刑法解释的限度是司法适用中的关键问题,涉及刑事立法权、司法权的分离与制衡,法益保护与人权保障的平衡,刑法解释与漏洞填补的边界划分等问题。刑法解释的控制与约束可以做多重意义上的理解,如合宪性解释等具体解释方法上的限定,功能主义刑法解释范式的体系性控制等。③ 法律解释涉及规范的理性重构,解释的过程借由解释主体的主观演绎而非立法者的活动,尤其涉及刑罚权的行使时,很可能对权力分立原则造成危险。故,受罪刑法定原则的约束,刑法的解释理应受限于权力分立原则与民主原则。空白罪状明确性的解释论亦不例外,应竭力避免将空白罪状的解释与法的创造或

---

① 参见台湾地区"司法院"大法官释字第680号林锡尧大法官之不同意见书。
② 吴永辉:《不明确的刑法明确性原则》,载赵秉志:《刑法论丛》(第3卷),法律出版社2009年版,第303-305页。
③ 劳东燕:《功能主义刑法解释的体系性控制》,载《清华法学》2020年第2期。

发现相混淆,追求国民基本人权与自由之保障以及对立法权与司法权之权力边界的控制与审查。这就是空白罪状明确性解释的约束由来。

(一) 解释规则:不当解释的双向禁止

致力于空白罪状明确性的过程中,离不开对传统解释方法的依托。但空白罪状的解释过程同样容易混入对立法权的侵蚀与僭越,易于将行政违法与刑事犯罪行为混淆,以致出现恣意执法现象。即除不得逾越文义范围的限制外,在精确化空白罪状的过程中同样不能删除立法者所设定的可罚性界限。其中,最需要警惕对立法权造成威胁的莫过于任意地扩大或限缩解释,从而随意扩大或限缩刑罚权的射程。即不当扩张或限缩处罚范围是刑法解释中竭力避免的结果。

当然,如本书第二章所申明,本书取狭义的"立法权"说,即专指全国人大及其常委会之国家立法权。因为,最高人民法院、最高人民检察院作出法律解释的行为并非在行使立法权。因此,本书当然并非在此意义上使用"立法权"以致逻辑不自洽。

1. 禁止不当扩大解释

扩大解释是文义解释应用方式之一,相较于平义解释、缩小解释,扩大解释是在刑法条文所使用文字不足以表明条文真正规范目的时,通过扩张对象、主体或行为方法等将刑法用语做比通常含义更为宽泛的解释。扩大解释是在不突破条文文义的基础上发掘其应有真义,但不当的扩大解释将消融这一初衷。此处的"不当",意指违反刑法具体解释方法与解释规则。比如,常见的对刑法禁止类推原则的违反。不当扩大解释往往与类推适用具有亲缘性。所谓类推适用,是指将法律明文之规定,适用到该法律未直接加以规定,但其规范上之重要特征与该规定所明文规定者相同的案型。在类推适用上,最易引起争执之问题为:如何认定拟处理的案型与法律明文规定的案型,分别具有相同的规范意义上的特征。[①] 类推适用的法理在于"大体相同案型得到大体相同处理"。在民事法律的适用中,类推适用是补充法律空白的一种常用方法。譬如,我国台湾地区"民法典"第1条明确规定,"民事,法律所未规定者,依习惯;无习惯者,依法理"。其中,"无习惯者,依法理"一句,事实上就是为类推适用这一补充法律漏洞的方法打开规范性方便之门。

---

① 黄茂荣:《法学方法与现代民法》,法律出版社2007年版,第492页。

抛却针对"类推适用"与"类推解释"是否为同一概念的指摘不论,①类推在刑事法领域到底该不该被禁止?逻辑上能否被真正禁止?类推与扩大解释等诸多解释方法之间有清晰的操作标准吗?尽管作为罪刑法定原则的内容之一,类推在刑法理论通说中是被禁止的。但关于上述问题的追问与讨论在理论研究中一直方兴未艾。比如,考夫曼认为,法天生带有类推的性质,法律发现、法的适用其实就是类推的过程,解释和类推没有任何性质与本质上的差异,只是程度有所不同而已。② 我国学者随后极富洞见地指出,作为区分刑法解释与类推标准的"可能的文义范围"本身欠缺稳定而清晰的特质,从而无法剥离二者的交织。③

观察司法实践历程,我国法治产生过比附和运用情理等制度和方法,且在整个法律适用场域发挥过积极作用,但这不足以证明其在现代刑法适用中的正当性。建立在民主主义与预测可能性等现代法治共识上的类推禁止,纠偏了在刑事法活动中"刑不可知,则威不可测"的传统认识,体现了刑事法律限制司法权行使的目的及保障人权的需要。回顾我国的刑法立法史可知,1979年《刑法》规定了类推制度,而1997年《刑法》废除了该制度,确立了罪刑法定原则。当然,有利于被告人的类推适用在刑事法理论中已达成共识。④ 放眼世界,大陆法系国家力图兼顾保护法益与保障人权的两大机能,在刑法解释上持严格的立场,即不允许一般的类推解释,以防止侵犯人权。同时将有利于被告人的类推解释、扩张解释及限制解释限制在狭小的范围之内,以防止放纵犯罪。而英美法系国家在保护法益与保障人权这两种机能发生冲突时,更倾向于支持保障人权,即倾向于禁止类推。当然,在两大法系相互融合的今天,这种法系倾向的区别亦不再泾渭分明。笔者赞同在刑法解释中禁止类推适用,防止不当地扩大解释,以致法律规定界限效果丧失。

在空白罪状的明确性解释中,尤其包含兜底条款的条文里,更易为不当地扩大解释留下可乘之机,这在非法经营罪中表现突出。2020年我国新型冠

---

① 关于"类推适用"与"类推解释"有不同见解:第一种见解认为,类推解释与类推适用是同一个概念,两者没有区别;第二种见解认为,类推解释与类推适用存有极大的差异,前者属于狭义的法律解释之范畴,后者则是一种法律漏洞之补充技术,两者应严格区分;第三种见解认为,在狭义之法律解释观念下,类推是一个外在于解释的范畴,因而类推解释概念本身就自相矛盾,根本无成立之余地。杜宇:《刑法上之"类推禁止"如何可能?一个方法论上的悬疑》,载《中外法学》2006年第4期,第416页。基于讨论的重心不同,本书取"类推解释"与"类推适用"是同一概念论。

② [德]亚图·考夫曼:《类推与事物本质——兼论类型理论》,吴从周译,学林文化事业有限公司1999年版,第11页、第153页、第155页。

③ 杜宇:《刑法上之"类推禁止"如何可能?一个方法论上的悬疑》,载《中外法学》2006年第4期,第417页。

④ 张明楷:《罪刑法定与刑法解释》,北京大学出版社2009年版,第94页。

状病毒疫情期间，涌现出大量违反国家有关市场经营、价格管理等规定，哄抬疫情防控急需物资价格，牟取暴利，扰乱市场经济秩序的行为。相当一批案件中的被告人被依照《刑法》第225条第4项的规定，以非法经营罪定罪处罚。但这种处理的实质妥当性值得进一步推敲。

（1）判决实践的观察。

案例一：赵某某非法经营案。① 被告人赵某某在某购物平台注册了三个网店，日常销售艾制品。2020年1月22日至24日，被告人从洛阳、盘锦等地以每个0.5元至5元不等的价格购入不同品牌口罩共计48425个。为牟取暴利，1月22日至29日，赵某某网店口罩价格连续上涨，销售价格从每个2.6元一路涨至每个15元。经审计，赵某某网店销售口罩的经营数额为522216.4元，违法所得38万余元。法院经审理认为，被告人赵某某在疫情发生之前未进行过口罩商品的销售活动，在疫情防控期间销售口罩平均加价率达275%，虽然法律没有明文规定"哄抬物价"的具体标准，但该平均加价率远超出非疫情防控期间市场销售价格与成本价格之间的合理比例，不符合人民群众的普遍认知以及公平正义观念。被告人违反国家有关市场经营、价格管理等规定，哄抬物价、牟取暴利，严重扰乱社会秩序，违法所得数额较大，情节严重，其行为已构成非法经营罪，应依法承担刑事责任。其他类似案件可参见刘某某、陈某某非法经营案，② 王某某非法经营案，③ 孙某某、王某某非法经营案，④ 谭某某非法经营案等。⑤

案例二：纪某、孙某非法经营案。⑥ 2020年2月被告人纪某与孙某（二人系夫妻关系）发现医用酒精脱销这一情况，于是违反国家《危险化学品安全管理条例》，在未取得危化品经营许可证的情况下在纪某父亲位于铁岭市的某酒业有限公司制作酒精，后运至沈阳市浑南区车库存贮并通过微信朋友圈对外销售。经查实，酒精销售额为77340元，现场查扣尚未销售酒精5升装800桶，经浑南区价格认证中心认定价值人民币48000元。法院认为，被告人纪某、孙某违反《危险化学品安全管理条例》，在未取得危化品经营许可证的情况下销售酒精，扰乱市场秩序，情节严重，其行为已构成非法经营罪，应依法承担刑事责任。其他类似案件可参见郭某、张某某非法经营案等。⑦

---

① 参见河南省洛阳市洛龙区人民法院（2020）豫0311刑初156号刑事判决书。
② 参见山东省东营市河口区人民法院（2020）鲁0503刑初229号刑事判决书。
③ 参见山西省运城市盐湖区人民法院（2020）晋0802刑初126号刑事判决书。
④ 参见河南省郑州高新技术产业开发区人民法院（2020）豫0191刑初1130号刑事判决书。
⑤ 参见廉江市人民法院（2020）粤0881刑初138号刑事判决书。
⑥ 参见沈阳市浑南区人民法院（2020）辽0112刑初99号刑事判决书。
⑦ 参见陕西省榆林市中级人民法院（2020）陕08刑终136号二审刑事裁定书。

上述案例一中，法院判决依据中包括《刑法》第 225 条第 4 项规定，以及最高人民法院、最高人民检察院《关于办理妨害预防、控制突发传染病疫情等灾害的刑事案件具体应用法律若干问题的解释》（法释〔2003〕8 号）（以下简称"解释"）第 6 条规定。① 判决说理部分的依据包括最高人民法院、最高人民检察院、公安部、司法部联合制定的《关于依法惩治妨害新型冠状病毒感染肺炎防控违法犯罪的意见》（法发〔2020〕7 号）（以下简称"意见"）。② 诚然，在新冠疫情防控期间，行为人违反国家有关市场经营、价格管理等规定，大幅提高防疫物资的销售价格，哄抬物价、牟取暴利，不仅严重扰乱市场秩序、破坏政府在新冠疫情防控期间对防疫用品销售价格的正常监管秩序，威胁人民群众的健康与生命安全的可保障性，同时与非常时期"众志成城"的良好道德风向背道而驰，具有防范与打击的必要性。但细加斟酌，哄抬物价的行为难以划归于《刑法》第 225 条前 3 项规定的非法经营行为。《刑法》第 225 条前 3 项规定的经营"非法性"在于经营对象等未经许可或批准，而哄抬物价只能算是一种具体经营行为手段的违法，与前 3 项分属不同的行为类型。这显然与案例二中的情形不同。案例二中被"哄抬物价"的对象为医用酒精，与口罩不同的是，医用酒精属于易燃易爆的危险化学品。依据《危险化学品安全管理条例》《医疗器械监督管理条例》等相关规定，任何单位和个人在进行危险化学品的生产、使用、销售等行为前，应取得危险化学品安全生产许可证、危险化学品安全使用许可证和危险化学品经营许可证，且个人不能从事销售医用酒精产品的活动，其经营主体必须是取得营业执照的企业。故，案例二中的情形除具备案例一中的社会危害性外，还属于在未取得危险化学品经营许可证即对外销售医用酒精的行为。从这个角度而言，案例二中的销售酒精行为完全可以归入《刑法》第 225 条前 3 项之列，而不必依据《刑法》第 225 条第 4 项的规定即可认定为非法经营罪。

（2）判决依据中"明确性"问题的反思。

一是"哄抬物价"的标准不明确。我国《刑法》第 225 条既有空白罪状、兜底条款等立法形式上的交织与并存，也有"严重扰乱市场秩序"之行政不法与刑事不法违法判断双重性的实质困难，加剧了非法经营罪认定的复杂性

---

① 该解释第 6 条规定，违反国家在预防、控制突发传染病疫情等灾害期间有关市场经营、价格管理等规定，哄抬物价、牟取暴利，严重扰乱市场秩序，违法所得数额较大或者有其他严重情节的，依照《刑法》第 225 条第 4 项的规定，以非法经营罪定罪，依法从重处罚。

② 该意见中规定："依法严惩哄抬物价犯罪。在疫情防控期间，违反国家有关市场经营、价格管理等规定，囤积居奇，哄抬疫情防控急需的口罩、护目镜、防护服、消毒液等防护用品、药品或者其他涉及民生的物品价格，牟取暴利，违法所得数额较大或者有其他严重情节，严重扰乱市场秩序的，依照刑法第二百二十五条第四项的规定，以非法经营罪定罪处罚。"

及扩大处罚范围的可能性。其中，相当明显的是，尽管有关司法解释及司法解释性质文件中明确规定了哄抬物价情节严重的直接依照《刑法》第225条第4项规定定罪，但并没有相关法律规范明文规定"哄抬物价"的具体标准。从上述判例可以看出，有关法院也注意到了这一点，但依然根据"人民群众的普遍认知以及公平正义观念"进行了认定。可这种标准明显不具备明确性的内容和可操作性，难以承担"认定标准"的直接指导功能。

二是"哄抬物价"行为与非法经营罪规制的典型行为类型存在差异，"哄抬物价"行为入罪导致本罪的规范保护目的更不明确。从我国《刑法》第225条规定的非法经营罪前3项行为类型来看，其"违反国家规定"的类型化行为基本围绕"未经许可"展开，该罪保护的法益为国家的行政许可制度。① 根据"先例区辨"精神，即体系解释视野下的同类解释规则，《刑法》第225条第4项的行为类型也应围绕"未经许可"类行为展开，但"哄抬物价"这一具体经营行为方式显然难以被"涵摄"其中，超出了该罪的解释框架。此外，也有学者从疫情期间"哄抬物价"的行为本质特征来看，其在于妨害疫情防控而非扰乱市场秩序，从这个角度而言，也违反了非法经营罪的同类解释规则。②

循着以防范未经行政许可的经营活动的规范目的，检视上述司法判例所依据的司法解释与司法解释性文件可以发现，无论是上述"解释"还是"意见"，对于疫情防控等灾害期间违反规定、哄抬物价而严重扰乱市场秩序的行为，依据《刑法》第225条第4项认定为非法经营罪的解释都不具有合理性。与此类似，最高人民法院、最高人民检察院《关于办理利用信息网络实施诽谤等刑事案件适用法律若干问题的解释》（法释〔2013〕21号）中规定的非法经营电信业务"情节严重"的，也依照《刑法》第225条第4项的规定以非法经营罪定罪处罚。这些司法解释对通说中非法经营罪的逻辑与构造发起了冲击与突破，导致如前所述，不免有学者从规制目的的生成原理出发，提出非法经营罪规范保护范围应是在司法中生成而非立法中的既定的观点。③

三是前置法的阙如，导致对"哄抬物价"类行为的刑法规制脱离了非法经营罪空白罪状的立法设计。详言之，《刑法》第225条第4项的规定必须受该条第1项中违反"国家规定"的前置法限制。根据行政犯的双重违法性特

---

① 事实上，即便是违反经营许可的行为也未必一定构成非法经营罪。行政许可中存在普通许可和特许之分，违反普通许可只是一般的行政违法行为，只有违反特许才符合非法经营罪的违反国家规定要件。陈兴良：《非法经营罪范围的扩张及其限制——以行政许可为视角的考察》，载《法学家》2021年第2期。

② 吴加明：《疫情期间哄抬物价行为的刑事规制》，载《政治与法律》2020年第7期，第58页。

③ 童德华：《非法经营罪规制目的的预设与生成》，载《政治与法律》2021年第4期。

质，行为只有具备行政违法性前提始有成立犯罪的可能。依据本书第四章的论证，采用空白罪状的行政犯应在适格的补充规范中具备相应的衔接条款。

但从"哄抬物价"类非法经营行为看，在可能的补充规范——《价格法》中未见有附属刑事责任条款的存在。在《价格违法行为行政处罚规定》中最疑似的附属刑法条款为第19条："有本规定所列价格违法行为严重扰乱市场秩序，构成犯罪的，依法追究刑事责任。"但此处存在两点需要注意的问题：第一，本处罚规定中未直接出现"哄抬物价"的行为，其最接近的行为应当在其第5条规定中："经营者违反《价格法》第十四条的规定，相互串通，操纵市场价格，造成商品价格较大幅度上涨的……"但通过"相互串通"的手段，达到"操纵市场价格"的目的与案例中通过个人之力单纯地"哄抬物价"并不相同。第二，《价格违法行为行政处罚规定》是根据《价格法》制定的行政法规。在其上位法——《价格法》中并未出现附属刑事责任条款的情况下，下位法的独立设定是否有效本身是个值得深思的问题。

至于《突发公共卫生事件应急条例》（中华人民共和国国务院令第588号修订）第52条："在突发事件发生期间，散布谣言、哄抬物价、欺骗消费者，扰乱社会秩序、市场秩序的，由公安机关或者工商行政管理部门依法给予行政处罚；构成犯罪的，依法追究刑事责任。"《重大动物疫情应急条例》（中华人民共和国国务院令第687号修订）第48条："在重大动物疫情发生期间，哄抬物价、欺骗消费者，散布谣言、扰乱社会秩序和市场秩序的，由价格主管部门、工商行政管理部门或者公安机关依法给予行政处罚；构成犯罪的，依法追究刑事责任。"其中都出现了相关条款规定，且原本都是由国务院发布的行政法规，根据我国《刑法》第96条规定，均属于"国家规定"。然而，与《价格违法行为行政处罚规定》面临的问题相同，在二者的上位法——《突发事件应对法》及《动物防疫法》中均未出现关于"哄抬物价"附属刑事责任条款的情况下，下位法的独立设定是否有效值得商榷，进而将之作为入罪的依据更不可知。

如此看来，"哄抬物价"类非法经营行为的入罪在满足空白罪状之刑、行衔接基本规则的条件上也明显欠缺。

（3）简要的结论。

应当说，上述"解释"及"意见"中的解释结论既非来自非法经营罪文义上的扩张，亦非出于规范目的上的必要。与其说是适当的扩大解释，毋宁说是基于刑事政策考量的目的性扩张，甚至是满足"预防、控制突发传染病疫情等灾害期间""疫情防控期间"这一特殊时期的权宜之计。在笔者看来，这类"解释"与"意见"尽管在特殊时期的确积极发挥了刑法的社会治理功能,法律目的与效果之间的关联性相对显著,但透过法规范所形成之法秩序应具有相当的说服力,有其适当之效力的泉源,在目的和手段之间带来的利益剥夺应合乎比例要求,而不只是单纯依赖"国家"权力的强行规范。就此而言,应将这类司法解释视为限时法,其适用效力限定在特殊时期内,而不便在非"疫情防控等灾害期间"推而广之。有一句罗马法谚,"法律上之原因消灭,法律亦消灭",倒可以恰如其分地解释该类司法解释适用效力这一情形。否则,因构成要件的不明确,其对非法经营罪带来的危机与风险将得不偿失。"哄抬物价"是否应归属于非法经营罪构成要件之下,并从根本上调整、说明非法经营罪所欲保护的法益,这本属于立法机关衡量事件之特性、侵害法益之轻重程度以及所欲达到之管制效果的立法裁量事由,而今通过司法解释及司法解释性文件代为裁量并处置,不但有不当扩大刑罚处罚范围之嫌,也侵犯了立法形成自由。司法权僭越立法权,即便立法机关对该行为事后追加了立法,也属于事后法。

事实上,疫情期间的"哄抬物价"行为常常伴随其他犯罪情形,如销售假冒、伪劣的医用口罩,同样可以通过生产、销售不符合标准的医用器材罪、假冒注册商标罪、销售假冒注册商标的商品罪等进行部分"堵漏性"定罪处罚。[1] 而从实证出发,"哄抬物价"背后是否全是由行为人操纵的结果值得进一步查究。据笔者观察,在疫情期间,一些防疫物资的价格上涨并非是由厂家或行为人个人擅自提价造成的,很大一部分是受市场供需关系的影响。进一步厘清设定非法经营罪所保护的法益有非常之必要,是否应市场的归市场、法律的归法律,把立法倾向性明确起来是当务之急。综合考量司法权及行政权之界限、行政管理之有效性及目的性,避免过度迷信刑罚威力并造成司法超载。

2. 防止任意限缩解释

限缩解释在刑法解释中比较常见。主要用于法律文义涵盖过广时,导致不同案型置于同一法律规定之下,造成"不同案型为相同处理"的情形。此时,基于立法意旨,将原为法律文义涵盖的案型,剔除在该法律之适用范围外,学说上称为"目的性限缩"。有学者也将其定性为补充法律的方法之一。[2] 这一定程度上说明这类法律解释方法与造法之间的关系妙微,在法律解释过程中极易越权行使立法权。

所谓"任意限缩",常常是指罔顾立法意旨,进行没有依据的缩小刑法规则范畴的情形。不当的限缩解释同样侵害立法权,间接缩小了刑罚权的射程。

---

[1] 参见江苏省盐城市亭湖区人民法院(2020)苏0902刑初362号刑事判决书等。
[2] 黄茂荣:《法学方法与现代民法》,法律出版社2007年版,第496页。

这通常发生在法条保护法益不明的情形下。譬如，我国台湾地区"刑法"第235条规定了散布、贩卖猥亵物品及制造持有罪。① 本罪禁止的行为有两种：一是散布、播送或贩卖猥亵之文字图书、声音、影像或其他物品，或公然陈列，或以他法供人观览、听闻；二是意图散布、播送、贩卖而制造、持有前项文字、图书、声音、影像及其附着物或其他物品。关于本条的保护法益，传统见解均认为是保护社会的善良风俗，或是合理的性秩序与性道德。现在多数学者赞同本罪的立法意旨着重在个人性自主权法益的保护；② 当然，也有学者认为本罪主要还是保护未成年人。③ 总之，刑法文字本身及传统社会中的理解，"猥亵"二字的内涵十分丰富，导致宽泛的善良风俗、性道德的维护也为我国台湾地区"刑法"第235条立法目的所在。

我国台湾地区"司法院"大法官释字407号，④ 以及释字607号，虽然都提到了青少年保护的问题，并且青少年身心的保护的确也是德国相类似刑法条文之立法者所揭示的保护法益之一，但我国台湾地区"刑法"第235条立法者的立法意旨与德国刑法散发淫秽文书罪立法者的意旨不同，⑤ 两条文所规定的构成要件也明显有异。因此，判定所谓大法官的多数意见顾及青少年保护的说法，违背我国台湾地区"刑法"第235条的立法意旨，是没有依据的造法工作。以致于在"司法院"大法官释字617号中，所谓大法官显然也认为，若按照"刑法"第235条字面做理解，则处罚的范围过广。"不幸的是，'刑法'第235条的字面理解，正是立法原意所在。在这种情况下，所谓大法官解释如果要面对问题，只有一条路可以走，就是宣告本条违宪。"⑥ 易言之，在我国台湾地区"刑法"第235条法益保护不明的情况下，任何限缩解释的做法都是没有依据的，因为所谓的限缩解释都是基于相对利益的衡平考量而来。若条文本身所要保护的法益不明，所谓相对利益的衡平考量根本欠缺可以附属的对象。就权力分立的思考而言，刑法保护什么样的法益，其决定权

---

① 我国台湾地区"刑法"第235条规定：散布、播送或贩卖猥亵之文字、图画、声音、影像或其他物品，或公然陈列，或以他法供人观览、听闻者，处二年以下有期徒刑、拘役或科或并科三万元以下罚金。意图散布、播送、贩卖而制造、持有前项文字、图画、声音、影像及其附着物或其他物品者，亦同。前二项之文字、图画、声音或影像之附着物及物品，不问属于犯人与否，没收之。
② 陈子平：《从强吻案谈强制猥亵罪》，载《台湾本土法学》2003年第42期，第91页。
③ 林东茂：《从"强吻案"谈刑法上的猥亵概念》，载《台湾本土法学》2003年第42期，第80页。
④ 苏俊雄：《宪法意见》，元照出版公司2005年版，第65-75页。
⑤ 《德国刑法典》第184条规定了散发淫秽文书罪。《德国刑法典》，徐久生译，北京大学出版社2019年版，第137-138页。
⑥ 黄荣坚：《弃权又越权的大法官释字617号解释》，载《台湾本土法学》2006年第89期，第73页。

空白罪状明确性的解释论

在于立法者。此时，所谓大法官释字若任意限缩解释该条的保护法益，其实质是侵害了立法权，并将本条变成一个可以恣意解释的欠缺构成要件明确性的条文。本应通过立法来改善的不明确性，将不当地被代行。事实上，我国现行《刑法》第237条强制猥亵、侮辱罪，第301条聚众淫乱罪等，第364条传播淫秽物品罪，面临与我国台湾地区"刑法"第235条的类似处境。

在采用空白罪状的立法条文中不排除出现这类不当限缩解释的风险。例如，我国《刑法》第120条非法持有宣扬恐怖主义、极端主义物品罪之"恐怖主义、极端主义"的内涵并不十分明确。除行为人外，即便对于司法人员，也未必有统一的界定意见。从近年来大量出现的探究恐怖主义犯罪定义的理论研究现象即可窥一斑。比如，曾有被告人及其辩护人提出如下辩解："对军事较为有兴趣，以为涉案六张动态图片是真实的战争场景，感觉新奇刺激才下载并保存在办公电脑里，不知道这些图片内容涉及宣扬恐怖主义、极端主义，其主观意愿也不是去宣扬恐怖主义、极端主义"，"是出于好奇、好玩、感到震惊刺激而下载并持有涉案图片"。法院认为："王某某（被告人）作为对军事有关注和业余爱好的成年人，对于区分军事行为与恐怖行为应当比普通人具有更高的认识和辨别能力，故王某某辩解其不知道涉案图片的内容是宣扬恐怖主义、极端主义既不符合常理也不符合逻辑。"[①] 该说理并未指出二者的区别，从而影响判决充分的说服力。这一方面牵涉刑法中的违法性认识错误问题；另一方面也一定程度上说明本条立法保护范围的欠清晰性或广泛性。毕竟，在客观事实上，在下载的不完整视频里，区分军事行为中的暴力袭击与恐怖行为并非易事；在规范认识上，军事行为中的暴力袭击与恐怖行为的区分并非存在清晰的标准。这对受规范者的可预见性有一定影响。与上述我国台湾地区"司法院"大法官释字案例相同的是，当含有空白罪状的法条中因保护法益过于广泛或不明确时，基于现有立法规定，将立法条文涵摄范围内的行为类型无罪化，依然是不当的限缩解释。正确的做法是，由立法者修正或宣告条文无效，而非通过刑法解释的途径以司法权消解立法权。

总之，在立法者已制定充分明确的刑法条款时，刑事司法解释、刑事裁判、指导性案例等应维持其解释刑法的性质；在立法者未制定充分明确的刑法条款时，应避免变更法律、补充刑法性质的刑事司法解释、刑事裁判、指导性案例等的出现。在空白罪状明确性的解释过程中，需要警惕对刑事立法与刑事司法分工的挪动，防止刑法解释者以自己的价值观做不当扩大或限缩解释。不应将刑法明确性任务过度让位于刑法解释，反而是要适当地要求立

---

① 参见北京市第一中级人民法院（2017）京01刑初47号刑事判决书。

法者承担其原始任务,使立法的归立法、解释的归解释,达到对空白罪状明确性解释的约束与控制。

(二) 解释理念:消极入罪与积极出罪

刑法的核心问题是,使针对自由而自治的人所运用的国家强制权正当化,为国家权力的运用找到正当根据。而今,各国刑法体系中的行政犯范围日益扩张,如《日本刑法典》中的行政犯罪名数量已远超出刑事犯罪名。这从我国《刑法修正案(十一)》中大量行政犯的增设也可感受到"法定犯时代的到来"。但是,对空白罪状所承载的行政犯的解释应慎之又慎,需要克制入罪的冲动,秉持消极入罪、积极出罪的理念。提倡该理念之缘由至少有二,展开如下。

1. 出罪事由的开放性

刑法的谦抑性证成既有认识论、人的价值理论、辩证法理论等哲学根据,又有宪政、经济学、刑法学、犯罪学、刑事政策等根据,[①] 在此无须赘述。刑法学者们对行政犯的处罚根据一直饶有兴致,却意见不一。行政犯所侵犯法益与刑事犯有较大差异,以侵犯国家管理秩序为主,往往不体现为直接侵犯某个具体的个体利益,在实践中容易出现行政违法和刑事犯罪判定结果与公众"法感"产生较大距离的社会效果。例如,王某某非法经营案、赵某某非法持有枪支案、陆某销售假药案等司法实践,均是引发对行政犯处罚根基深思的绝佳范例。若行为在违反某种管理法规时是否侵害或威胁某种法益,对于是否成立犯罪毫无意义,则行政犯与行政违法的处罚边界更加模糊。有学者明确表达,行政犯罪在法益侵害性上先天不足,具有"法益性的欠缺"。行政犯的实质在于对规范的拒绝或不服从。由此一来,为实现国家行政保护目的与公民权利保障之间的平衡,建立有效的出罪渠道就在情理之中。[②] 譬如,在鲍某某等涉嫌非法运输珍贵野生动物罪一案中,较好地体现了合理把握行政违法与刑事犯罪的流动机制并积极出罪的理念。[③]

---

① 熊永明、胡祥福:《刑法谦抑性研究》,群众出版社2007年版,第129—187页。
② 刘艳红、周佑勇:《行政刑法的一般理论》,北京大学出版社2020年版,第228—231页。
③ 被告人鲍某某、田某某、苏某某于2014年6月下旬,为了外出进行营利表演(耍猴表演),在未经有关部门批准并许可的情况下,携带驯养的猕猴,从河南省新野县乘坐客车至黑龙江省牡丹江市进行表演。原审法院认为,被告人鲍某某等人的行为已构成非法运输珍贵野生动物罪。二审法院认为,上诉人鲍某某等人违反了国家有关野生动物保护法规关于运输、携带国家重点保护野生动物出县境必须经省级人民政府野生动物行政主管部门或者其授权单位批准的规定,但鉴于猴艺表演系传统民间艺术,四名上诉人并未对携带的猕猴造成伤害,情节显著轻微,危害不大,可不认为是犯罪。遂撤销原判决,宣告上诉人鲍某某等无罪。参见黑龙江省林区中级人民法院(2014)黑林刑终字第40号刑事判决书。

这至少提醒我们应清醒地认识到，尽管各国对行政犯的增设积极回应了现实需求，但过度依赖刑法并非社会治理的良性渠道。刑法理应承担部分社会治理功能，然而绝不能以此为主要任务，动辄处以刑罚。社会治理的"过度刑法化"是一种"病态"现象，对国家与公民权利结构的改变、司法资源的配置、刑法的公众认同、社会创新等方面产生极大的副作用。① 因此，在空白罪状所承载的行政犯成立与否的判断问题上，应保持必要理性，恪守刑法谦抑性品格，慎重入罪且积极扩大出罪路径。与此同时，诚如本书第五章的阐述，法益理论纵使备受质疑，但在当下尚无更好的替代性理论，其比较优势依然突出，并依然为绝大多数刑法学者在学术研究中所运用，作为衡量出罪、入罪的标尺。换言之，穿透入罪条件的面纱，依然是法益在起作用。对此有学者提出，针对涉及群体利益、公共安全或者涉及个人生存、发展等基本权利的行为时，刑法不必受"最后手段性"观念的约束；但在纯粹涉及与道德的关系、涉及难以还原为个体利益的纯粹秩序的场合，入罪应慎重。② 笔者深以为然。

即便从罪刑法定原则的视野检视，将表面上虽然符合犯罪构成规定但并无实质上的法益侵害的行为排除在犯罪之外，并不违反该原则。说到底，这与罪刑法定原则的思想基础——民主主义和尊重人权主义的内核完全一致。罪刑法定主义的精神在于严禁没有法律依据的增设刑罚或加重刑罚，但并非禁止有利于被告人的扩张适用。诚如学者所言，入罪必须法定，出罪无须法定。刑法禁止的只是不利于被告人的类推（入罪类推）而非有利于被告人的类推（出罪类推）。法有明文规定约束的是入罪判断而非出罪判断。③ 故，要否定积极的罪刑法定，出罪事由无须法律规定，而是一个开放性体系。④ 这一体系因包容出罪事由，而对构成要件促使犯罪成立的积极功用得以正当性化解，无形中承担阻却犯罪成立的重任。刑法的谦抑性就此依托该具体路径得以实施，空白罪状所承载的行政犯的限缩入罪理念得以贯彻。如果非要说有什么逻辑之外的担忧，更多的便是当下法治环境是否成熟足以将这一理念贯彻到底的问题。而这属于另一个问题域。

此外，"以刑制罪"思维的引入，对于空白罪状所承载的行政犯的消极入罪是非常有益的理论尝试。由于犯罪的应受刑罚处罚性特征需要依据本条所规定法定刑及其适用进行判断，这说明在解释犯罪成立要件时拓不开刑罚问

---

① 何荣功：《社会治理"过度刑法化"的法哲学批判》，载《中外法学》2015年第2期。
② 付立庆：《积极主义刑法观及其展开》，中国人民大学出版社2020年版，第59页。
③ 方鹏：《出罪事由的体系与理论》，中国人民公安大学出版社2011年版，第306页。
④ 陈兴良：《罪刑法定主义的逻辑展开》，载《法制与社会发展》2013年第3期，第58页。

题，这便是拓开罪与刑之间的正向制约关系、进行反向思维操作的"以刑制罪"现象。① 即与传统的"定罪是量刑的前提条件"之刑法理论逻辑不同，"以刑制罪"从应予适用的刑罚的严厉程度"逆行"，实现对解释犯罪成立要件的制约。② 这种观念的产生源于，当判断是否成立犯罪或具体构成某种犯罪时，若只把刑罚看作犯罪的消极后果和附属物，完全不考虑刑罚后果时，可能会得出不恰当的判决结果。只有充分认识刑罚对犯罪认定的积极作用，才可能使问题获得妥当解决。这在赵某某非法持有枪支案、陆某销售假药案中体现得相当明显。譬如，依据法条用语的相对性或称之为概念的相对性，对于赵某某非法持有枪支案中的"枪支"的解释，从行政不法与刑事犯罪的有效衔接角度考虑，《治安管理处罚法》中的"枪支"与《刑法》中的"枪支"含义不同，一旦被认为是刑法意义上的"枪支"，且数量较多，则被告将面临较重的法定刑；若将涉案枪支界定为治安管理处罚意义上的"枪支"，并据此处罚，在刑法评价上认为其并不符合非法持有枪支罪的构成要件，则这样的判决司法效果与社会效果会更好。同理，陆某销售假药案中的"假药"，尽管有《刑法》第141条第2款对"假药"的规定，仍可能通过恰当的解释限缩刑法上"假药"的范围，从而达到不成立销售假药罪只构成非法经营罪等其他犯罪。③ 笔者认为，该学者此处原意应是通过目的性限缩来解释更为妥帖。总之，"以刑制罪"观念的展开主要在于将轻微行为排除在重法定刑的犯罪构成之外，而将严重行为纳入其中。④ 这是以刑罚目的为起点、充分关照刑罚正当化的刑法解释活动新思维。

当然，"以刑制罪"思维中最需要警惕的风险在于可能会突破罪刑法定的限制。由于目前尚属于弱势理论，需要对其应受的约束进行深入研究。总之，在刑法理论创新中，我们必须坚守这样的训诫：绝不能关进去一头猛虎，却放出来一群恶狼。该观念在富有争议的案件或其他边界案件中得以适用。就空白罪状的解释而言，当面对行政违法与刑事犯罪的认定模糊不清或有重大分歧时，该思维为案件事实的可能出罪提供了具有正当性的解释法理与路径。

2. 价值导向的明确性

价值目标决定刑法解释结论。当现代刑法成为主要的风险管控手段之后，

---

① 梁根林：《现代法治语境中的刑事政策》，载《国家检察官学院学报》2008年第4期，第159页。

② 劳东燕：《刑事政策与刑法解释中的价值判断——兼论解释论上的"以刑制罪"现象》，载《政法论坛》2012年第4期。

③ 付立庆：《积极主义刑法观及其展开》，中国人民大学出版社2020年版，第353-357页。

④ 张明楷：《许霆案的刑法学分析》，载《中外法学》2009年第1期，第50页。

立法者为应对风险社会之下全方位风险的侵袭，尽可能地在侵害发生之前就禁止具有危险性的行为类型。一言以蔽之，当代刑法的工具性倾向已十分严重。"规范的生产者是人，规范的消费者也是人，规范反映生产者与消费者的面貌，人具有什么样的面貌，决定规范的面貌。"① 依照社会契约论的预设，我们每一个人都把自身及全部力量置于公意的最高指导之下，且把共同体中的每个成员都接纳为全体不可分割的一部分。② 由此得出，是公众的智慧使理性与意志在社会体中结合起来，从而使各部分通力合作、全体力量得到最大地发挥。作为达到这些目的的产品之一——法律，也理应回馈给每个人更多的自由而非更多的约束。即便认为国家实施惩罚权的权利并非来自个人权利让渡的霍布斯，也同样强调对国家惩罚权的限制。这一点与自然法学派主张的"法是人性的表达"的确具有亲缘性，而休谟关于科学与人性的经典教诲不觉言犹在耳。③ 至此，刑法不应只是打击犯罪的工具，一种物化的倾向；而应成为充分保障人权的屏障，体现人性，实现逐渐由"物性刑法"向"人性刑法"转换。④ 换言之，应尽可能降低刑法工具主义的危害，驱逐物性刑法中违背人本、人道、人文的理念、立法及制度，建设物性刑法的人性化。⑤

对此，国外早有学者在论证刑法的价值时表达过类似观点，即刑法保护"脆弱"的公共产品说。脆弱的公共产品是指那些价值或存在可能受到过度使用威胁的利益，或者是可能就获取这方面导致的不公正。很多脆弱的公共产品，诸如公共税收资源、公共卫生的维系以及法治等，在实践中必须被国家保障，且刑事制裁的威慑会发挥重要作用。就对法治的坚守来讲，这种脆弱的公共产品部分地依靠将某些行为作为犯罪予以处理。当然，法律对公共产品的维护也依赖于公众持续的共同努力，是我们所有人被施加的一种义务，不仅不会对脆弱的公共产品构成威胁，还能积极地促进其维持。比如，将保障和促进公共产品的义务施加于企业——违反这些义务即构成刑事罪行。但显然，不能在所有领域通过刑事制裁威胁的手段来调整。譬如，刑法被要求防止对公民生活自主方式的形成造成障碍。否则，如果因恐惧法律后果而放弃自我选择，那么，生活方式选择就并非是真正自主的。刑法在保护人们对

---

① 许玉秀：《当代刑法思潮》，中国民主法制出版社 2005 年版，第 28 页。
② ［法］卢梭：《社会契约论》，李平沤译，商务印书馆 2011 年版，第 20 页。
③ "显然，一切科学对于人性总是或多或少地有些关系，任何学科不论似乎与人性离得多远，它们总是会通过这样或那样的途径回到人性。"［英］休谟：《人性论》，关文运译，商务印书馆 2016 年版，第 2 页。
④ 李至：《行政犯处罚的反思与限定》，载《中国刑事法杂志》2016 年第 1 期。
⑤ 刘艳红：《人性民法与物性刑法的融合发展》，载《中国社会科学》2020 年第 4 期。

自主生活的持续性期待中发挥了重要作用,但在发挥作用时,刑法必须尊重人们的自主选择。① 否则,法律的意义势必本末倒置。这事实上也是提倡"人性刑法"反对"物性刑法"的另一种表达,在遥远的趋势上和自由问题有关。约翰·密尔在其代表作《论自由》中清晰地提出,个性为人类福祉的因素之一,社会凌驾于个人的权威应有必要的限度。这一切都直接或间接地说明,刑法的工具主义倾向应得以遏制,放置于刑法范畴规制的行为只能被正确地强制,刑法的价值导向应明确。说到底,在法治国的构建中,公民权利应成为国家权力行使的边界。刑法规范在达成法益保护有效性的同时,也应兼顾必要性;它应以人之图像为中心,确立个体的人性尊严与人格自由,法学研究的逻辑起点也应还原为人。故,本书提倡刑法的价值导向为:刑法应达成保护、促成而非克扣、减损个人自由最大化的任务,突出人的主体性与自由保障,实现人的自由全面发展。这无意中契合了我国社会主义核心价值观。

明确这一价值导向的意义在于,空白罪状对司法主体适用刑法提出了更高的要求,法律适用过程中的价值导向决定了贯彻法律正当性的效果。以司法实践中争议较多的非法经营罪为例,可以很好地诠释空白罪状解释过程中价值选择的方向性。如王某某无证收购玉米一案,其收购玉米卖给粮油公司的行为,既减轻了粮农卖粮的辛劳,也便利了粮油公司,该行为不但没有破坏粮食流通的主渠道,没有严重扰乱市场秩序,还行走在自然的供需关系上。再如,前述疫情防控期间销售口罩"哄抬物价"的行为,司法实践中被"一刀切"地作为非法经营罪论处。事实上,在这一特殊时期,影响被哄抬商品价格的因素除预期利润外,成本等各类要素的价格在特殊时期明显大幅上涨。若简单地从行政管理的角度机械地指定销售价格,势必不当挤压了市场规律的作用空间。密尔在《论自由》中写道:"贸易乃是一种社会行动……经过一段长期斗争之后,大家才认识到,要做到价廉而物美,最有效的办法还是让生产者和销售者都完全自由,而以购买者可以随意选购的同等自由作为对他们的唯一制约。这就是所谓自由贸易的教义;这教义和本书所主张的个人自由的原则是建立在各不相同但坚实的根据上的。对贸易的限制以及对以贸易为目的的生产的限制诚然都是拘束,而凡是拘束,正因它是拘束,就必是罪恶;但是该项拘束只是针对那部分应由社会予以拘束的行为发生影响,若说有错,只是因为它们并没有真正产生有待它们产生的结果……另一方面,也有一些干涉贸易的问题在本质上就是自由问题,像上文刚刚提到的梅恩省禁

---

① [英]杰瑞米·侯德:《阿什沃斯刑法原理》,时延安、史蔚译,中国法制出版社2019年版,第56-64页。

酒法，像禁止对中国输入鸦片，像禁止出售毒药，总之，凡目标在于使人们不可能得到或难于得到某一货物的干涉都属于这一类。这类干涉可以反对之处，不在于它们侵犯了生产者或销售者的自由，而在于它们侵犯了购买者的自由。"① 尽管密尔的自由观带有鲜明的资产阶级时代烙印与局限，但从贸易的普遍规律角度依然可以推出，当人们出于对动辄遭受刑事制裁的恐惧而不予从事或减少经济行为，使得活跃而富于进取性的一部分公众逐渐变成行政指令的依存者，以及市场行为的萎缩，长此以往参与者被扼杀创造性或失去期待，进而造成不会有太多益处的结局。

尤其在经济刑法领域，其价值评判的品格更是显露无遗，且常常借由刑事政策的管道注入刑法解释。以当下网络时代方兴未艾的网络金融活动为观察标本，可以发现诸多行为在刑法学定性中的行政违法和刑事犯罪之间徘徊。譬如，对于在网络金融平台进行债权转让的行为，在对具体行为进行分类后发现，理论上存在是否构成非法吸收公众存款罪两种对立的思路，事实上反映了金融垄断的严格规制主义和金融交易自由的宽缓主义两种不同立场。② 再如，"金融犯罪处于法律系统与经济系统相耦合的地带，只有在对经济系统与金融领域特有的运作规律有切实了解，对其保护法益作出合理界定的基础上，才可能对相关个罪展开有效而高质量的教义学研究"。③ 事实上，学者们早就注意到经济犯罪的特殊性，并展开了对经济刑法法益的反思。④ 因此，在恪守罪刑法定原则的前提下，面对金融风险防控与市场经济的鼓励创新、包容开放理念孰是孰非，如何进行利益权衡，如何为刑事犯罪之外的一般违法行为预留合理适法空间，正是当下刑事政策倾向价值观的关键选择。

综上，如何把握行政管理与市场规律中的自由贸易等价值的角力与对垒，处理好经济发展与市场、政府、公共利益、比例原则等关键词的关系，权衡个人的行动自由与法益安全，使个人、自由、市场、政府等协调融洽，法治富有人性色彩，显然需要从长计议。这本质上也反映出，刑法的解释思维从

---

① [英]约翰·密尔：《论自由》，许宝骙译，商务印书馆2007年版，第113-114页。
② 孙国祥：《网络金融平台债权转让行为的刑法性质分析》，载《政治与法律》2021年第10期，第43页。
③ 劳东燕：《金融诈骗罪保护法益的重构与运用》，载《中国刑事法杂志》2021年第4期，第29页。
④ 高艳东：《诈骗罪与集资诈骗罪的规范超越——吴英案的罪与罚》，载《中外法学》2012年第2期；魏昌东：《中国经济刑法法益追问与立法选择》，载《政法论坛》2016年第6期；钱小平：《中国金融刑法立法的应然转向：从"秩序法益观"到"利益法益观"》，载《政治与法律》2017年第5期；蓝学友：《互联网环境中金融犯罪的秩序法益：从主体性法益观到主体间性法益观》，载《中国法律评论》2020年第2期等。

单一的逻辑演绎转向了利益衡量的方向。尽管本书只是提出问题并无力作答，但无疑值得深入思考。

(三) 解释范式：从主客观性到主体间性

在解释规则与解释理念之外，还存在由解释范式的转换带来对空白罪状明确性解释的约束。

刑法解释学中正逐渐显露出两种不同的解释立场："主客观性"本体论与"主体间性"本体论。解释的"主客观性"本体论认为，刑法解释是驱逐解释者主观性的干扰，它以存在论为基石，文本先于认知过程而存在，主张主体、客体二分，排除解释者的价值判断，强调维护法的稳定性；解释的"主体间性"本体论认为，刑法文本意义是解释共同体之间通过对话而共同创造的产物，它以规范论为基石，刑法文本不再是评判解释结论正当性的唯一标准，应当以不同主体的可接受性为判断依据，刑法解释结论与解释主体的价值判断密切相关，解释不再单单是接近刑法文本的活动，而是解释主体自身的自我创造，刑法解释得出的"可接受性"结论是解释共同体共同法律论证的结果。① 而且，这种"可接受性"的结论最好是在哈贝马斯所谓的乌托邦式"理想的言谈情境"中得出。②

与此相关，有学者从方法论视域进一步发展出刑法解释的司法逻辑化思维。经由破除刑法规范二元论的传统观点，使刑法规范立体化、动态化。③ 其敏锐地指出，"在司法过程中，法益和规范都是在语用意义上出现的。控方秉持的主要是法益思维和构成要件思维，辩方秉持的则主要是规范思维和犯罪实质思维，法官力图统合这两者，以实现在规范违反性（再）判断基础上进行法益侵犯性（再）判断"。④ 这种思维同样提倡将刑法的解释与适用放置在控、辩、审等刑法解释共同体的架构上，使刑法文本充分向解释共同体开放，经由追诉、辩护等论证活动实现裁判之合。体现了强烈的主体间性意识，强调交往理性，拒绝认知理性中的独断性。不得不说，这的确是"主体间性"本体论法庭结构运行视域下的言说版本。

笔者认为，与"主客观性"本体论相比，当刑法解释结论由包括司法人

---

① 姜涛：《刑法解释的基本原理》，法律出版社 2019 年版，第 3-6 页。
② "理想的言谈情境"即"交往活动既不受外界偶然因素的干扰，也不受来自交往结构自身之强迫的阻碍"。[德] 罗伯特·阿列克西：《法律论证理论——作为法律证立理论的理性论辩理论》，舒国滢译，中国法制出版社 2002 年版，第 150 页。
③ 刘远：《论刑法规范的司法逻辑结构——以四维论取代二元论的尝试》，载《中外法学》2016 年第 3 期。
④ 刘远：《刑事司法过程的刑法学建构问题研究——刑法学司法逻辑化的方法论》，人民出版社 2018 年版，第 9 页。

员、犯罪嫌疑人、被告人及其律师在内的刑法解释共同体经由商谈、论证促成，单单从刑事裁判的可接受性来讲，"主体间性"本体论存在明显的优势。这种过程性的解释范式不仅与罗纳德·德沃金一贯主张的"法律问题具有唯一正确答案"的观念发生决裂，① 也使原本被屏蔽的诸多潜在关联因素参与解释结果的形成，这种解释趋势无疑更生动、实用。这尤其适用于边界案型的处理以及法律规则的形成过渡期。但也带来因每个案件解释共同体的背景之不同导致"大体相同案件未得到大体相同处理"、法秩序貌似不统一等问题。早有学者对这种未成熟的具体化或类型化过程中如何决定的正确性有过非常好的建议，"透过对事务之性质的研究与讨论，增进对所涉事务的了解，并探求涉及之人，以及对于系争问题有研究之人的意见，以形成共同意见。然后基于该共同意见做出决定。果真这样做，则纵使所做之决定的正确性尚不符合'永恒的真'，但因该决定所立基者系智者、大众与当事人之共同意见，已是依当时的条件，所能达到最大限度合理程度，所以，该决定对系争人与事而言，纵使不是最正确的，但也是可以接受的"。② 笔者深以为然。疑难案件之所以难下定论，大抵是相关法律规则尚未建立，在此时间维度上，这类案件的裁决结论等于拒绝承认"唯一正确"一说，认同只有最佳选择，而由"当事人"共同商谈得出的"可接受性"结论往往已是彼时最佳的选择。"主体间性"本体论的法理具有巨大张力，以致事实上早已超越刑法解释学的范畴而付诸实践。例如，刑事诉讼程序中的刑事和解、认罪认罚的设计，均是强调主体与主体之间对话的"主体间性"化的规范写照。这在域外也有类似实践。譬如，德国刑事诉讼中的认罪协商制度（《刑事诉讼法》第257条之三），本质上就是被告与法院双方的交易。一方面，由被告向法院自白一部分或全部犯罪，法院可因此避免冗长复杂的证据调查，如果不接受被告或辩护人自由减刑的要约，将面临案件拖延而无法终结的困境；另一方面，法院则基于被告自白予以减刑，特别是使被告得以获判罚金刑或自由刑的缓刑，如果被告不接受法院自白减刑的要约，则可能面临获判更重刑罚的危险。这些通常伴随着刑法条款的不明确性所产生的法律问题，将因此持续地处于悬而未决的状态。③ 当然，不得不说，"主体间性"的解释范式一定程度上暗合了恢复性司法理念。

---

① 罗纳德·德沃金向法律怀疑论提出挑战，他争辩说，即使是最棘手、最有争议的法律问题也有正确的答案。参见[美]理查德·A.波斯纳：《法理学问题》，苏力译，中国政法大学出版社2002年版，第247页。

② 黄茂荣：《法学方法与现代民法》，法律出版社2007年版，第353-354页。

③ 薛智仁：《刑法明确性原则之新定位：评介德国联邦宪法法院之背信罪合宪性裁定》，载《台大法学论丛》2015年第2期。

笔者显然并无意以这一解释范式的转换及其建构为讨论重心。以解释共同体的商谈、沟通为主要特征的"主体间性"刑事解释范式对空白罪状解释的影响与穿透在于，当出现前述疑难案件或引起广泛舆论的案件时，引入这种主体间性意识下的交往理性，在开放性的认知空间获得"可接受性"解释结论并没有什么坏处。

结　语

通过比较视野的考察、本土理论资源的承继以及部分漫长的理论跋涉，本书在空白罪状明确性的解释论思考上始终离不开对犯罪的基本内涵是什么，尤其是空白罪状所承载的行政犯的处罚根基是什么、刑法在全体法秩序中的体系地位如何、刑法社会治理功能的期待边界如何确立等多重问题。而这显然是学界一直努力但暂未获得圆满答案的问题群。在此意义上，本书又是一部未完待续的作品。但无论如何，在空白罪状明确性的解释论发展图景中，建立在国民行为预测可能性基础上的人权保障是解释的根本起点，而作为罪刑法定原则题中应有之义的消极入罪则是应得到绝对维护的解释理念。

一、研究特点及创新之处

本书在思考空白罪状明确性的解释研究中，竭力关注了以下范畴的统合：实践中具体问题的解决与法哲学层面的理论提炼，刑法自身及刑法之外的法域，域外理论与中国本土的实践与选择，冲突与界分以及融合与平衡，旧问题的解决与新问题的提出等。本书写作的鲜明特点在于：

（一）研究视域上，聚焦具体问题兼顾方法论

本书舍弃了从漫长理论学说史考查出发的惯常写作套路，直接以问题意识为导向，紧紧围绕"实践中出现了什么问题—为什么—怎么办"的简明处理思路。在具体内容的设计上，为拓开我国当前法律解释理论多借鉴西方哲学而呈现的抽象化、哲学化的局面，激发刑法解释实践指导能力的释放，本书在厘清问题之源后，采用具体问题特写与方法论论证相结合的研究视域：一方面，从解决具体问题的角度论证司法实践中反复出现的空白罪状明确性问题；另一方面，跃升至方法论视域，以抽象的空白罪状明确性的解释论标准、空白罪状明确性的解释约束为主要讨论对象，融入法哲学的思考，通过提供对空白罪状解释结论明确性予以检验的工具完成了进入法理和法律操作研究这一"宏大叙事"的转换。这使得本书研究成果既希冀致力于为司法裁判提供具有可操作性的规范化解释规则，牢记刑法解释指导司法实践的"初心"；又可担负起不忘理论深耕，推进获得稳定理性的学术使命。

（二）研究资料上，锁定前沿与坚守本土

本书在前期资料收集与写作中较为注重最新成文研究成果的借鉴、吸收与转化。以其中列举的主要参考文献为例：在44本中文专著中，2010年之后出版的有22本，占比50%；2016年之后出版的有15本，占比约34%；在42本译著中，2010年之后出版的有24本，占比约57%；2016年之后出版的有19本，占比约45%。在157篇中文期刊中，2010年之后发表的有121篇，占比约77%；2016年之后发表的有57篇，占比约36%。在15篇外文参考文献中，2016年之后发表的有8篇，占比约47%。在写作中所涉及的裁判文书及案例，本书基本上以近五年为查找、搜索范围的重心，集中2019—2021年最新案件动态，同时尽量"原汁原味"地"搬运"到本书写作中，保障写作问题的真实性、本土化与针对性。这种写作素材的本土化主导以及比较研究方法的加持，事实上能更务实地完成对域外德日等刑法理论的检视，从而挖掘出我国的空白罪状明确性之本土理论与资源。

（三）研究结论上，有承继更有突破

1. 针对空白罪状补充规范的明确性，证成了本书的具体解释规则

首先，依据我国法治现状，对补充规范树立了分类考虑的适用规则：一是对于补充规范中的"国家规定"，应受《刑法》第96条的约束；二是对于其他补充规范，从法律位阶的角度而言，限定为法律、行政法规、地方性法规、自治条例和单行条例、国务院部门规章和地方政府规章范畴，不宜再向更低位阶处的其他规范性文件扩展。其中，对于非全国范围内适用的地方性法规、自治条例和单行条例以及地方政府规章的适用尽量慎用；在特殊情形下，基于有利于行为人的考虑，习惯（法）也应成为补充规范的消极渊源或出罪"法源"。至于未来，对于补充规范的遴选应借助违宪审查制度进行。其次，在空白罪状与补充规范的衔接适用中，防止由补充规范直接补足犯罪构成，而应遵循空白罪状中刑事违法性判断的交互限制规则。即作为刑法规范之内的违法性判断既非绝对服从于空白罪状规范，也非无条件依附于附属刑法责任条款，而应作出以空白罪状与补充规范中构成要件规定"交集"为基础的判断。最后，对于空白罪状中补充规范的变更，应发生"从旧兼从轻"的法律适用效果。

2. 针对空白罪状语境下刑行界分的明确性，提倡阶层式解释规则的新路径

本书修正了通说中或传统视角只从立法的角度认为空白罪状的明确性只取决于所参照法律法规明确性的误解；证成影响空白罪状明确性的深层问题需要关联行政不法、刑事不法界分的价值判断。以目前零碎的现有研究成果

为基础，本书从空白罪状与法秩序统一原理、法益保护理论、规范保护目的理论的关系出发，在法益理论遭遇学术围困与质疑的理论背景下，以辩证思维与务实主义为底层逻辑，在维护刑事违法性相对独立的前提下，空白罪状中刑行界分的解释机制是：以法秩序的统一为解释目标，以法益的解释指导功能为中心，以规范保护目的为进一步的解释结论过滤。通过阶层式的三层过滤，达到对行政违法与刑法犯罪定性的明确化。这其中提出了不少未竟问题，如如何定义集体法益等。

3. 从方法论视域提出了空白罪状明确性的解释论判断标准及其限度

空白罪状的明确性标准在刑法立法学领域多有涉及，并在域外一些国家及我国台湾地区的司法审查实践中积累了相应学说标准，但其必要的解释论标准并未树立。本书从空白罪状的立法明确性标准谈起，通过对司法审查实践的观察，提出空白罪状明确性的解释论判断应包括可预见性标准与可司法性标准两个方面。对空白罪状明确性的解释，必须遵守不得侵犯立法权与司法权功能秩序的消极解释规则，不得进行不当的扩大或限缩解释；对空白罪状所承载的行政犯，通过刑法的谦抑性、出罪事由的开放性、"以刑制罪"等思维的引入，明确刑法人性化的价值导向，贯彻消极入罪的解释理念。

二、研究存在的不足

1. 空白刑法的明确性问题，涉及法律保留原则，需要从宪法层面对合宪的不明确、违宪的不明确进行更为细致的区分与讨论，本书在此有所欠缺

在空白罪状明确性的解释论标准上，本书虽初步提出了可司法性标准，指出其实操的框架性方向，但其由司法审查加以确认的路径如何具体设计，因笔者尚未形成深入、成熟的思考及现有研究触及极少而在此遗留空白。如何通过立法解释、司法解释、颁布指导性案例、形成法学家学说等将纸面上的论证形成动起来的实践，无疑对空白罪状司法的明确性意义重大。此外，出于议题的集中性，本书对集体法益等具体问题以及方法论视域上的当前刑法解释范式均未展开充分的梳理与思辨，这多多少少影响了问题探讨的深刻性。当然，这也意味着后续研究大有空间并大有可为，本书聊行抛砖引玉之功。

2. 其他未竟问题

基于刑法学界对故意是否为违法要素或不法组成部分、违法性认识在犯罪论中的体系位置等问题存在学术分歧，导致本书对空白罪状明确性解释之具体问题研究的全面性、系统性存在某种缺憾或局限性。围绕刑法中的行为、构成要件、违法性问题，中外刑法学界中一直存在各种行为理论、主观的构

成要件（要素）与客观的构成要件（要素）、主观的违法性与客观的违法性等交锋。譬如，贝林（Beling）纯客观的、记叙性的构成要件论与麦兹格（Mezger）主观性构成要件要素论的针锋相对。如果赞同主观违法性论，则对罪状的理解势必应融入故意等主观要素；而违法性认识是否为犯罪的构成要件、是否应置于故意的组成部分之中，则将空白罪状明确性的解释引向更为复杂的问题研究中。如果不赞同主观违法性论，也应对此予以充分论证，以便将故意、违法性认识等要素驱逐出本书的研究范畴。笔者认为，一是囿于本书的体量，处理该问题的两难在于：倘若不能细致严谨地论证好上述问题，则并无着墨的必要；倘若圆满地论证好该问题，却绝非寥寥数语之事，而这有偏离主题、喧宾夺主之嫌。当然，困于笔者有限的学术能力，不能很好地驾驭该问题而做了舍弃。二是有面相的论证总是难以面面俱到，也总是存在种种缺憾，笔者以此聊以自慰。

此外，尽管本书提倡"阶层式"解释机制，但并非为法秩序统一、法益保护以及规范保护目的理论之间安排出"阶层关系"，而是基于对空白罪状中刑行界分的需要，对解释结论检视的方便，做出的次序安排。然而，作为对实质违法性的不同表述，法秩序统一、法益保护以及规范保护目的理论三者之间的关系到底如何，在刑法解释中如何安放各自的体系位置，恐怕答案还很遥远，非常值得再深入探讨。

3. 囿于外语语言能力，除英文资料外，本书在写作中基本没有参考、引用德、日等第一手的刑法原著资料

空白罪状的立法主要是在大陆法系国家相对普遍，这不能不说是一大缺憾。鉴于比较研究的需要，笔者通过阅读外文译作、对中文作品中外文资料的间接引用，甚至求助同学直接翻译的少量日文资料，尽力弥补这一遗憾与不足，努力使引用的资料详尽周全。与此同时，笔者始终保持强烈的本土化意识，避免问题研究盲目"德日化"，立足于中国实际与中国问题，通过对我国前沿理论及司法判例的研读与分析，希冀达到研究成果的本土化与针对性。

三、研究展望

法学既是现实世界里的实操性科学，又是理论研究中价值判断的王国。刑法解释栖息一隅，见证了太多才华横溢与想象力，却绝不能一劳永逸地获得圆满。作为刑法解释之下更为具体的一个问题，空白罪状明确性的解释论纵深势必拓不开明确性原则、刑法解释等研究领域的发展。如何从纷繁复杂的案件事实中捕获理性，为开放性问题探求可论证的、尽可能多的确定性，并最终使解释成果经由立法解释、司法解释、指导性案例、法学家观点甚至

司法裁判中判决说理的形式予以肯认，是学者不懈耕耘的目标之一。

总的来讲，无论是概念思维、类型思维还是程序主义进路的论证思维，无论是规则主义的刑法解释观、功能主义的刑法解释观抑或是其他新的刑法解释观，这些解释范式的选择或调和决定了空白罪状明确性解释研究的框架性方向；中国问题与理论的本土化决定了空白罪状明确性解释研究的解释立场；而集体法益、违法性认识的体系地位、可司法性标准的实操路径等具体问题的突破关联着空白罪状明确性解释研究的具体进展。

参考文献

一、中文文献

（一）著作

1. 杜宇：《类型思维与刑法方法》，北京大学出版社 2021 年版。
2. 张明楷：《刑法学》，法律出版社 2021 年版。
3. 付立庆：《积极主义刑法观及其展开》，中国人民大学出版社 2020 年版。
4. 刘艳红、周佑勇：《行政刑法的一般理论》，北京大学出版社 2020 年版。
5. 李晓明：《行政刑法新论》，法律出版社 2019 年版。
6. 姜涛：《刑法解释的基本原理》，法律出版社 2019 年版。
7. 陈璇：《刑法归责原理的规范化展开》，法律出版社 2019 年版。
8. 刘远：《刑事司法过程的刑法学建构问题研究——刑法学司法逻辑化的方法论》，人民出版社 2018 年版。
9. 杨兴培：《犯罪的二次性违法理论与实践——兼以刑民交叉类案例为实践对象》，北京大学出版社 2018 年版。
10. 车浩：《刑法教义的本土形塑》，法律出版社 2017 年版。
11. 车浩：《阶层犯罪论的构造》，法律出版社 2017 年版。
12. 陈兴良：《教义刑法学》，中国人民大学出版社 2017 年版。
13. 周永坤：《法理学——全球视野》，法律出版社 2016 年版。
14. 李晓明：《刑法学总论》，法律出版社 2016 年版。
15. 陈清秀：《行政罚法》，法律出版社 2016 年版。
16. 胡建淼：《行政法学》，法律出版社 2015 年版。
17. 程凡卿：《行政刑法立法研究》，法律出版社 2014 年版。
18. 《世界各国宪法》编辑委员会：《世界各国宪法》（欧洲卷），中国检察出版社 2012 年版。
19. 周光权：《刑法总论》，中国人民大学出版社 2011 年版。

20. 吴从周：《民事法学与法学方法》，中国法制出版社 2011 年版。
21. 方鹏：《出罪事由的体系与理论》，中国人民公安大学出版社 2011 年版。
22. 杨剑波：《刑法明确性原则研究》，中国人民公安大学出版社 2010 年版。
23. 林钰雄：《刑法与刑诉之交错适用》，中国人民大学出版社 2009 年版。
24. 张明楷：《罪刑法定与刑法解释》，北京大学出版社 2009 年版。
25. 陈子平：《刑法总论》，中国人民大学出版社 2009 年版。
26. 黄茂荣：《法学方法与现代民法》，法律出版社 2007 年版。
27. 熊永明、胡祥福：《刑法谦抑性研究》，群众出版社 2007 年版。
28. 李晓明：《行政刑法学》，群众出版社 2005 年版。
29. 许玉秀：《当代刑法思潮》，中国民主法制出版社 2005 年版。
30. 苏俊雄：《宪法意见》，元照出版公司 2005 年版。
31. ［清］孙楷：《秦会要》，杨善群校补，上海古籍出版社 2004 年版。
32. 张明楷：《刑法分则的解释原理》，中国人民大学出版社 2004 年版。
33. 刘树德：《空白罪状——界定·追问·解读》，人民法院出版社 2002 年版。
34. 陈金钊：《法理学》，北京大学出版社 2002 年版。
35. 陈兴良：《本体刑法学》，商务印书馆，2001 年版。
36. 黄河：《行政刑法比较研究》，中国方正出版社 2001 年版。
37. 张明楷：《法益初论》，中国政法大学出版社 2000 年版。
38. 周光权：《法定刑研究》，中国方正出版社 2000 年版。
39. 陈兴良：《刑法适用总论》，法律出版社 1999 年版。
40. 张明楷：《刑法格言的展开》，法律出版社 1999 年版。
41. 陈忠林：《意大利刑法纲要》，中国人民大学出版社 1999 年版。
42. 杨仁寿：《法学方法论》，中国政法大学出版社 1999 年版。
43. 张乃根：《西方法哲学史纲》，中国政法大学出版社 1997 年版。
44. 张明楷：《刑法的基础观念》，中国检察出版社 1995 年版。

(二) 译著

1. ［德］卡尔·拉伦茨：《法学方法论》，黄家镇译，商务印书馆 2020 年版。
2. ［德］汉斯·海因里希·耶塞克、托马斯·魏根特：《德国刑法教科书》，徐久生译，中国法制出版社 2017 年版。

3. ［德］乌尔斯·金德霍伊泽尔：《刑法总论教科书》，蔡桂生译，北京大学出版社 2015 年版。

4. ［德］阿图尔·考夫曼：《当代法哲学和法律理论导论》，郑永流译，法律出版社 2013 年版。

5. ［德］克劳斯·罗克辛：《德国最高法院判例·刑法总论》，何庆仁、蔡桂生译，中国人民大学出版社 2012 年版。

6. ［德］英格博格·普珀：《法学思维小学堂》，蔡圣伟译，北京大学出版社 2011 年版。

7. ［德］阿图尔·考夫曼：《法律哲学》，刘幸义等译，法律出版社 2011 版。

8. ［德］齐佩利乌斯：《法学方法论》，金振豹译，法律出版社 2009 年版。

9. ［德］冈特·施特拉腾韦特、洛塔尔·库伦：《刑法总论 I——犯罪论》，杨萌译，法律出版社 2006 年版。

10. ［德］克劳斯·罗克辛：《德国刑法学总论》（第 1 卷），王世洲译，法律出版社 2005 年版。

11. ［德］魏德士：《法理学》，丁晓春、吴越译，法律出版社 2005 年版。

12. ［德］卡尔·恩吉施：《法律思维导论》，郑永流译，法律出版社 2004 年版。

13. ［德］罗伯特·阿列克西：《法律论证理论——作为法律证立理论的理性论辩理论》，舒国滢译，中国法制出版社 2002 年版。

14. ［德］亚图·考夫曼：《类推与事物本质——兼论类型理论》，吴从周译，学林文化事业有限公司 1999 年版。

15. ［日］前田雅英：《刑法总论讲义》，曾文科译，北京大学出版社 2017 年版。

16. ［日］西原春夫：《刑法的根基与哲学》，顾肖荣等译，中国法制出版社 2017 年版。

17. ［日］伊东研祐：《法益概念史研究》，秦一禾译，中国人民大学出版社 2014 年版。

18. ［日］松原芳博：《刑法总论重要问题》，王昭武译，中国政法大学出版社 2014 年版。

19. ［日］山口厚：《刑法总论》，付立庆译，北京大学出版社 2011 年版。

20. ［日］大谷实：《刑法讲义总论》，黎宏译，中国人民大学出版社 2008 年版。

21. ［日］西田典之：《日本刑法总论》，刘明祥、王昭武译，中国人民大学出版社2007年版。

22. ［日］西原春夫：《犯罪实行行为论》，戴波、江溯译，北京大学出版社2006年版。

23. ［日］曾根威彦：《刑法学基础》，黎宏译，法律出版社2005年版。

24. ［日］小野清一郎：《犯罪构成要件理论》，王泰译，中国人民公安大学出版社2004年版。

25. ［日］大谷实：《刑法总论》，黎宏译，法律出版社2003年版。

26. ［日］大塚仁：《刑法概说》（总论），冯军译，有斐阁2002年版。

27. ［日］野村稔：《刑法总论》，全理其、何力译，法律出版社2001年版。

28. ［日］西原春夫：《日本刑事法的重要问题》，金光旭等译，法律出版社、成文堂2000年联合出版。

29. ［日］木村龟二：《刑法学词典》，顾肖荣等译，上海翻译出版公司1991年版。

30. ［美］保罗·罗宾逊：《正义的直觉》，谢杰等译，上海出版社2018年版。

31. ［美］道格拉斯·胡萨克：《过罪化及刑法的限制》，姜敏译，中国法制出版社2015年版。

32. ［美］富勒：《法律的道德性》，郑戈译，商务印书馆2005年版。

33. ［美］理查德·A.波斯纳：《法理学问题》，苏力译，中国政法大学出版社2002年版。

34. ［美］E.博登海默：《法理学·法律哲学与法律方法》，邓正来译，中国政法大学出版社1999年版。

35. ［英］杰瑞米·侯德：《阿什沃斯刑法原理》，时延安、史蔚译，中国法制出版社2019年版。

36. ［英］约翰·密尔：《论自由》，许宝骙译，商务印书馆2007年版。

37. ［英］约翰·菲尼斯：《自然法与自然权利》，董娇娇等译，中国政法大学出版社2005年版。

38. ［英］霍布斯：《利维坦》，黎思复、黎廷弼译，商务印书馆1985年版。

39. ［意］杜里奥·帕多瓦尼：《意大利刑法原理》，陈忠林译，法律出版社1999年版。

40. ［法］孟德斯鸠：《论法的精神》（上卷），许明龙译，商务印书馆

2012年版。

41. [法]卢梭：《社会契约论》，李平沤译，商务印书馆2011年版。

(三) 期刊论文

1. 周光权：《我国应当坚持统一刑法典立法模式》，载《比较法研究》2022年第4期。

2. 孙国祥：《网络金融平台债权转让行为的刑法性质分析》，载《政治与法律》2021年第10期。

3. 周光权：《法典化时代的刑法典修订》，载《中国法学》2021年第5期。

4. 罗翔：《空白罪状中刑事不法与行政不法的规范关联》，载《中国检察官学院学报》2021年第4期。

5. 童德华：《非法经营罪规制目的的预设与生成》，载《政治与法律》2021年第4期。

6. 姜涛：《法益衡量中的事实还原运用——刑法解释的视角》，载《法律科学（西北政法大学学报）》2021年第2期。

7. 马寅翔：《规范保护目的与构成要件解释》，载《中外法学》2021年第2期。

8. 王志远、董文哲：《论行政犯的犯罪本质——基于行政犯入罪逻辑的思考》，载《河北法学》2021年第2期。

9. 张明楷：《论实质的法益概念——对法益概念的立法批判机能的肯定》，载《法学家》2021年第1期。

10. 姜涛：《生物刑法的保护法益与发展路向》，载《河南社会科学》2021年第1期。

11. 聂立泽、刘林群：《行政不法与刑事不法的不对称性研究》，载《政法学刊》2021年第1期。

12. 段阳伟：《"受过行政处罚入罪"规定之证成》，载《河北法学》2021年第1期。

13. 夏伟：《对法益批判立法功能的反思与确认》，载《政治与法律》2020年第7期。

14. 周光权：《论通过增设轻罪实现妥当的处罚——积极刑法立法观的再阐释》，载《比较法研究》2020年第6期。

15. 郭研：《部门法交叉视域下刑事违法性独立判断之提倡——兼论整体法秩序统一之否定》，载《南京大学学报（哲学·人文科学·社会科学）》2020年第5期。

16. 刘艳红：《人性民法与物性刑法的融合发展》，载《中国社会科学》2020 年第 4 期。

17. 高巍：《重构罪刑法定原则》，载《中国社会科学》2020 年第 3 期。

18. 李晓明：《再论我国刑法的"三元立法模式"》，载《政法论丛》2020 年第 3 期。

19. 王钢：《德国近五十年刑事立法评述》，载《政治与法律》2020 年第 3 期。

20. 蔡道通：《体系解释与目的限缩：行刑竞合案件解释规则研究》，载《南京师大学报（社会科学版）》2020 年第 3 期。

21. 劳东燕：《功能主义刑法解释的体系性控制》，载《清华法学》2020 年第 2 期。

22. 马春晓：《区分行政违法与犯罪的新视角：基于构成要件之质的区别说》，载《中国刑事法杂志》2020 年第 1 期。

23. 卢勤忠、夏陈婷：《行政处罚与刑罚的对流机制研究》，载《河北法学》2020 年第 3 期。

24. 张明楷：《刑事立法模式的宪法考察》，载《法律科学（西北政法大学学报）》2020 年第 1 期。

25. 陈家林：《法益理论的问题与出路》，载《法学》2019 年第 11 期。

26. 冀洋：《法益保护原则：立法批判功能的证伪》，载《政治与法律》2019 年第 10 期。

27. 姜涛：《社会风险的刑法调控及其模式改造》，载《中国社会科学》2019 年第 7 期。

28. 罗翔：《刑事不法中的行政不法——对刑法中"非法"一词的追问》，载《行政法学研究》2019 年第 6 期。

29. 马春晓：《现代刑法的法益观：法益二元论的提倡》，载《环球法律评论》2019 年第 6 期。

30. 和亚娟、周维栋：《我国空白刑法规范的类型化研究》，载《河南警察学院学报》2019 年第 6 期。

31. 于冲：《行政违法、刑事违法的二元划分与一元认定——基于空白罪状要素构成要件化的思考》，载《政法论坛》2019 年第 5 期。

32. 姜涛：《刑法溯及力应全面坚持从旧兼从轻原则》，载《东方法学》2019 年第 4 期。

33. 姜涛：《基于明确性原则的刑法解释研究》，载《政法论坛》2019 年第 3 期。

34. 雷磊：《法教义学观念的源流》，载《法学评论》2019 年第 2 期。

35. 简爱：《从"分野"到"融合"刑事违法判断的相对独立性》，载《中外法学》2019 年第 2 期。

36. 魏昌东：《行刑鸿沟：实然、根据与坚守——兼及我国行政犯理论争议问题及其解决路径》，载《中国刑事法杂志》2018 年第 5 期。

37. 简爱：《我国行政犯定罪模式之反思》，载《政治与法律》2018 年第 11 期。

38. 孙国祥：《集体法益的刑法保护及其边界》，载《法学研究》2018 年第 6 期。

39. 陈金林：《法定犯与行政犯的源流、体系地位与行刑界分》，载《中国刑事法杂志》2018 年第 5 期。

40. 陈璇：《责任原则、预防政策与违法性认识》，载《清华法学》2018 年第 5 期。

41. 于改之：《法域冲突的排除：立场、规则与适用》，载《中国法学》2018 年第 4 期。

42. 陈兴良：《刑法中的责任：以非难可能性为中心的考察》，载《比较法研究》2018 年第 3 期。

43. 吴永辉：《不明确的刑法明确性原则》，载《刑法论丛》2018 年第 3 期。

44. 孙国祥：《构成要素行政性标准的过罪化风险与防范》，载《法学》2017 年第 9 期。

45. 车浩：《理解当代中国刑法教义学》，载《中外法学》2017 年第 6 期。

46. 王晓晓：《行政不法与刑事不法衔接问题探析——以危险驾驶罪新增行为类型为视角》，载《太原理工大学学报（社会科学版）》2017 年第 6 期。

47. 李梁：《刑法中的明确性原则：一个比较法的研究》，载《法学评论》2017 年第 5 期。

48. 张明楷：《避免将行政违法认定为刑事犯罪：理念、方法与路径》，载《中国法学》2017 年第 4 期。

49. 储陈城：《罪刑法定原则出罪功能的体系性构造》，载《国家检察官学院学报》2017 年第 4 期。

50. 姜涛：《经济刑法之兜底条款应由司法解释予以明确》，载《净月学刊》2017 年第 4 期。

51. 孙国祥：《行政犯违法性判断的从属性和独立性研究》，载《法学家》2017 年第 1 期。

52. 车剑锋：《美国刑法中的罪刑法定原则内涵辨正及其启示》，载《武陵学刊》2017 年第 1 期。

53. 劳东燕：《价值判断与刑法解释：对陆勇案的刑法困境与出路的思考》，载《清华法律评论》2016 年第 9 卷第 1 辑。

54. 蔡道通：《经济犯罪"兜底条款"的限制解释》，载《国家检察官学院学报》2016 年第 3 期。

55. 刘远：《论刑法规范的司法逻辑结构——以四维论取代二元论的尝试》，载《中外法学》2016 年第 3 期。

56. 陈少青：《法秩序的统一性与违法判断的相对性》，载《法学家》2016 年第 3 期。

57. 李至：《行政犯处罚的反思与限定》，载《中国刑事法杂志》2016 年第 1 期。

58. 吴重光：《空白刑法之研究（一）》，载《法务通讯》2016 年第 2785 期。

59. 雷东生：《刑法保护法益的判断规则》，载《法制与社会发展》2015 年第 6 期。

60. 黄明儒、谭丹丹：《论空白刑法规范与补充规范的冲突与协调》，载《湘潭大学学报（哲学社会科学版）》2015 年第 4 期。

61. 张明楷：《明确性原则在刑事司法中的贯彻》，载《吉林大学社会科学学报》2015 年第 4 期。

62. 蔡圣伟：《不知所"错"——关于空白构成要件填补规范的错误》，载《月旦法学教室》2015 年第 156 期。

63. 姜敏：《英美法系罪刑法定原则的维度和启示——兼与大陆法系罪刑法定原则比较》，载《四川大学学报（哲学社会科学版）》2015 年第 3 期。

64. 周天泓：《类型思维与刑法解释基本立场的再塑造》，载《刑法论丛》2015 年第 3 期。

65. 何荣功：《社会治理"过度刑法化"的法哲学批判》，载《中外法学》2015 年第 2 期。

66. 薛智仁：《刑法明确性原则之新定位：评介德国联邦宪法法院之背信罪合宪性裁定》，载《台大法学论丛》2015 年第 2 期。

67. 姜涛：《刑法立法阻却事由的理论界定与制度前景》，载《中国法学》2015 年第 2 期。

68. 吴志强：《寻求原住民族基本法与野生动物保育法间规范冲突的缓冲地带——以"违法性意识之可能性"的视角浅析》，载《东吴法律学报》

2015年第2期。

69. 陈瑞华：《法学研究方法的若干反思》，载《中外法学》2015年第1期。

70. 王昭武：《法秩序统一性视野下违法判断的相对性》，载《中外法学》2015年第1期。

71. 邓国良、石聚航：《生态犯罪空白罪状之不法要素的界定与补充》，载《江西社会科学》2015年第1期。

72. [德] 克劳斯·罗克辛：《对批判立法之法益概念的检视》，陈璇译，载《法学评论》2015年第1期。

73. 林孟玲：《从原住民族的文化权内涵评原创条例——以国际法观点出发》，载《中正财经法学》2015年第10期。

74. 陈信安：《再论刑事不法与行政不法之区别——以德国联邦宪法法院裁判见解及立法形成自由为中心（下）》，载《兴大法学》2014年第1期。

75. 陈信安：《再论刑事不法与行政不法之区别（上）》，载《兴大法学》2014年第15期。

76. 邱忠义：《法官审判时之认事用法应否考量原住民族之特性？（下）》，载《月旦裁判时报》2014第28期。

77. 邱忠义：《法官审判时之认事用法应否考量原住民族之特性？（上）》，载《月旦裁判时报》2014第27期。

78. 陈雨禾：《论民事、行政有效性与违法性判断的分离——兼谈法秩序的统一性与刑法判断的独立性》，载《四川警察学院学报》2014年第5期。

79. 董邦俊：《教义学发展、功能与内涵之刑法学揭示》，载《环球法律评论》2014年第4期。

80. 林长振：《原住民族狩猎权之立法规定及司法问题》，载《台湾原住民族研究学报》2014年第4期。

81. 何荣功：《经济自由与刑法理性：经济刑法的范围界定》，载《法律科学（西北政法大学学报）》2014年第3期。

82. 张明楷：《也论刑法教义学的立场》，载《中外法学》2014年第2期。

83. 张建军：《论刑法中兜底条款的明确性》，载《法律科学（西北政法大学学报）》2014年第2期。

84. 陈兵：《空白罪状适用的规范性解释——以前置性规范为中心》，载《西南政法大学学报》2014年第2期。

85. 卢建平：《公司注册门槛降低对刑法的挑战——兼论市场经济格局中的刑法谦抑》，载《法治研究》2014年第1期。

86. 马荣春：《刑法类型化思维：一种"基本的"刑法方法论》，载《法治研究》2013 年第 12 期。

87. 马春晓：《非法经营罪的"口袋化"困境和规范解释路径——基于司法实务的分析立场》，载《中国刑事法杂志》2013 年第 6 期。

88. 王骏：《违法性判断必须一元吗?》，载《法学家》2013 年第 5 期。

89. 张明楷：《自然犯与法定犯一体化立法体例下的实质解释》，载《法商研究》2013 年第 4 期。

90. 付立庆：《论刑法用语的明确性与概括性——从刑事立法技术的角度切入》，载《法律科学（西北政法大学学报）》2013 年第 2 期。

91. 萧宏宜：《类推适用与空白刑法——中高院 102 上易 67 判决》，载《台湾法学杂志》2013 年第 236 期。

92. 陈兴良：《罪刑法定主义的逻辑展开》，载《法制与社会发展》2013 年第 3 期。

93. 田宏杰：《行政犯的法律属性及其责任——兼及定罪机制的重构》，载《法学家》2013 年第 3 期。

94. 张明楷：《也谈客观归责理论——兼与周光权、刘艳红教授商榷》，载《中外法学》2013 年第 2 期。

95. ［德］埃里克·希尔根多夫：《因果关系与客观归责——原理与问题》，徐凌波译，载陈泽宪：《刑事法前沿》（第 7 卷），中国人民公安大学出版社 2013 年版。

96. 周漾沂：《从实质法概念重新定义法益：以法主体性论述为基础》，载《台大法律论丛》2012 年第 12 期。

97. ［德］克劳斯·罗克辛：《法益讨论的新发展》，许丝捷译，载《月旦法学杂志》2012 年第 12 期。

98. 王新：《行政违法与行政犯罪区分视角下的内幕交易罪——兼评内幕交易罪司法解释》，载《政治与法律》2012 年第 8 期。

99. 蒋铃：《刑法中"违反国家规定"的理解和适用》，载《中国刑事法杂志》2012 年第 7 期。

100. 张建军：《论空白罪状的明确性》，载《法学》2012 年第 5 期。

101. 劳东燕：《刑事政策与刑法解释中的价值判断——兼论解释论上的"以刑制罪"现象》，载《政法论坛》2012 年第 4 期。

102. 许宗力：《论法律明确性之审查：从"司法院"大法官相关解释谈起》，载《台大法学论丛》2012 年第 4 期。

103. 王进发：《由原住民狩猎文化看国家与部落间之规范冲突及未来因

应》,载《台湾原住民族研究季刊》2012 年第 1 期。

104. 游伟、赵运峰:《经济犯罪"入罪"问题研究》,载《法律适用》2012 年第 1 期。

105. 黄虹霞:《为空白刑法构成要件之行政命令变更,应有刑法第 2 条之适用》,载《万国法律》2011 年第 178 期。

106. 涂龙科、秦新承:《空白罪状补充规则的适用》,载《法学》2011 年第 10 期。

107. 陈晓宇:《行政处罚与刑事处罚的衔接适用》,载《中国刑事法杂志》2011 年第 8 期。

108. 张绍谦:《试论行政犯中行政法规与刑事法规的关系——从著作权犯罪的"复制发行"说起》,载《政治与法律》2011 年第 8 期。

109. 涂龙科:《论经济刑法解释的独立性》,载《政治与法律》2011 年第 5 期。

110. 陈兴良:《刑法的明确性问题:以〈刑法〉第 225 条第 4 项为例的分析》,载《中国法学》2011 年第 4 期。

111. 于志刚:《刑法修正何时休》,载《法学》2011 年第 4 期。

112. 张苏:《以法益保护为目的的刑法解释论》,载《政治与法律》2011 年第 4 期。

113. 陈兴良:《形式解释论与实质解释论:事实与理念之展开》,载《法制与社会发展》2011 年第 2 期。

114. 张建军:《刑法明确性的判断标准》,载《华东政法大学学报》2011 年第 1 期。

115. 高仕银:《罪刑法定明确性原则的本土化进路——以域外明确性判断标准考察为基础的展开》,载《安徽大学学报(哲学社会科学版)》2011 年第 1 期。

116. 姜涛:《行政犯与二元化犯罪模式》,载《中国刑事法杂志》2010 年第 12 期。

117. 杜宇:《刑法解释的另一种路径:以"合类型性"为中心》,载《中国法学》2010 年第 5 期。

118. 张明楷:《实质解释论的再提倡》,载《中国法学》2010 年第 4 期。

119. 陈兴良:《形式解释论的再宣示》,载《中国法学》2010 年第 4 期。

120. 肖中华:《空白刑法规范的特性及其解释》,载《法学家》2010 年第 3 期。

121. 齐文远、苏彩霞:《刑法中的类型思维之提倡》,载《法律科学(西北政法大学学报）》2010年第1期。

122. 肖中华、王海桥：《空白刑法的规范诠释——在规范弹性与构成要件明确性之间》，载《法学杂志》2009年第8期。

123. 吴允锋：《非刑事法律规范中的刑事责任条款性质研究》，载《华东政法大学学报》2009年第2期。

124. 冯江菊：《行政违法与犯罪的界限——兼谈行政权与司法权的纠葛》，载《行政法学研究》2009年第1期。

125. 张明楷：《许霆案的刑法学分析》，载《中外法学》2009年第1期。

126. 王莹：《论行政不法与刑事不法的分野及对我国行政处罚法与刑事立法界限混淆的反思》，载《河北法学》2008年第10期。

127. 陈文贵：《谈我国行政罚法制度下的行政不法行为与刑罚之界限——行政法学与刑事法学的对话》，载《法学新论》2008年第4期。

128. 王容溥：《法秩序统一与可罚的违法性》，载《东吴法律学报》2008年第2期。

129. 秦新承：《〈刑法〉第395条第2款中"国家规定"的含义》，载《法学》2007年第5期。

130. ［德］克劳斯·罗克辛：《刑法的任务不是保护法益吗？》，樊文译，载陈兴良主编：《刑事法评论》（第19卷），北京出版社2007年版。

131. 王皇玉：《文化冲突与台湾原住民犯罪困境之探讨》，载《台湾大学法学论丛》2007年第3期。

132. 孙运英、刘树德：《罪刑法定视野下附属刑法的追问》，载《中国检察官》2006年第9期。

133. 张明楷：《日本刑法的发展及其启示》，载《当代法学》2006年第1期。

134. 肖中华：《经济犯罪的规范解释》，载《法学研究》2006年第5期。

135. 杜宇：《刑法上之"类推禁止"如何可能？一个方法论上的悬疑》，载《中外法学》2006年第4期。

136. 孙运英、邵新：《浅议"构成犯罪的，依法追究刑事责任"》，载《法学评论》2006年第4期。

137. 黄寒：《罪刑法定主义视野中的空白罪状——以刑法第225条第4项为例》，载《中国刑事法杂志》2006年第3期。

138. 陈景辉：《合规范性：规范基础上的合法观念——兼论违法、不法与合法的关系》，载《政法论坛》2006年第2期。

139. 黄荣坚：《弃权又越权的大法官释字第617号解释》，载《台湾本土法学杂志》2006 年第 89 期。

140. 黄明儒、金泽刚：《行政犯立法构想新论》，载《政治与法律》2005 年第 6 期。

141. 李晓明：《行政犯罪的确立基础：行政不法与刑事不法》，载《法学杂志》2005 年第 2 期。

142. 劳东燕：《罪刑法定的明确性困境及其出路》，载《法学研究》2004 年第 6 期。

143. 黄洪波：《论行政刑法双重属性之否定》，载《法学杂志》2004 年第 11 期。

144. 刘艳红：《空白刑法规范的罪刑法定机能——以现代法治国家为背景的分析》，载《中国法学》2004 年第 4 期。

145. 莫晓宇：《空白刑法规范的机理、功能及立法安排分析》，载《社会科学家》2004 年第 2 期。

146. 刘艳红：《刑事立法技术与罪刑法定原则之实践——兼论罪刑法定原则实施中的观念误差》，载《法学》2003 年第 8 期。

147. 陈子平：《从强吻案谈强制猥亵罪》，载《台湾本土法学》2003 年第 42 期。

148. 林东茂：《从"强吻案"谈刑法上的猥亵概念》，载《台湾本土法学》2003 年第 42 期。

149. 陈兴良：《入罪与出罪：罪刑法定司法化的双重考察》，载《法学》2002 年第 12 期。

150. 陈爱娥：《如何明确适用"法律明确性原则"——评"司法院"大法官释字第 545 号解释》，载《月旦法学》2002 年第 88 期。

151. 柯耀程：《刑法法律变更与事实变更概念的基本思考》，载《法学讲座》2002 年第 11 期。

152. 李洁：《罪刑法定之明确性要求的立法实现——围绕行为程度之立法规定方式问题》，载《法学评论》2002 年第 6 期。

153. 陈金钊：《司法过程中的法律发现》，载《中国法学》2002 年第 1 期。

154. 孙海龙：《论空白罪状在中国刑法中的命运——从刑法机能二重性看空白罪状和罪刑法定原则的冲突》，载《福建法学》2002 年第 1 期。

155. 何泽宏、庄劲：《论空白刑法补充规范的变更及其溯及力》，载《河北法学》2001 年第 6 期。

156. 杨书文：《刑法规范的模糊性与明确性及其整合机制》，载《中国法学》2001 年第 3 期。

157. 刘树德：《罪刑法定原则中空白罪状的追问》，载《法学研究》2001 年第 2 期。

（四）学位论文

1. 张金钢：《刑行交叉问题之乱象考察与处理进路》，华东政法大学 2020 年博士学位论文。

2. 罗华：《行政违法与犯罪行为的界限研究》，西南政法大学 2018 年博士学位论文。

3. 施锐利：《行政违法与行政犯罪界分研究》，山东大学 2016 年博士学位论文。

4. 李楠：《行政与刑事法律关联问题研究》，吉林大学 2012 年博士学位论文。

5. 陈文贵：《违反行政义务行为之处罚竞合关系研究》，台北大学 2012 年博士学位论文。

6. 宋长海：《刑罚与行政罚关系研究》，中国政法大学 2011 年博士学位论文。

7. 赵宁：《罪状解释论》，华东政法大学 2010 年博士学位论文。

8. 郭晶：《刑事领域中行政犯问题研究》，华东政法大学 2008 年博士学位论文。

9. 吴允锋：《经济犯罪规范解释的基本原理》，华东政法大学 2008 年博士学位论文。

10. 何子伦：《台湾地区刑事犯与行政犯分界之研究》，中国政法大学 2005 年博士学位论文。

11. 黄明儒：《行政犯比较研究》，武汉大学 2002 年博士学位论文。

二、外文期刊

1. Michael A Francus, The Law of Clarity and the Clarity of Law. University of Chicago Law Review Online, 2020, pp. 1-7.

2. Richard M Re, Clarity Doctrines, University of Chicago Law Review, Vol. 86, No. 6, 2019, pp. 1497-1562.

3. Lucas Martinez-Villalba, The Application of Blank Criminal Law and the Principle of Legality The Guatemalan Example, Mexican Law Review, Vol. X, No. 2, 2018, pp. 76-88.

4. Katherine Brosamle, Obscured Boundaries: Dimaya's Expansion of the Void-

for-Vagueness Doctrine, Loyola of Los Angeles Law Review, Vol. 52, No. 2, 2018, pp. 187-210.

5. Shon Hopwood, Clarity in Criminal Law, American Criminal Law Review, Vol. 54, No. 3, 2017, pp. 695-750.

6. Simeneh Kiros Assefa, Methods and Manners of Interpretation of Criminal Norms, Mizan Law Review, Vol. 11, No. 1, 2017, pp. 88-124.

7. Jennifer Lee Koh, Crimmigration and the Void for Vagueness Doctrine, Wisconsin Law Review, No. 6, 2016, pp. 1127-1184.

8. Gegelia, Tamar, Prohibition of Uncertainty of the Law in Contemporary Criminal Law, Constitutional Law Review, No. 10, 2016, pp. 114-128.

9. Markus D. Dubber, The Legality Principle in American and German Criminal Law: An Essay in Comparative Legal History, Comparative Studies in Continental and Anglo-American Legal History, No. 31, 2013, pp. 365-386.

10. Kakabadse, Yolanda, Fight Against Wildlife Crime——Enforcement v. Corruption, Environmental Policy and Law, Vol. 41, No. 3, 2011, pp. 123-126.

11. Helmut Satzger, The Internationalization of Criminal Law as a Challenge for the Principle of Clarity, Caiete de Drept Penal, Vol. 2008, No. 3, 2008, pp. 1-16.

12. James R Thompsonn et al, The Illinois Criminal Code of 2009: Providing Clarity in the Law, John Marshall Law Review, Vol. 41, No. 3, 2008, pp. 815-936.

13. Andrew E Goldsmith, The Void-for-Vagueness Doctrine in the Supreme Court, Revisited, American Journal of Criminal Law, Vol. 30, No. 2, 2003, pp. 279-314.

14. Willianma, The Draft Code and Reliance upon Official Statement, 9 Legal Studies, Vol. 183, 1989, pp. 177-188.

15. Wolfgang Naucke, Interpretation and Analogy in Criminal Law, 1986 Brigham Young University Law Review, Issue 3, 1986, pp. 535-551.

致　　谢

时光飞逝。这本小书落笔第一个字时仿佛还是昨天，回首已是经年。

对于写书，我是忐忑的。每每站在图书馆汗牛充栋的法学作品前，犹如一束束或强或弱的理性与智慧之光扫射而来。作为一个后知后觉、少壮不努力的人，渺小甚至迷茫感更被无限放大。但当我多次吟读"最高的智慧未必是功利的智慧，最高的境界往往不是现实的境界，此乃人类虽为万物灵长，但又归于万物的本性使然"时，似乎又有所悟。在现实世界永不消解的各种矛盾状态中，平凡如我者，能持续获得点滴认知理性，已是人生乐事。所以，尽管此书或许如苔花自开，但它自有它的命运，而我已记录下当下所思，如此就好。

本书的写作历程有诸多辛苦，也有太多感谢与感动。在本书撰写过程中，感谢导师李晓明教授提供的指导与帮助，李老师勤勉认真、积极进取的作风是我终身学习的榜样。感谢刘艳红老师、杜宇老师、姜涛老师、姚建龙老师、胡学相老师对写作内容的悉心批评指正与鼓励，他们的专业指导与治学态度使我获益匪浅！感谢胡玉鸿老师、周永坤老师，他们的专业学识让我受益良多。感谢上官丕亮老师、黄学贤老师、庞凌老师、郭树理老师、赵毅老师、李杨老师、吴俊老师、王俊老师、魏超老师等，对本书的写作给予的不同程度的帮助与鼓励。感谢张永、左亮国、刘芳、刘玉绰、孔倩妮、刘焕芳、于晶晶、沈颖尹、赵坦、杨天晓等同学、朋友的专业切磋，让我同步收获了很多高纯度的开心。感谢邹荣合书记对我的专业学习与本书撰写给予的关心与支持，感谢单位诸领导与同事的信任、鞭策与照顾。感谢我参阅的专著、论文作者以及诸多公开课的分享者及组织者。感谢为本书作细致、耐心编校工作的陈幼吾老师、李娜老师。感谢一路上教给我各种智慧与感恩之心的每一位遇见者！

感谢我的家人！在本书开始撰写时，亲爱的老父亲身体健康已大不如前。倘若没有母亲、姐姐一家人、哥哥一家人以及其他亲戚们对父亲的照顾和关心，我焉能安心完成此书！

最后感谢自己，感谢自己一路听从内心指引，感谢一直陪自己受累的身体……

人生每一步都算数。这不算漫长的一生，我们看似不断得到，终将不断失去。过往种种和内心深处的欲望、恐惧、伤疤与梦想终将使我们变得富有韧性、获得孤勇、释然得失。人生之路终将学无止境。